JN027281

〈声なき声〉のジャーナリズム

マイノリティの意見をいかに掬い上げるか

田中 瑛
Akira Tanaka

慶應義塾大学出版会

〈声なき声〉のジャーナリズム ◇ 目次

序論　「声なき声」をどのように活性化すべきか

つまり、彼らは他人を見聞きすることを奪われ、他人から見聞きされることを奪われる。彼らは、すべて、自分の主観的なただ一つの経験の中に閉じ込められる。そして、この経験は、たとえそれが無限倍に拡張されても単数であることには変わりはない。共通世界の終りは、それがただ一つの側面のもとで見られ、たった一つの遠近法において現われるとき、やってくるのである。
（ハンナ・アーレント『人間の条件』志水速雄訳、ちくま学芸文庫、八七頁）

1　本書の論点――不可視化された「声なき声」をどのように活性化するのか

最近、「声なき声に耳を傾ける」、「生きづらさに寄り添う」といった耳当たりのよいフレーズをよく目にする。現代の高度情報社会では、誰でもソーシャルメディアを通じて情報発信ができるようになり、さまざまな個人の経験が可視化されるようになった。その結果、「声」が過剰に供給され、「フェイクニュース」や「ポスト真実」のような社会の不安定化が問題視されてきた。にもかかわらず、本書が主題とする「声なき声」、すなわち、「声」が誰にも聞かれないことが相変わらず深刻な問題であるのはなぜなのか。まずは、このような問題を投げかけるところから始めてみたい。

いわゆる「リベラル」を自認する人びとは、一般的に、「声なき声」や「生きづらさ」という言葉から社会的弱者や少数者の存在を思い浮かべるのではないだろうか。たとえば、障害を理由に社会から疎外されたり、女性というだけで人生の選択肢を狭められるなどの結果、構造的に弱い属性の人びとが声を上げても、重要な意思決定の場面に十分に包摂されないという問題がある。だからこそ、女性、障害者、性的マイノリティ、エスニシティ（アイヌ・在日コリアン・ミックスルーツ）、特定の地域（水俣・沖縄・福島）など、弱者や少数者として抑圧されてきた自らの属性を共通項として団結し、現行の社会秩序に対して異議申し立てを行う「アイデンティティの政治」が、従来のイデオロギー的な対立とは異なる政治のあり方として広がりを見せた。[*1] 弱者の包摂は相変わらず深刻な課題だし、その運動の重要性も変わらない。

他方で、こうした「リベラル」な思想に反感を抱く人もいるようである。「生きづらさ」を感じるにもかかわらず、弱者や少数者、被害者のアイデンティティを持たない、あるいはわかりにくいという理由だけで、自分の置かれた状況を誰にも承認してもらえない。このような不満はどうやら軽視できなくなってきたようだ。たとえば、二〇一九年には映画『ジョーカー』が話題となった。物語の主人公は障害の発作を抑制する薬の処方を受けながら道化師として働いてきたが、公助の削減や周囲の無理解により次第に社会から排除されていく。最終的に、主人公は快楽殺人者に豹変し、同じような境遇に置かれた暴徒を扇動し、舞台となるゴッサムシティを無秩序状態に陥れる。死者三六名・負傷者三四名を出した京都アニメーション放火殺人事件の直後に公開されたことからも、同作品は「無敵の人」[*2]による重大犯罪を懸念する世相を反映するものとして受け止められた。二〇二一年には『ジョーカー』の主人公の衣装を着た青年が京王線で殺人未遂を犯した。

もちろん、多様性を擁護する「リベラル」な立場はそうした人びとを積極的に見捨てようとしているわけではない。社会が複雑化するなかで、弱者や少数者を特定の属性的区分で括るだけではなく、一人ひとりが被る抑圧に想像力を働かせる必要が生じている。こうした理解が共有されるようになった。ジェンダーを軸足に据えるフェミニズムからも「交差性（インターセクショナリティ）」の理解が提示されている。[*3] たとえば、同じ「女性」でも「白人女性」と「黒人女性」の経験する抑圧は質的に異なる。交差性が示唆するのは、実際の「私」のなかにはさまざまな社会的アイデンティティが交錯しており、それが交わるところで見過ごされてきた抑圧や差別があるということなのである。こうした理解はフェミニズム以外の領野にも広がり始め、個人個人が異なる「生きづらさ」を抱える状況で、どのように相互の経験の差異を尊重し、連帯できるのかが問われ始めてきた。

その連帯の可能性を明らかにするために、本書では「声なき声」という概念を用いることにした。それは、自分自身の直面する主観的な現実を言葉として表現し、他者に認めてもらうことが構造的に困難な状況を意味する。確かに以前に比べて「声」を上げる機会は増えている。しかしながら、メディア研究者のニック・クドリーが指摘するように、メディア空間のなかで「声」には不平等に価値が割り当てられている。[*4] あまりに多くの「声」が集約されるために、どの「声」が聞き入れられ、どの「声」が無視されるのかの落差もますます大きくなってきた。こうした状況を、個別具体的な特定の状況として理解するのではなく、社会全体が構造的に招く問題として理解する必要がある。もちろん、当事者の直面する個別具体的な経験の違いは重要なものであるが、同時にそこに「声なき声」というより包括的な表現を設けることで、個人の経験をどのようにして公共的な問題に接続していくのかという問題提起を行いたい。もちろん、「声なき声」には、女性、障害者、性的マイノリティ、外国人などの立場に起因する経験も、ハラスメントや虐待、暴力などによる深刻なトラウマも含まれる。そして、最近になって注目され始めた「ヤングケアラー」（家庭におけるケア労働を担わざるをえない子どもたち）などのように、個人的な領域に押し込められて不可視化されてきた問題も含まれるだろう。さらには、その対極にある加害的だったり、差別的であるような人びとについても、それが自分自身の直面する現実を解釈し、他者に対して伝えるための資源を欠いた状態に起因するのだとすれば、これは「声なき声」として理解すべきである。本書における「声なき声」は属人的な性質を指すものでも、特定の集団のカテゴリーでもない。

そして、「声なき声」が規範的に正しいかどうかは一度留保しておく。「声なき声」は優しげで規範的な響きを持つ表現ではある。そのため、弱者に対して排外的で不寛容な態度を取る人びとの「声」にまで耳を傾ける必要はないという意見はまっとうに思われる。しかし、こうした人びとの攻撃的な態度が、彼らが胸の内に秘める「声なき声」と首尾一貫した論理的な繋がりを持つのかは定かではない。社会に対する自分自身の不平や不満が言葉にならず、他者に見聞きされない状況で、その不平不満の情念だけが短絡的に噴出しているだけだとも考えられないだろうか。もちろん、その態度は他者の尊厳や自由を脅かすものとして非難されるべきだ。しかし、それとは別に、彼らの内面にある不平不満を対話可能な言葉に変換し、相互対話を通じて妥当性のある合意を生み出す民主主義のプロセスに包摂することも考えなければ、対立は深まるばかりであるように思われる。そのために、どの「声なき声」が聞かれるに値し、どの「声なき声」が聞くに値しないのかという規範的な線引き[*5]は分析において一度留保しておくこととした。

強者／弱者、加害／被害のような道徳的な善悪で割り切れないからこそ、「声なき声」は集合的な意思決定を志向する民主主義社会の問題として浮上する。たとえば、二〇二二年七月、奈良県での応援演説中に安倍晋三元首相が銃殺される事件があった。政治的な言論が非合法な暴力で封殺される恐れに対する懸念が広がる反面、加害者の動機が判明するにつれて、世論はアンビバレントなものとなっていく。加害者は、世界平和統一家庭連合（旧統一教会）による霊感商法により母親が搾取され、家庭崩壊を経験した経緯から、同組織に対する恨みを持ち、同組織と親密な関係を持っていた安倍を襲撃することを計画したと供述した。その結果、多くの政治家と旧統一教会が選挙協力などで癒着していたことが明らかになり、政治的スキャンダルに発展していった。新興宗教の熱心な信者の家族が被る人権侵害もようやく社会問題として認知されるに至った。ここで考える必要があるのは、政治的な手続きから締め出されるがために、暴力的な手段でしか異議申し立てができないような状況であり、議会政治に対する不信や無力感である。政治学者の宇野重規は『〈私〉時代のデモクラシー』で「民主主義の危機」を以下のように説明している。

社会において不満や不安が募っているにもかかわらず、それが適切に代議制デモクラシーの回路へと接続されていない状況が続くことで、政治に対する絶望やシニシズムが増大する一方で、たまった政治的情念のマグマはその噴出場所を求め、次第に代議制の外部へと向かう[*6]

他者との関わりのなかで「声」を上げ、自らの直面する問題を他者に認識してもらうための適切な手段を奪われる人びとは、被害者（＝社会から無視され、抑圧される）であると同時に、加害者として扱われるリスク（＝合法的な言論から非合法な暴力に転じる恐れ）を背負う。ほかにも、たとえば、「#MeToo」は、女性たちが自らの被った性暴力やセクハラをSNS上で不特定多数に告発し、不可視化された問題を公共的に取り上げるように促す運動だった。しかし、その告発には、加害者から名誉棄損や冤罪で訴え返されるリスクが付随する。これらの被害は第三者の目に触れない私的な関係や空間で生じているがために、立証がたびたび困難に陥ってしまう。まさしく、「声なき声」を「声なき声」のまま留め置く支配的な制度や構造に対し、どのような仕方で代替案を示すのかは、民主主義的、政治的な問題なのである。

ここで、他者に向けて「声なき声」を認識させ、社会全体で議論すべき問題を構築するプロセスを「声なき声」の活性化と呼ぶことにしたい。これは民主主義の実現に必要なものであり、ジャーナリズムが引き受けるべき課題として位置づけることができる。ジャーナリズムは、取材を通じて事実や論点を明らかにし、それを記事や映像として編集し、新聞や放送などの媒体（メディア）を通じて公衆（パブリック）に伝達し、世論[*7]の形成を促す活動であり、民主主義的な意思決定を促すことが期待されてきた。それは、哲学者の鶴見俊輔が「同時代を記録し、その意味について批評する仕事」[*8]、ジャーナリストの原寿雄が「時事的な事実の報道や論評を伝達する社会的な活動」と説明するように[*9]、物事を客観的に報じるだけではなく、物事のさまざまな解釈や評価を積極的に提示することで読者に世界をめぐる判断材料を提供し、民衆の集合的な意見＝世論を生み出す試みである。それは多様な仕方で展開されている。たとえば、取材者が一人称の視点で出来事を綴る「ニュー・ジャーナリズム」は、無署名の新聞記事とは異なる臨場感で読者を魅了した。[*10] メディア業界の専門職（プロフェッショナル）の代わりに一般市民が自ら取材する「市民ジャーナリズム」のように市民同士による主体的な政治参加を促すものもある。特定の弱い立場の人びとの権利擁護（アドボカシー）を積極的に試みる「アドボカシー・ジャーナリズム」のように、他の組織との連携を通じて報道を充実させるものもある。[*11] いずれにせよ、より主観的な事実に関心を寄せ、多種多様な解釈の可能性を提示し、その妥当性を競わせることでより望ましい社会を構想するという理念が提示され始めている。「声なき声」の活性化はジャーナリズムの本分と言ってもよい。

そこで、本書で考察を深めたい論点は何かと言えば、「ジャーナリズムは「声なき声」をどのように活性化すべきであり、どのように活性化できるのか」である。この点を意識しながら、本書では具体的に二つの課題を考察していく。第一に、ジャーナリストの専門職としての役割をどのように見直すべきか、見直せるのかである。報道記者は客観的で中立公平な姿勢で出来事を報じ、政府や大企業などの大きな権力から自律した立場を貫くことを自らの責任として課してきたが、[*12] 個人がＳＮＳで顔や氏名を出して情報発信できる時代になり、その役割も変化を余儀なくされている。第二に、ジャーナリズムを取り巻くメディア環境をどのように設計すべきか、設計できるのかである。権力関係を理解するうえで重要なのが、主体は環境に依存しており、環境は主体的な行為から構築されるという点である。人間の行為はさまざまな環境的要因に制約されている。「声なき声」を活性化する営みも何らかの構造に制約され、何らかの葛藤に直面しているのではないかとも考えられる。それは一体何であり、どのように乗り越えられるのか。こうした問題意識から「声なき声」の活性化の可能性を考えていくことにしたい。

2　本書のアプローチ――生存戦略としての「真正性」

それでは、「声なき声」の活性化に向けて、どのようなアプローチが必要なのか。このことを検討するために、「ジャーナリズム」に付随するイメージを考えてみることにしたい。記者は、腐敗した権力に毅然と立ち向かう反体制派の英雄として描かれることがある。[*13] 真実を明らかにする彼らの姿勢は制度や組織に囚われない自由を体現しているように思われる。作家性の高いドキュメンタリーやルポルタージュなどを連想する者もいるかもしれない。しかし、他方では、それに対して「偽善だ」、「意識が高い」、「偉そうだ」という世間の冷笑的（シニカル）な空気も日に日に増している。たとえば、二〇一八年、シリアの紛争地取材中に拘束され、解放された安田純平は、ネット世論から「自己責任」だとバッシングを受けた。ジャーナリズムが自認する民主主義的な役割はなかなか理解されにくく、俯瞰的な視点から物事を述べる職業であるがゆえに、人によっては「エリート目線」に映ることがあるようである。また、報道機関そのものが権威的であるにもかかわらず、「反権力」や「権力監視」を標榜していることも、民衆に寄り添うことの説得力を損ねているのかもしれない。これは政党や社会運動なども含む「リベラル」全体に当てはまる問題でもある。たとえば、ロイタージャーナリズム研究所の「デジタルニュースリポート二〇二二」における信頼度調査では、テレビ局の最下位がテレビ朝日

（四七％）、新聞社の最下位が朝日新聞（四二％）だった。いずれも「リベラル」な論調で知られる報道機関である。

このようなシニシズムの蔓延を前に、ジャーナリズムの「信頼／不信」の問題を分析する必要が生じている。ジャーナリズム研究者の林香里は「メディアからの情報はいったん受け取りはするものの、それ以上は『無関心』『無関与』という状態」が日本におけるメディア不信を招いていると述べている。[*14] こうした不信は積極的なものというより漠然としたものであり、「重要な出来事を、正確に、いち早く伝える」という決意を報道機関が表明するのは重要なことだが、それだけで信頼が回復するというのは素朴な見方なのかもしれない。たとえば、ほかにも、林香里は新聞各紙の評価をめぐる調査結果を参照し、『産経新聞』の読者だけがその理由として「記事が信頼できる」（三六・四％）よりも「論調や考え方に共感できる」（三一・一％）という回答を多く挙げたことに注目している。[*15] すなわち、現代社会でオーディエンスとのあいだに強い信頼関係を築くためには、情報の正確な伝達だけでなく、共感を築き上げることが求められているのではないかとも考えられる。二〇一六年から「ポスト真実（トゥルース）」が流行語となった。これは「世論を形成する時に、客観的な事実よりも個人の感情や信条へのアピールの方がより説得力がある状況[*16]」を意味する。実際、有力な政治家が虚偽答弁を繰り返しても熱狂的に支持され、フェイクニュースや陰謀論が拡散される状況がある。

「真実」とは異なる何かが重要性を帯びている。この状況を本書では「真正性（オーセンティシティ）[*17]」という概念を用いて説明する。これを一言で述べるのは難しいが、「本物らしく見える」、「自然なものに見える」、「裏表がないように感じられる」といった物事の判断基準であると差し当たり定義しておきたい。実際、

「本音をぶつける」、「タブーに切り込む」、「マスコミが伝えない」などの煽り文句に見られるように、伝統的なマスメディアとの違いを強調するのに真正性は用いられ、オーディエンスを魅了している。メディアやコンテンツの選択肢が広がるにつれて、メディアや社会全体に当てはまる普遍的な規範（「べき」論）がますます信頼を失い、規範に応じたジャーナリストの役割が権威性を失っている。それに対し、多くの人びとが、メッセージの意味内容それ自体よりも、「誰がそのメッセージを発したのか」に基づいて価値を判断するようになり、ますます個人として何を思い、どのように表現するのかが重要視されている。「セルフ・ブランディング」という言葉も浸透し、自分自身を首尾一貫した存在として示す能力が評価され、競われるようになった。以前、私は、こうした状況において、ジャーナリズムがオーディエンスと信頼関係を結び直すためには、事実性や正確性などの真実にかかわる要素だけでは不十分であると論じた。[*18] この状況診断を踏まえると、「声なき声」を活性化する真摯なメディア実践においても、「真正性」をどのように利用し、信頼関係を構築するのかが問われているのではないか。

「真正性」の獲得を競うゲームは政治的な領域にまで及ぶ。本書ではこれを「真正性の政治」と呼ぶことにしたい。先にも「政治」や「民主主義」という言葉を用いた。これらは、選挙や議会などの多数決的な手続きに基づく意思決定、あるいは憲法改正の是非などのお堅いテーマを思わせるかもしれないが、本来はより広い領域に対して適用できるものである。すなわち、共通の問題や関心について、意見が分かれて合意が得られない状況において、全員が納得のできる意思決定をするように努める。そして、少数者の「声」を排除し、多数者の決定に従属させるのではなく、多様な意見を取り入れ、議論をしながらより良い決定を下していくプロセス全般として理解できる。ところが、「真正性」が何らかの意見を正当化する要因として重要な位置を占めてくると、こうした民主主義の生真面目な建前は軽視されるようになる。多くの人が共感できるようなコンテンツが真正性のあるものとして力を持ち、明快な言葉で語りかけ、注目を集める個人が影響力を行使し始める。インパクトのあるレトリックやキャラクターで相手の心を開き、ファン（あるいは「信者」）を獲得する能力が重視されるのである。日本でも、小泉純一郎（元首相）、小池百合子（東京都知事）、橋下徹（元大阪府知事）、河村たかし（名古屋市長）、山本太郎（れいわ新選組）、立花孝志（ＮＨＫから国民を守る党）など多くの「ポピュリスト政治家」が注目されてきた。彼らはメディアを活用することで自分自身のブランドを確立する能力に長けているのだと考えられる。そして極端に言えば、伝統的な選挙政治は、アイドルグループの人気投票のようなものにますます近づき、大衆的（ポピュラー）な娯楽の一種であるかのような状態にある。こうした状況では、ジャーナリズム論が依拠してきた「公共圏」や「市民社会」などの理念も真面目で面白みのない、それゆえに実効性のないものとして印象づけられてしまうことも多い。

　こうした「わかりやすさ」の背後で、多くの目立たない意見や論点が封殺されてしまうことは、紛れもなく問題であり、むしろ「声なき声」の活性化を阻むものであるようにも思われるかもしれない。しかし、ジャーナリズムが市民からの信頼から正当性を得るものである以上、「本音で接する相手こそ信頼できる」という私たちが何気なく抱く感覚を無視することもできない。「妥当性はあるが共感できないこと」（綺麗事）と「共感できるが妥当性のないこと」（本音）がある時、よほど理性が働かないかぎり、多くの人は後者を選んでしまうのではないだろうか。しかしながら、だとすれば、ジャーナリズムは「声なき声」を聞くに値するものとして提示するだけでなく、それを共感できる仕方で提示した時にこそ真価を発揮するようにも思われる。「真正性」を戦略的に取り入れ、大衆的な支持を集め、メッセージを説得的なものとして伝えていくことは可能なのだろうか。本書では、このように、「真正性」の持つ価値を「声なき声」の活性化の戦略として利用する可能性を前向きに検証していくこととする。

3　本書の構成

本書全体の問題の所在を整理しておく。私たちの社会は、たびたび「声なき声」を意思決定から締め出してしまっている。「声」を上げる機会や場を持たない者は社会との関わりを失ったり、言論以外の仕方で不満や怒りを噴出させることをたびたび余儀なくされる。このことは、民主主義とジャーナリズムが直面する喫緊の課題である。他方で、メディア空間は、あらゆるものが「真正」か否かで評価され、競われる状況にあり、ジャーナリズムが標榜してきた「真実」の価値を相対化しつつある。事実的、規範的に正しいかよりも、「もっともらしく感じられるか」などの快楽が優先される状況がある。しかし、誰もが自分自身の胸の内に秘めた思いを自由で、公正で、寛容な仕方で表現できる社会を目指す良識あるジャーナリズムにこそ、「真正性」を活用して「声なき声」を活性化するための信頼関係を再構築することが期待されるのではないか。これが本書の着眼点であった。

このような問題意識を提示したところで、本書の構成を概観しておきたい。第1章「「声なき声」の活性化、「真正性」の政治」では、序論で触れた二つの問題意識——「声なき声の活性化」と「真正性の政治」——がどのような仕方で重なりあい、ジャーナリズムの問題となるのかをより詳しく説明する。事例の分析を理解するうえで必要最小限の情報は序論で記したため、個別の具体的な事例に関心のある場合には先に第2章以降に進んでも差し支えない。ここでは、なぜ、「声なき声」と「真正性」の持つ意義を社会理論や政治理論を参照しながら描き出し、「真正性」を活用しながら「声なき声」を社会的な連帯に結びつけるメディア実践が重要であるのかを示す。

第2章〜第4章では具体的な事例分析を通じて、メディアのどのような関係や構造が「真正性」の感覚を構築し、「声なき声」を活性化するのかを読み解く。批判的（クリティカル）なアプローチを用いて、どのような「声なき声」の活性化の可能性が見られるのかだけでなく、どのような矛盾や葛藤が存在するかも示す。本書はジャーナリズム論ではあるものの、新聞やニュースといった「ジャーナリズム」と聞いて一般に思い浮かぶような事例はほとんど取り上げていない。むしろ、「ジャーナリズム」としては評価されてこなかった多様な「声なき声」の活性化と関連する実践に目を向けることで、ジャーナリズムの可能性として思い描ける範囲を押し広げることを試みる。言い換えれば、新聞やニュースのような出来事の伝達に徹する実践だけでなく、メディアに固有の性質を活用し、「声なき声」を可視化する空間を生み出すような実践を「ジャーナリズム」として位置づけていく。また、新聞やウェブサイトなど多種多様な媒体があるものの、ここでは「テレビ的なもの」に焦点を当てることにした。差し当たりの説明となるが、動画配信サービスなどの新たな手段で、テレビにおいて培われてきた論理が、依然として多くのオーディエンスを獲得すると同時に、オンラインの性質との相互作用を通じて変革していると考えたためである。

まず、第2章「「声なき声」と娯楽化する政治――『虎ノ門ニュース』における「読解の肩代わり」」では、DHCテレビが二〇二二年までオンラインで配信していた情報番組『真相深入り！虎ノ門ニュース』の言説の構造を読み解く。先に述べたとおり、「声なき声」自体は規範的なものとはかぎらず、敵対性を煽る仕方で表出することもある。同番組の主要な支持層である「ネット右翼」はその典型例として位置づけられるが、その構造を読み解くと、政治が娯楽化していることの問題が根を下ろしていることがわかる。一般的に、ニュースは情報の伝達を通じて市民の主体的な判断に寄与し、合意形成に向けた積極的な熟議や対話の機会を促すものだと言える。そこには多様な読解の可能性が存在する。それに対して、同番組は、有名人が既存のニュース記事の読解の手間を「肩代わり」し、解説するというワイドショーの方法を発展させたものである。情報が読解されるのではなく、それを解釈する出演者の「真正性」が消費され、また、政治的話題は彼らの「真正性」に裏打ちされた「教養」として扱われる。こうした方針は、自分自身の生活経験から意見を構成するという視聴者の主体性を損ね、公共的な対話を不可能にしてしまう。

それでは、個人的な生活経験に寄り添い、それを議論の場に結びつける試みはどうだろうか。第3章「公共サービスメディアの葛藤――『ハートネットTV』におけるメッセージ性と「真正性」の調停」では、二〇一二年に放送を開始したNHK教育テレビ（Eテレ）の福祉番組『ハートネットTV』を取り上げる。同番組の特徴は、多種多様な「生きづらさ」に目を向け、ソーシャルメディアを活用することで視聴者が「声」を上げやすい環境を生み出し、番組制作に取り入れる点にある。しかし、放送の持つ「メッセージ性」とソーシャルメディア上の「リアリティ」を組み合わせることで、その関係が問題として浮かび上がる。一方では視聴者に対して規範的なメッセージを伝え、啓発し、社会的な合意を形成していく放送の役割があり、他方で多種多様な当事者の各々の経験に寄り添い、集約するという役割が期待される。制作者がその双方を同時に引き受けようとする時に見える葛藤を示しつつ、当事者自身の「声なき声」を引き出すうえでテレビという媒体の特性の潜在的な可能性を示唆する実践も取り上げる。

そして、こうした「テレビ的なもの」を通じた「声なき声」の活性化の可能性を典型的に示すものとして、「リアリティTV」と呼ばれる現象に着目する。第4章「ポピュラー・ジャーナリズムとしてのリアリティTV?――『クィア・アイ』における「裏側の物語」と連帯の政治」では、二〇一八年から「ネットフリックス」で配信を開始した米国発のリアリティ番組『クィア・アイ』を分析する。リアリティTVの説明は後述するが、フジテレビの『テラスハウス』などの参加型娯楽番組が代表的な例として知られる。『クィア・アイ』も、ゲイのファッション専門家の五人組が素人のゲスト出演者を訪れ、変身させる参加型の娯楽番組である。これらのリアリティ番組は出演者の人権を脅かす点で批判されることが多く、それはそれで肯首できるものの、通俗的な議論の多くが重要な点を取りこぼしている。つまり、リアリティTVは真正性のある「裏側の物語」を生み出す技術であり、「リアリティ番組」として名指されるジャンル以外のものにも浸透していること、そして、それは「声なき声」を活性化するのに寄与する可能性も秘めていることである。『クィア・アイ』は米国の政治的分断を乗り越えるべく始動したリアリティ番組であり、それは個人的なものを曝け出すことを売り物にする危うさもあるが、異質な者同士を結びつけ、対話を紡ぎ出す手段ともなることがわかる。そのため、次世代のジャーナリズムのあり方を考える時に役立つ知見も多く得られる。

第5章・第6章では、事例分析から得た知見を概念的に整理し、「ジャーナリズムは「真正性」をどのように生み出し、「声なき声」をどのように活性化すべきなのか」を考察する。まず、第5章「ジャーナリズムの境界線を引き直す——対話の場を紡ぐための役割」では、「送り手が受け手に情報を伝達する」という非対称的な役割分担を見直す。ジャーナリストが自分自身の脆弱性（ヴァルネラビリティ）を情報源やオーディエンスと共有することで、異質な他者に対する想像力を拡張する対話の機会を積極的に生み出すことが「ジャーナリズム」としても期待されていることを論じる。しかし、この結論にはジレンマが残る。ありのままの自分を演じることは「感情労働」（ケア労働）となり、心理的負荷が大きく、それを専門職として引き受けるためには、職場の環境や意識の刷新が求められることとなるためである。第6章「「真正性」の政治を内側から撹乱する——オルタナティヴなメディア環境はどのように可能か」では、あらゆるコミュニケーションが商品のように扱われる資本主義的なメディア環境を前に、「ジャーナリズム」には対話と連帯のためのメディアを生み出す実践も求められることを示す。それは「送り手」と「受け手」の共通関心としてメディアを位置づけ、関心を引き起こすことを要請する。

そして、補論「対話のためのメディア・デザインに向けた試論——メディア・ワークショップの設計と批判的考察から」を附した。上記の批判的分析から得た、対話に求められるパフォーマンスとメディア環境を試行的に実践し、経験的に得られた課題を書き連ねた。他者に呼び掛け、対話的な環境を生み出すことで「声なき声」を活性化しようと試みる営みは、専門職的なジャーナリストの専売特許ではない。誰もが身近なところから着手でき、着手すべき課題となっており、どのようにそれを実践するのかを共に考える契機となれば幸いである。

結論ではこれまでの議論を振り返り、どのように「真正性」を構築し、「声なき声」を活性化するのかについての方向性をいくつか示す。

第1章 「声なき声」の活性化、「真正性」の政治

理想を掲げた政治や経済の抽象的プロジェクトは正当であるかもしれないが、それほど関心を惹きはしない。［……］政治が具体的な人間の「ここと今」を起点とせず、抽象的な「あそこ」や「いつか」に固執すればするほど、人間の隷属化の新たな事例にしかならないのを今日の人びとは切実に感じているからである。

（ヴァーツラフ・ハヴェル『力なき者たちの力』阿部賢一訳、人文書院、五四頁）

1 ジャーナリズムの役割を問いなおす

本章では、ジャーナリズムが現代の民主主義社会において担うことが期待される役割を明らかにするために、「声なき声」が自分自身の意見を自分自身の責任において表明する主体性のあり方を問いなおす問題であること、「真正性」が受け手との信頼関係を取り結ぶために必要な力であることを確認していく。ジャーナリズム論は、基本的に「送り手」目線のものが多く、その課題設定も「中立公平」や「事実性」などの価値を追求し、市民に伝達するという責任を問うものがほとんどに思われる。新聞社や放送局などの報道機関の専門職（プロフェッショナル）には、自分自身の個人的な欲望や偏見が交わらないように取材し、記事を執筆することが伝統的に求められ、そうした訓練も受ける。しかし、偏見を抜きにした客観性は本当にありうるのだろうか。まず、この点を確認しておきたい。

マスメディアが「客観的」なものとして示す事柄は、あくまでも恣意的に構築されたものであると考えられる。このアプローチは「社会構築主義」と呼ばれる。ピーター・バーガーとトーマス・ルックマンが「間主観的な常識の世界が構成される主観的過程（および意味）の客観化について、明らかにすべく努めなければならない」と指摘するように、[*1]これは、私たちの各々の主観的認識が重なりあい（間主観性）、社会的な現実が生み出されるプロセスに焦点を置くことで、何気なく、当たり前に受容されている「常識」＝共通の感覚を問いなおす視点である。テレビや新聞などが遠く隔たった場所の出来事を報道することで、私たちはより多くの出来事を共に目撃し、より多くの認識を共有できるようになった。良くも悪くも、本来であれば多様な仕方で目撃されるはずの出来事が、均質的な紙面や画面に編集され、誰が触れても同じ仕方で映るようになった。「送り手」側による主観的な価値判断（ニュース・フレーム）が情報の取捨選択に影響し、マスメディアは「何が客観的で正しい現実なのか」を決定し、共通の認識を生み出す力を占有していたのである。[*2]そして、私たちが物事の判断において頼る常識の大半はメディアを通じて間接的に見聞きしたものとなる。評論家のウォルター・リップマンは、メディアが人びとの頭の中に生み出す世界に対する認識を「疑似環境」と呼び、ステレオタイプが混ざった世論をもたらしていると考えた。[*3]メディアを用いた実践であるジャーナリズムはたんに事実を伝えるだけでなく、実際には共通の現実認識を生み出す機能を担ってきたとも言える。[*4]

多くの研究者がメディアを通じて現実が構築される過程に着目してきた。たとえば、戦後まもなく、社会学者の清水幾太郎は、列車のなかで出会った知人との会話の例を挙げ、新聞の持つ現実の構築の能力を指摘している。

私が、ユーゴースラヴィアとコミンフォルムとの関係は、どうも合点がゆかぬ、と言ったところ、彼はこの問題についてただちに明快な解釈を下した。彼の説明は詳細をきわめ、あたかも彼がチトーと会見して、親しくその胸中を叩いて来たかのようである。しかしそんな馬鹿なことはある筈がない。恐らく彼は、私の知らぬ新聞か雑誌で知識を得たのに違いない。いずれにしても、彼の説明は本当らしい。彼と別れたあとで、もし私が別の友人に出会ったら、聞かれもせぬに、ユーゴースラヴィアとコミンフォルムの関係を持ち出して、友人から与えられた知識を頼りに、今度は私がチトーと会見したかのように語るであろう。[*5]

現在でも変わらぬ光景が見られるだろう。私たちは、出来事の真偽を自分の目で確認せずとも、誰かから見聞きした不確実な情報に依拠し、頭の中に疑似的な現実認識を思い描いているし、それ以外の選択肢はない。もちろん、こうした「疑似環境」論が一九二二年に発表されて一世紀が過ぎた現在、マスメディアが媒介する国家規模での常識＝共通認識は確かに相対化されてきた。今日、新聞やテレビ番組が国民規模の共通の感覚を生み出す光景は、以前ほど見られなくなってきた。とはいえ、現在の疑似環境はより厄介かもしれない。利用者個人の趣味や嗜好、信条などに応じて機械的に最適化された情報が個別に伝達され（「フィルターバブル」[*6]）、異質な意見や立場を持つ他者と意見を交わすための共通の場所や想像力が失われつつあることが危惧されている。新聞にもテレビにも触れず、見たいものの、好きなものだけを見て過ごすことも可能になり、現実を生み出すマスメディア・ジャーナリズムの力にも、それに支えられてきた戦後民主主義にも疑問符がつくようになってしまった。

2　民主主義の課題としての「声なき声」

自分自身が胸の内に抱える問題が他者から承認されるということは、最終的にそれが「常識」を書き換え、「常識」に取り込まれるということだと考えられる。自分自身の抱える問題が社会全体の共通認識として理解されず、個人が負担すべき主観的な問題として排除される状況ならば、その主観的経験を理解してもらうために「声」を上げる必要が生じる。しかし、「声」を上げ、主体として自らを位置づけるという行為には、ある根本的な葛藤が付随する。哲学者のジュディス・バトラーは、「自分自身を説明する」行為には外部からの呼びかけが必要であり、それゆえに完全なものにはならないことを指摘している。[*7]「主体化」は「主体になる過程を指す」と同時に「権力によって従属化される過程」(＝「従属化」)でもあるというのである。[*8]たとえば、自分自身の思いや経験を言葉にした途端に、その複雑さや重厚さが失われ、「本当に言いたいのはそういうことではない」と思った経験はないだろうか。つまり、常識的に理解されにくい経験をする人びとが主体的に「声」を上げ、「常識」を変えていくためには、結局のところ広く共有されている「常識」に従属することを余儀なくされてしまうのである。あるいは、人類学者の宮地尚子は、災害や戦争などのトラウマ的な出来事の経験者がそれぞれ異なる経験をし、語る力も異なることを「環状島」という比喩で指摘している。[*9]たとえば、被曝や震災などの何か深刻な出来事があったとして、その真ん中（爆心地や震源）にいる人は死亡したり、重度の外傷を負うことで自らの経験を語る力を失う。他方で、自分自身の被害は軽度であるような出来事の目撃者は、自分自身に当事者として語る資格があるのか戸惑いを覚えることとなる。むしろ、その両端のあいだに位置する、出来事の中心地からは離れつつも進んで「声」を上げられる人びとの語りが支配的になる。すなわち、「声」が上げられるのか否かと、どの程度の被害を被ったのかは必ずしも一致しない。

このように、「声なき声」とは、社会的に共有された規範や価値観において広く理解可能な「声」だけが表出し、理解不可能なものは捨象されてしまうことの問題なのである。[*10]「一人ひとりが声を上げるべきだ」という物言いは一見すると正しいが、「声」を上げるための主体性は、他者との関係性やそのあり方を規定する社会構造から影響される。そのため、「声」を上げるための基盤（語彙や機会や手段）を持たない人びとの問題を根源的に問うならば、「そもそも何が声を制約しているのか」という構造を読み解く批判的なアプローチが必要不可欠になる。たとえば、メディア研究者のニック・クドリーは、「われわれが自分自身の生を説明できる条件や、いかにしてその説明が尊重され、もしくはまったく尊重されないのか」に注目する必要があると指摘している。これらの議論を踏まえて、山腰修三は「他者に対して語りかけ、あるいは応答し、それらを通じて他者と世界を共有する過程」を見据える必要性を指摘している。[*11]ここから浮かび上がるのは、社会的現実としての常識を生み出すメディアの力が、従来の枠組みでは説明や理解が困難な主観的現実をどのように表出できるのかという問いである。

「声なき声」の活性化という民主主義的課題

「声なき声」を議論から締め出す社会の構造を理解するためには、公的領域と私的領域、社会的なものと政治的なものの関係性を整理しておく必要がある。公的領域は多様な「声」から立ち上がるものと考えられてきた。哲学者のユルゲン・ハーバーマスは、新聞の発達により「読書する公衆」が登場し、彼らが自分自身の意見を自由に提示し、議論を交わす空間が「市民的公共圏」として勃興したと説明する。[12] それは公権力から独立したボトムアップな世論形成の場だったが、あくまでも資本家階級（ブルジョワジー）を主な担い手とし、参加には教養や私有資産が必要とされていた。[13] 裏を返せば、労働者や女性などは市民的公共圏から疎外されていた。古代ギリシャのポリスに公共性を見出す哲学者ハンナ・アーレントも、公的領域が平等な空間である反面、「家族は厳格な不平等の中心」として区別されていたことを指摘する。[14] 古代の奴隷は市民と区別され、家を守る役割を担わされていた。彼らは私生活圏での労働に従属させられる立場であり、外の世界を見聞きし、意見を形成する暇や機会を奪われた状態にあった。[15] このようにして、公共的な生活は、いつの時代も誰かに私事圏でのケアや労働を押しつけることで成立してきたのではないかと考えられる。アーレントは、このように私事圏に留め置かれた人びとを、共通世界へのアクセスを奪われ、「自分の主観的なただ一つの経験の中に閉じ込められる」状態として理解する。[16] これは本書で「声なき声」として説明する問題と重なりあう。

「声なき声」が問題となる歴史的背景には何があるのか。第一に公共的な生活がますます失われているという事情があるだろう。ハーバーマスは、かつて、二〇世紀のマスメディアの登場が市民的公共圏を解体してしまったと総括した。[*17] この時代、社会のあり方をめぐる政治的な議題について想像力を張りめぐらせ、自分自身のユニークな見解を積極的に示す「市民」という理想は衰退した。その代わりに、無個性で、平等感覚を前提に消費生活に明け暮れる受動的な「大衆」が社会の意思決定を担い始めた。[*18] 当時の知識人たちはこうした大衆社会を批判した。アーレントもやはり、近代社会において私的領域と公的領域の区別が失われ、「私的なものでもなく公的なものでもない社会的領域」で覆い尽くされる二〇世紀の状況を批判していた。[*19] とはいえ、テレビ研究の嚆矢として知られるレイモンド・ウィリアムズなどのように、家庭を中心とする生活様式が拡がるなかで生じた「流動的（モバイル）なプライベート化」を肯定的に捉える者もいた。[*20] 特にテレビは、当時、家庭に留まることを強いられた女性のような、外部の社会との接触機会の乏しい人びとに、お茶の間から公共にアクセスする機会を提供するものだとも考えられた。[*21] すなわち、マスメディアが市民の主体性や公共圏の自律性を衰退させるという批判がある一方で、私的領域の多様な個人がマスメディアを通じて社会と結びつくことが評価されてきた。

第二に、二〇世紀後半には、大衆の平等性を担保する再配分の基盤だった「社会的なもの」、すなわち「福祉国家」も衰退していく。英国では、マーガレット・サッチャーが「社会などというものはない」と言い放ち、公共事業を次々に削減し、民営化する新自由主義的な政策を展開した。日本では中曽根康弘政権や小泉純一郎政権で同様の構造改革が進められたが、特に一九七九年に展開され始めた「日本型福祉社会」論は地域や家庭などの基盤に「自助努力」を求め、公助を削減する方針を固めていくきっかけとなった。いわば、公共性の基盤となるはずの福祉や再配分という社会的な問題が

「個人的」、「私的」な生き方の問題として処理されるようになっていくのである。

以上の背景を踏まえて、失われた公共性をどのように再興するのかが問われることになる。まず注目されたのは、公共的だと見なされてこなかったものに公共を再発見する営みであった。たとえば、一九六〇～七〇年代、女性たちは「個人的なことは政治的なこと」だと主張し、男性中心の政治において私事化されてきたケア労働の問題などを政治的に議論することを求めた。これは、これまで自明とされた公的領域と私的領域の区別そのものに異議を投げかけ、「差異」の承認を迫る政治だった。たとえば、ナンシー・フレイザーは、私事化された論点やアイデンティティの問題を共通の議題として議論する公共圏を「対抗的公共圏」と呼び、単一の公共圏ではなく、複数の公共圏が競合しつつも相互に結びつく「間公共圏的関係」が重要だと指摘する。[*22] あるいは、ジャック・ランシエールは、「声」を奪われて「取るに足らない」とされてきた人びとが「声」を上げ、公的領域を押し広げるプロセス自体が民主主義なのだと論じている。[*23] ここで、マスメディアが、公共的な事柄と私的な事柄の区別を暗黙の了解として秩序を生み出してきたことにも着目する必要がある。たとえば、夜に放送される報道番組は終業後の成人男性を対象とする「政治」や「経済」を中心に構成し、昼間の生活情報番組は在宅の専業主婦を想定して家庭や生活に関する情報を伝えるなど、テレビには公／私をカテゴリー的に区別する伝統があった。

こうした流れのなかで、より公／私の区分を横断する仕方で民主主義を問いなおす議論が展開されてきた。これらは「ラディカル民主主義」と呼ばれ、多くの政治理論家が議論を通じた合意を重視する「熟議」モデルと、対立した立場の衝突を重視する「闘技」モデルに分類して考察を深めている。

まず、「熟議」は、理想的な条件の下でコミュニケーションを行い、妥当性のある合意（コンセンサス）を得ることを志向してきた。しかし、それが行き過ぎれば、個人個人の差異を公共的な領域から排除してしまうのではないか。「闘技」モデルはこの点を批判しており、政治学者のシャンタル・ムフが代表的な論者とされる。ムフは人びとのアイデンティティの多元性を前提として、民主主義を考えるべきだと主張する。[*24] 身近な例で言えば、いわゆる「根回し」をしたり、暗黙の合意を共有するためだけに開かれる会議がある。相互が対等な関係であることを前提にしすぎるあまりに、立場の弱い者が異論をはさむ余地が失われるという光景はよく目にする。すなわち、「熟議」は、合意形成を最優先にして「声」を抑圧する利益集約的なコミュニケーションに退行してしまう恐れもある。

ムフは合意を目指す考え方を退け、政治的なものの本質は「われわれ」と「彼ら」という集合的アイデンティティの対立、すなわち「闘技」であると主張する。[*25] いささか物騒な議論に見えるものの、これは多様性を顕在化する営みを考えるうえで重要である。たとえば、本土に対置される沖縄の「われわれ」意識は対立や闘争の拠り所となり、在日米軍基地の集中など、本土の視点から無視されてきた問題を可視化するのに寄与した。[*26] しかし、ムフ自身が注意を促すように、対立が行き過ぎた敵対関係になると、相手の陣営を抹消し、多元性を損ねてしまうこととなる。たとえば、街頭で在日朝鮮人に「日本から出ていけ」などと声高に憎悪を叫ぶ人びとのその主張は受け入れるべきではないだろうし、[*27] ナチス・ドイツのように「ユダヤ人」という仮想敵を抹消することも許されない。それに対し、「闘技」は対立性を解消しない仕方で、対立する関係を持続させ、可視化することで、新たな争点を生み出す営みだと考えられる。「熟議」を擁する側も合意より差異を重視する「闘技」的な観点を取り入れ、「差異の政治」などの考え方を提示してきた。政治学者の山田竜作が整理するように、フェミニスト政治学で知られるアイリス・マリオン・ヤングは「熟議」を発展させる過程で、多様性や差異を前提としたコミュニケーションを再評価しており、互いが異質であることの相互承認を重視する。[*28]以上の議論をまとめると、合意形成を急ぎすぎる場合も、対立を煽りすぎる場合も多様性が失われる結果となるため、いずれにせよ、穏健な対話の場が求められることとなると言えそうだ。

ジャーナリズムについても普遍的な世論の形成を目指す合意志向の民主主義を範とする熟議志向のものもあれば、「われわれ」のアイデンティティを重視する闘技志向のものもある。しかしながら、政治理論家の山本圭が指摘するように、熟議も闘技も「自ら公共圏に参加し、意見と利害を表明する強い意志を有した政治的アクター」を前提としているがために、民主主義の枠組みからある種の人びと（山本は「不審者」と呼ぶ）を疎外してしまうのである。[*29]前述した「声なき声」はそもそも民主主義の枠組みでは包摂されておらず、個々人の問題として断片化されている。それを民主主義的な政治の場に取り込むために、社会のなかにどのような差異があるのかを発見し、コミュニケーションを通じて公共的な問題として投げかけるジャーナリズムの本懐が求められるのである。そこで、本書では、ジャーナリズムを「声なき声」を活性化する民主主義的な実践として位置づけるために、ジャーナリズムにおける公共性の範疇に加えられてこなかったものとして、「私的」とされてきた実践に着目することにする。すなわち、ネット右翼[*30]（第2章）、福祉番組（第3章）、リアリティTV（第4章）である。

バラバラな「声なき声」を相互に繋ぎ止める――入り組む等価性と差異

以上から「声なき声」の定義を見直すならば、既存の体系や構造では説明されず、他者に対して説明するための機会や語彙が乏しいため、公的領域で不可視化され、私的領域に追いやられてきた個人の主観的な経験を指す。それでは、なぜ、現代社会では「声なき声」が重要な問題となり、その問題の解決に向けて何が求められているのだろうか。

二〇世紀半ばには「声なき声」をいかに動員するのかが政治的な問題となった。一九六〇年の日米安保闘争に際して、岸信介首相（当時）は「国会周辺は騒がしいが、銀座や後楽園球場はいつも通りだ。私には声なき声が聞こえる」と述べたことが知られる。[*31] 米国大統領のリチャード・ニクソンも物言わぬ多数派（サイレント・マジョリティ）という言葉を用い、少数者の権利を擁護する政策に対する大衆の反発をかき集め、支持された。[*32] 大衆的な支持基盤を確立すべく、「声」を上げる市民を「特殊」な人たちとして印象づけるために、権力を有する政治家は「声なき声」のレトリックを用いてきたのだった。そして、岸の発言に対抗する仕方で、市民運動家・小林トミは「声なき声の会」を組織し、政治的活動に消極的な人びとに働きかけ、路上を歩く人びとの参加を促す試みを展開した。[*33] このことは、それまでの階級闘争とは異なる仕方で、普通の市民が気軽に参加できる「市民運動」が出現するきっかけとなった。すなわち、「権力－対－反権力」の闘争の枠組みから排除された「声なき声」を自分の陣営に組み込めるのかは、まさに政治的な問題として浮かび上がった。

そして、地域共同体などの中間集団の解体に伴い、「声なき声」は社会的な問題となる。[*34][*35] 私事圏に留め置かれる個人は、たとえば、学校や地域の集まりなどの小さく非公式な集まりを通じて、社会に包摂されてきた。一般的に、人は、他者から見た「私」のイメージを取り込む過程を通じて自我を育み、安心して「私」を表現できる他者との関係において主体性を発揮する。家庭と国家のあいだにある中間集団は親密圏と公共圏を接続するうえで重要である。しかし、都市部への人口集中などを通じて親密圏は社会から切り離され、閉鎖的な関係となり、家庭内暴力（ドメスティック・バイオレンス）や育児放棄（ネグレクト）などの問題を招く要因ともなる。また、地縁・血縁や集団に帰属することで成り立っていたアイデンティティも不安定化し、絶え間なく自己のあり方に関心を寄せるように迫る状況が生じている。[*36] 社会的基盤の安定性が自明だった時代とは異なり、現代社会では一人ひとりの差異を承認し、包摂するような集合的アイデンティティは絶えず揺らいでいるのである。

　そうしたなかで、多種多様な諸個人のあいだに何らかの共通項を見出す社会運動のあり方は、その共通項を固定し、個人間の差異を覆い隠してしまう恐れもある。社会学者の草柳千早が指摘したとおり、社会運動における異議申し立てには「自己は多元的であるのに、「還元」の視線は部分的な要素を全体の説明に利用しその人格を覆い尽くしてしまう」のである。[*37] だからと言って一人ひとりが互いに切り離される個人主義では「声なき声」を生み出す社会的な問題は不可視化されてしまう。ここで、犯罪学者のジョック・ヤングの言葉を借りれば、「断片的かつ分断された分裂性の世界にあって、社会的連帯と人びととの結びつきの感覚はどのように生まれうるだろうか」という問いが重要になる。[*38] また、政治哲学者のエルネスト・ラクラウは「私」というアイデンティティが構築できないからこそ、「われわれ」（等価性）の意識が「彼ら」との関係から生み出されるのだと考えている。[*39] このように考えるのであれば、「われわれ」の連帯は「彼ら」に対する分断と隣り合わせのものとなり、「彼ら」抜きの「われわれ」は想定しえない。社会学者の吉見俊哉が述べるように、「諸々の文化のなかで作動する境界線の政治を問うだけでなく、その境界線でせめぎあう〈分断〉と〈連帯〉の文化政治を考える」必要があるのである。[*40] それでは、分断や連帯はメディアの言説においてどのように構築されるのか、それは私たちを取り巻く現実にどのように働きかけるのだろうか。

ここで言う「連帯」は労働組合のような組織的、普遍的に持続する制度というよりは、一時的で流動的なネットワークのようなものとして場当たり的に構成されるものである。簡単に言えば、ある状況では対立していた者同士が、共通の目的などを媒介として連帯する場面はありうる。そして、差異や分断が可視化される時に「常識」には疑いが投げかけられ、修正されることもある。[*41] その際に重要なのがレトリックである。たとえば、本書冒頭で掲げた「生きづらさ」という表現は興味深いものである。この表現は、後に取り上げる『ハートネットTV』（第3章参照）で象徴的に用いられている言葉だが、「障害」や「ジェンダー」といったカテゴリーに限定するのではなく、具体的な意味のない、曖昧な表現を用いることでより幅広い個人の差異を架橋できるのである。ラクラウはこうした異なる要素を幅広く取り込む記号を「空虚な（エンプティ）シニフィアン」と呼び、支配的な構造に異議を申し立てる対抗言説を生み出す可能性があると考えた。[*42] 社会学者の貴戸理恵は「生きづらさ」という表現について、「問題の現れ方が個別化・複雑化していて、集合的な属性や状態では捉えきれなくなっている」こと、そして「一部の『漏れ落ちた人』だけでなく、すべての人が潜在的問題を抱えるようになってきている」ことがあると考察している。[*43] また、教育社会学者の多賀太も「『生きづらさ』という言葉は、男女間の権力関係を分析する概念としてではなく、そうした連帯のポリティクスを生み出す実践的概念として有効なのだと思います」と論じている。[*44]

他方で、共通の敵を生み出し、彼らを攻撃することで憂さ晴らしをしたり、過剰に恐怖して距離を置くなど、排他的な仲間意識を紡ぐ言説にも「声なき声」は接続されうる。「私」の不可能性を仮初の「われわれ」意識で満たそうとする欲望は、共通の敵をめぐる幻想に結びつくことがある（第2章参照）。[*45]たとえば、「Qアノン」などの陰謀論に典型的に見られるように、相互の関係性が確認されていない、あるいはそれほど大きな力を持つわけではない出来事やアクター同士を結びつけ、個々の差異を抹消しながら「仮想敵」を生み出すような言説があり、科学や民主主義といった近代的な社会基盤を攪乱している。これに対し、ジャーナリズムは事実を淡々と検証し続け、反駁することも重要だが、より根本的な問題として、失われた集合的な帰属意識を取り戻すための幻想が、より大きな説得力を持ち始めてしまっていることに目を向けなければならない。差し当たり問題点を述べるとすれば、こうした「われわれ」意識に没入する人びとは個々が営む生の葛藤や問題を他者に向けて説明するための基盤を失い、それゆえに対話が不可能になってしまう。[*46]ここで、「真実」が凋落し、「真正性」が欲望される状況が前面に出てくるのである。

ここまで、個々の主観の複雑性に寄り添い、それらを相互に繋ぎ止めながら連帯を育む実践の重要性を示唆してきた。多種多様な個人の営みと無関係に思い描かれる「われわれ」ではなく、個と個の相互作用から「われわれ」を紡ぎ出し、想像力の拡張を促す役割がジャーナリズムに期待される。だとすれば、それはどのような条件の下で可能であるのか。次節では「真正性」という概念をキーに考えてみたい。

3 「真正性」という価値の浸潤

メディア空間における大衆的な正当性

それでは、ジャーナリズムは「声なき声」をいかなる仕方で活性化し、他者に対する想像力を押し広げ、多様性を内包した連帯を生み出せるのか。この問いを追求するためにはもう一つの批判的視座を頭の片隅に置かなければならない。すなわち、「ジャーナリズムを正当化する要素は何か」という視点である。ジャーナリズムの正当性は「公権力を監視しているか」（権力監視）、「正確な情報を提供しているか」（客観性）など、ジャーナリズムに期待される規範的な役割と照らし合わせて論じられてきた。「声なき声の活性化」もそうした規範的な評価軸の一つであると考えられるが、ジャーナリズムは規範だけに基づき評価されるわけではないのが現状である。

先に述べた「声なき声」の活性化という規範が、それを読者や視聴者として受け止める「大衆」の側にどれほど響くものなのかは疑問の余地がある。労働や消費がますます生活の中心に据え置かれる大衆社会では、主体的、意欲的な態度で社会に思いを張りめぐらせる自由な時間はそれほど多くはないはずだ。[*47] たとえば、真面目で実直なドキュメンタリー番組を見る時間があれば、頭を空っぽにして見られる、不謹慎で面白い番組を見たいという感覚はありふれたものにも思われる。そうでなくとも、多様な情報を自分なりの仕方で読解するよりも、自分自身の生活に直結した必要最小限の情報だけをいかに効率よく得るかが重視される時代である。筆者が林香里とともに実施したオーディエンスに対するインタビュー調査でも、ニュースは受動的、かつ効率的に消費される情報の一種として理解されており、ニュースに対して意味を与え、誰かと議論する機会が失われていることがうかがえる。*48 この不可避的な状況を前に、他者に対する「共感（エンパシー）」をどのように押し広げられるのかは、大きな課題となっている。

本節では、この問題を考えるために、議論の焦点を規範論から権力論、民主主義から資本主義にずらしていく。メディア業界全体の商業的持続性が不安定化すると、幅広い読者や視聴者に普遍的なメッセージを届けるよりも、特定の層の読者や視聴者にターゲットを絞り込み、売り込む商業的な戦略が重視される。その状況は仮初の敵対性を構築する実践を後押しし、異質な他者に対する想像力の基盤を切り崩してしまう。さまざまな個人の説明不可能な動機を「わかりやすく」理解可能なものとして矮小化し、その集団の加害性や異質性を強調する表現も横行する。それに対し、「私」の日常生活的経験を糧とする実践については、「数字の取れないもの」、「関心を集めないもの」として抑圧され、排除されるものがあり、大きな注目を集めるものとの格差が大きくなってきた。この状況を受け止めたうえで、「何が「真正」だと感じられ、共感を集めているのか」を、メディア空間における「権力」の問題として考える必要がある。

ここで問題となる「権力」とは、物事を自然に感じられるように「正当化」する力を指す。「権力」と言うと、人間の行動を直接制限する強制力とか、権威や地位を持つ人びとの威厳を思い浮かべるかもしれない。しかし、現代社会では、もう少し複雑な仕方で権力が行使されていると考えるべきだ。

哲学者のミシェル・フーコーは「権力」を言説を通じて構築され、気づかれないうちに行使される力として示した（規律訓練型権力）[*49]。フーコーは、学校で学ぶ、刑務所に服役する、病院に入院する……など、「生きる権利」を尊重する福祉国家の枠組みが、自発的に社会に服従するように私たちを訓練しているのだと指摘した。この権力の行使に大きく加担するのが「言説」である。たとえば、精神医療の科学的言説が体系化されると、「狂気」を「精神病」として普通から区別する価値観が正当化される[*50]。あるいは、性をめぐる言説が増大した結果、「同性愛」は「異性愛」からの逸脱だとする社会的規範が生み出される[*51]。言説は人の相互作用が生み出すものにすぎないはずだが、私たちはそれを繰り返し耳にし、繰り返し語ることで、まるで客観的で、自然であるかのように認識してしまうのである。そして、言説は常識を生み出し、固定化することで、私たちの主体形成のあり方にまで大きな影響力を行使する。ほとんどの場合、私たちは自分自身を説明する時に、すでにある言説の認識枠組みに依拠せざるをえないのである。

この類の権力は、今日、福祉国家（政府）やマスメディアなどの特定の権威だけが占有するものだとは言えない。社会学者のピエール・ブルデューは、相手に権力を行使していることを意識させずに自分自身の正当性を示す権力を「象徴権力」[*52]（象徴資本）と呼び、その獲得競争を「象徴闘争」として提示する。ブルデューの共同研究者のパトリック・シャンパーニュは、「政治」とは「自らの世界像を勝利させ、それを正当で真正なヴィジョンとして、経済的に、また殊に文化的に剥奪状態にある最大多数者に示し、信じさせようとする象徴闘争」と説明した[*53]。自分自身を社会に位置づける主体化に必要とされる資本は、その場に応じて異なるものであり、その獲得が競われる。平たく言えば、学校の教室や同じ趣味を持つ集まりなどの各々の社会空間（界）において、「いかに自分が他者より優れているか」が、社会的に生み出された何らかの価値尺度に基づき競われる。その価値尺度の性質は社会空間に応じて異なる。たとえば、勉強熱心であることは、進学校では評価されるが、やんちゃな少年たちの社会集団のなかでは「ガリ勉」だと馬鹿にされてしまうかもしれない。卑近な例のように見えるが、どのような社会空間において、どのような権力関係が存在するのかは、新聞や放送の「送り手」の正当性を読み解くうえでも重要な視座だ。新聞や雑誌などの「業界」にもさまざまな価値評価の秩序が存在している。

オンライン空間では、さまざまな社会空間が相互に入り組むと同時に、大規模な均質化・肥大化（グローバル化）が進行していると考えられる。かつて、新聞業界やテレビ業界は「大きな社会空間」を国家規模で生み出していたため、「これが公共的な問題である」、「これが事実である」などのジャーナリズムの規範的主張を正当化できた。ところが、ソーシャルメディアなどの「小さな社会空間から なる大きなネットワーク」の発達により、マスメディアの保持していた象徴権力は相対化されていく。メディア研究者の多くが、オンライン空間は公的領域と私的領域の区別が失われ、均質的な常識を共有した「社会的なもの」に覆われていることを指摘している。[*54] たとえば、ＳＮＳでは、匿名の誰かの日常生活に根差した気まぐれな発言も、幅広い関心について論理的に筋道立てられた公共的な議論も、区別なく、共通の価値に基づき処理される現実がある。ジャーナリズムの閉じた業界のなかで共有される価値よりも、幅広い人びとの複雑な相互作用を通じて生み出される、何か別の正当性を獲得する必要性に迫られていると考えられる。

本書では、「真正性」、本当らしいと感じられるかどうかの集合的な感覚こそが、現代のメディア空間のなかで象徴権力として機能している要素であると考える。たとえば、メディア研究者のガン・エンリは、「媒介された真正性」という概念を、メディアに媒介された複数のアクターのあいだの交渉を通じて構築される、何がリアルなのかをめぐる合意であると説明している。[*55] これまで、支配的な言説によって自分自身の主体性が制約されてきた人びとは、常識的な価値観を覆すような当事者主体の言説を生み出し、議論の場を紡ぎ出してきたし、権力監視を重視する新聞や放送の報道は時にそれを推進した。しかし、その声は公共に対する無関心やシニシズムに幾度となく掻き消されてしまう。その時に報道が見落としているのは、グローバル化と大衆化が同時進行する今日のメディア空間では、あらゆる言説実践が、「広く妥当性の高いもの」よりも「受け手が真正だと感じるもの」を競うゲームのなかに位置づけられているという現状なのではないか。これは、「声なき声」を活性化し、連帯につなぎ止める実践としてのジャーナリズムも例外ではない。もちろん、この「ポスト真実」的な状況を現状として追認するのではなく、「真実」を追求し続けるべきだという意見は正しいのかもしれない。しかし、対等な信頼関係とポピュラーな連帯を構築し、常識を問いなおす可能性を考慮に入れなければ、「真実」の追求をジャーナリズム実践が担うことの正当性が失われてしまうのであり、私たちは「真正性」の政治という現実にも向き合う必要がある。

「本当の自分」の正当性――「真正性」の理想と現実

「真正性」がなぜここまで魅力的であるのかを考えるためには、その定義を多層的に提示する必要がある。まず、感情を呼び起こす客体（モノ）の価値という側面がある。哲学者のヴァルター・ベンヤミンは真正性を説明するのに「アウラ」という概念を用いており、写真や映画のような複製技術が台頭する以前、芸術作品に見られた「オリジナルの「いま」「ここに」しかないという性格」が宗教的な権威性の誇示に利用されてきたことを指摘している。[*56] オリジナルのモノは特定の時間と空間において存在することで「礼拝価値」を備えていたが、さまざまなモノが技術的に複製可能になるとそうした価値が損なわれてしまうのである。[*57]

他方で、それは自己実現をめぐる価値としても理解されてきた。チャールズ・テイラーなどの哲学者が論じるところでは、前近代の社会では宗教は絶対的な位置を占めていたが、その位置が相対化されることで「自分自身に忠実であれ」[*58]という理想や「各人が自分自身の生を生きるべきだという要求」[*59]が表出し、自由を軸にした「本当の自分」という自己実現が道徳となった。いわば、宗教的権威を抜きにして社会を構想する必要が生じ、自分自身の主体的な価値判断の軸を備えた市民像が追求されるようになったのである。しかし、批評家のライオネル・トリリングが論じるように、「本当の自分」なるものは社会の抑圧のなかで見出される、もっと葛藤に満ちたものだとも言える。トリリングは近代的な市民社会で重視される価値を「誠実」と呼び、市民が他者からの信頼を得るために示す「人間一般の最善の自我」[*60]は、社会から自己が疎外された状況だと批判する。むしろ、社会から影響を受けず、自分自身の物差しだけで成立する「ほんものの自我」は「もっと反抗的で不穏」なものであり、[*61] 作家がそれを剝き出しにした時に芸術作品に真正性は宿ると論じている。[*62] つまり、理性的に振る舞う誠実な姿勢を求める公共圏や市民社会では他者の視線を意識して振る舞わざるをえないために、むしろ私秘的な領域に封じ込めているありのままの自分を追求することが価値を帯びたのだとも言えるだろう。[*63]

まずは、モノにおける「真正性」と自己における「真正性」を分けて説明した。さしあたり、どちらも社会と技術の近代的発展（市民社会と複製技術）により失われた性質として提示することができる。それでは、失われた真正性はどのような仕方で追求され、自己の「真正性」とモノの「真正性」はどのように関係しているのか。この点を考えるためには、理想としての「真正性」（真正であるもの）だけでなく、実際に流通する「真正性」（真正に見えるもの）を区別しておく必要がある。本書では主に後者に主眼を置き、問題提起していくこととする。

真正性は、愛や正義のように、完全な仕方で存在しないために欲望される性質であり、私たちは「真正に見えるもの」で場当たり的にその空虚さを穴埋めしているのだと考えられる。消費社会論で知られる哲学者のジャン・ボードリヤールは、「ハイパーリアリティ」[*64]や「シミュラークル」という概念を提起した。これらの概念は、実体性のあるモノから成立する現実世界を、現実を記号でシミュレートしている世界が包み込む状況を指している。たとえば、服や車や腕時計など、モノとしての機能に差がなくても、有名ブランドのロゴの有無や見た目によって市場価格が変化するように、モノとしての機能よりも記号が重要な意味を持つ場面はありふれたものである。消費者にとってこうした「記号消費」はアイデンティティを他から区別し、唯一無二なものとして位置づける手段となる。この場合、テイラーやトリリングが論じた「真正性」とは異なり、自分自身の物差しではなく、あくまでも複製可能な記号に依拠しながら「真正」なものを擬似的に表現していくこととなるが、現代社会ではこのような仕方で「真正性」を再現する以外の選択肢がないという事情があると考えられる。というのも、「実体」から成立する現実世界ではオリジナル（真正性）とコピー（非真正性）を区別できたが、ハイパーリアリティの「記号」は際限なく複製可能な対象となり、たんなる差異でしか区別ができないからである。真正な「唯一無二の私」を示すことは難しくなり、記号に依拠して自分と他者を差異化し続けることが、「真正性」の欲望を充足する代替的選択肢となるのである。

テイラーやトリリングの「真正性」の理想には近代の個人主義的な理念が埋め込まれているが、メディアというモノがさまざまな情報を媒介する社会では、集合的な経験において構築される「真正性」が消費対象となる。それはメディア産業や観光産業において擬似的に構築されている。歴史家のダニエル・ブーアスティンは『幻影（イメジ）の時代』で、マスメディアや観光旅行などの集合的な経験が「イメジのほうがオリジナルよりもおもしろくなり、それ自身ひとつのオリジナルとなってしまった世界」[*65]を生み出し、本来の真正な経験を損ねていると批判する。これは、自分自身の眼で出来事に触れたり、自分ならではの代替不可能な経験を求めて旅をするのではなく、テレビの画面上に映し出された現実を集合的に眼差し、雑誌で紹介された「観光スポット」に赴き、観光客向けにパッケージ化された経験をするような大衆に対する批判だった。特に二〇世紀後半にテレビは日常生活の中心となり、個々に異なる経験をしてきた主体を、共通の出来事の目撃者に仕立て上げた。メディア研究者のパディ・スキャネルが述べるとおり、「集合的な真正性」が社会的に構築されていくこととなるのである。[*66]

他方で、観光学者のディーン・マキャーネルがブーアスティンに反論したように、大衆は審美眼を失い、「真正」な経験を放棄しているというわけではなく、むしろ「真正性」が失われたことによる空虚さを穴埋めする何かを追い求め、[*67]真正な経験を通じた「自分探し」に邁進しているとでも言うべきではないかという指摘もある。そのために、精力的にテレビを視聴したり、観光に出かけたり、ライブイベントに参加したりし、それをソーシャルメディアに投稿するような様子が日常茶飯事になっている。[*68]配信サービスを通じて音源や映像のデータを容易に取得できる現在でも、現地での音楽ライブやスポーツ試合の観戦が、特別な価値のある体験として消費されるように、真正性に備わる「礼拝価値」は欲望され続けているのである。

そうした時代に、真正な、「本当」の自分自身を演じること（自己演技）は、とりわけ現代のメディア環境のなかで氾濫し、商品として売り出されていくこととなる。メディアを用いた相互行為が活発になり、誰もが情報発信を行い、公／私の区別が曖昧化していく時代において、いかに自分自身を真正なものとして見せるのかは重要な問題となっている。もちろん、それ以前から、真正な自己演技に関する重要な指摘は、観光やケアといった第三次産業の発展とともに指摘されてきた。たとえば、観光地の人びとによって観光客に対して「演じられた真正性」は、舞台裏を共有することで、生産者と消費者のあいだに親密な関係を招く。[*69]この「真正性」の商品化の問題については事例分析の後、第5章で追って考察していくが、「私」が重視される時代に、公共性という考え方自体が危機に曝されていることが背景にあるという点は、ここで押さえておきたいポイントである。

4 「真正性」を媒介とする「声なき声」の連帯へ

あらためて本書における「真正性」の構成要素を整理しておきたい。「真正性」は、①外在的な規範に囚われず自然である（自然性）、②等身大である（親密性）、③代替不可能である（固有性）、④絶対的に失われていて、完全には満たされない（欠乏）という特徴から構成される。①～③は近代化を通じて失われたとされるものであり、失われた何かに回帰しようとする欲望が、典型的な資本主義の特徴である④に組み込まれる。これは積極的な社会変革を望まない「生活保守」的な価値・感性とも親和性が高く、それゆえに「リベラル」なジャーナリズム実践が見逃してきた力であるように見える。市民の理性と多様性に基づき熟議を繰り返せば、外在的な真実に到達できるはずだと考える思考枠組みが「進歩的」なのだとすれば、「真正性」は、進歩志向によって疎外された原初的、本来的、自然的なただ一つの自己の内面に遡及する点で「保守的」なレトリックでもある。たとえば、二〇一二年九月、自民党総裁として旧民主党政権から政権の奪還を目指す安倍晋三は「日本を、取り戻す。」というスローガンを掲げ、大勝を果たしたのだった。これは、日本社会の本来あるべき姿が過去にあることを印象づけるものだった[*70]。取り戻す対象が徳川幕府の日本を指すのか、戦前の帝国主義の日本を指すのか、昭和後期の好景気の日本を指すのかが曖昧なまま、各々が「古き良き時代」として連想するものを束ねている点が巧妙であり、多種多様な不満を抱える有権者を相互につなぎ止め、希望のある言説をもたらしたと振り返ることができるだろう。

しかし、別の見方もありうるだろう。つまり、「真正性」は「声なき声」を活性化し、差異を顕在化し、連帯を構成していく対話の実践を促す力にはならないだろうか。リチャード・ローティは、連帯を「伝統的な差異（種族、宗教、人種、習慣、その他の違い）を、苦痛や辱めという点での類似性と比較するならばさほど重要ではないと次第に考えてゆく能力、私たちとはかなり違った人びとを「われわれ」の範囲のなかに包含されるものとして考えてゆく能力」と定義した。[*71] ローティの連帯概念は、偶然に、局所的に生み出される「われわれ」の意識であり、普遍的なものではない。リリー・ショウリアラキも、遠く隔たりのある他者に対する連帯はあくまでも自己イメージと関連づけられた範囲に留まることを指摘している。[*72] ローティは「他の人間存在を「彼ら」というよりむしろ「われわれの一員」とみなすようになるというこの過程は、見知らぬ人びとがどのような人びとなのかについて詳細に描写し、私たち自身がどのような人びとなのかについて描き直す、という問題なのである」とメディアの役割を強調している。[*73] こうした議論を踏まえると、今日、個別の連帯の実践を支えるのは、普遍的なものというよりも、関係的に生み出される断片的なリアリティと想像力であると考えられる。それがたとえ場当たり的に構築された、本質的ではないものだとしても、より多くの人びとを相互に繋ぎ止めることができるのではないか。だとすれば、自分と他者のあいだの共通点を見出しながら、差異も承認し合えるような関係を促すために、ジャーナリズムには何が求められるのか。メディア研究者のカリン・ウォール＝ヨルゲンセンが、ＳＮＳのハッシュタグ機能を用いた政治運動で、個人の語りが「他者の具体的な経験と関連し、私たちを他者の立場に位置づけることで私たちと他者との同一化を推進」し、「真正性」を構築すると指摘するように[*74]、社会的な共生の基盤としてこれを利用できるのではないか。以下では、事例研究を通じてその可能性と矛盾の所在を検証していく。

第2章　「声なき声」と娯楽化する政治
――『虎ノ門ニュース』における「読解の肩代わり」

すべての事実が不完全（および個人の視点の結果）だというポストモダニズムの主張は、ある出来事を理解したり表象したりするうえで数多くの正当な方法があるという、関連する議論に繋がった。それは、より平等主義的な議論を促し、過去に権利を剥奪されていた者たちの声が聞こえるようにもなった。しかし同時に、侮蔑的な、また反証済みの理論の擁護に、そして同等に扱うことができないものを同等に扱おうとする者たちによって悪用されてきた。

（ミチコ・カクタニ『真実の終わり』岡崎玲子訳、集英社、五九頁）

1　反動的な実践に潜む「声なき声」を考える

本章では、ネット右翼から幅広く支持を集めたオンラインの情報番組『真相深入り！　虎ノ門ニュース』（DHCテレビ、月〜金、午前八時〜午前一〇時）を分析する。ここまで、現代社会において、「声なき声」を活性化するジャーナリズムの営みが、「真正性」という価値をめぐる競争とは切り離せない現状を理論的視座から論じた。すなわち、ジャーナリズムが自らの民主主義的価値の正当性を保持するためには、もっともらしく感じられるものを消費したいという「受け手」側の欲望に応じる必要が生じている。こうした背景を踏まえて、「真正性」が「声なき声」を社会に繋ぎ止め、従来の実践のなかで見落とされてきた価値を活性化しうるのではないかという仮説を検証する。しかし、その前に、声を上げることのできない人びとの不満の感情がどのような「送り手－受け手」の関係において敵対関係を生み出す危険性があるのかについても論じておく必要がある。

日本におけるネット右翼や米国における「オルタナ右翼」に見られるように、「支配的なメディア構造に対するオルタナティヴ」というオルタナティヴ・メディアの位置取りは左派やリベラルの専売特許ではない。それどころか、ネット右翼は「リベラル」こそが権威的で、メディアの構造や組織を支配し、偏った意見を流布しているのだと主張することで、オルタナティヴ・メディアを相対化してしまった。序論でも言及したとおり、自分たちの「声」の方が、「リベラル」が重視する弱者や少数者の問題に比べて無視されていると考える者が、反動的な運動を支持するような状況がある。その背景に、マスコミに対する不信感を背景として台頭した右派のオルタナティヴ・メディアが大きく影響しているのは確かだ。たとえば、米国の場合には中立公平原則（フェアネス・ドクトリン）の撤廃により、右派的な言説で知られるメディアである「ＦＯＸニュース」が台頭したことが、ドナルド・トランプの掲げる反移民的な政策への支持の背景にあると言われている。[*1]

日本の場合も放送法で守られていた「中立公平」の聖域は絶対的なものではなくなり、インターネットにおいて複数のメディアが緩やかな連携を取りながら、主流のメディア実践とは異なる認識や価値を生み出す環境を構築するようになってきた。『虎ノ門ニュース』にしても地上波放送の番組ではなく、化粧品メーカーであるＤＨＣの子会社が制作し、オンラインで配信していた番組であり、それゆえに旧来の放送倫理から逸脱した表現が可能になっている。おまけに、同番組はそれ単体で見れば、テレビ番組ほどの影響力を保持しているわけではないが、複数の右派メディアのネットワークの結節点として機能している。たとえば、地上波で放送される関西のローカルバラエティ番組『そこまで言って委員会ＮＰ』（読売テレビ、二〇〇三年〜現在）から右派の「論客」が台頭してきた。『永遠の０』がベストセラーとなった作家の百田尚樹、タレントのケント・ギルバート、日本テレビでキャスターを務めフリーランスに転じた櫻井よしこ、中部大学で教授を務めた工学者の武田邦彦などが登場し、他の媒体と連携しながら、自らの地位を固めてきた。特に産経新聞社の『正論』（産経新聞社）、花田紀凱が立ち上げた『月刊ＷＩＬＬ』（ワック・マガジンズ）、『月刊 Hanada』（飛鳥新社）などの右派系論壇誌が彼らを積極的に起用し、「アノニマスポスト」、「保守速報」、「ネットギーク」などのバイラルメディア、「ツイッター」などで活動する「Dappi」や「黒瀬深」のようなインフルエンサーによる拡散を通じて、彼らの極端な言説は安定した基盤を築いている。

こうした状況を鑑みると、市場や政府から距離を置き非営利に徹する典型的なオルタナティヴ・メディアに比べ、むしろ、「右派」の方が主流メディアに対してポピュラーな影響力のあるオルタナティヴを巧みに形成しているようにも思われる。メディア研究者であるクリス・アトンの定義によれば、オルタナティヴ・メディアは「主流メディアの専門職化、制度化された実践に対するラディカルな挑戦」であり[*2]、カルチュラル・スタディーズや批判理論の影響の下で議論されるなど[*3]、基本的にはより幅広い民主主義的参加を追求する構想の下に定着した。それは、草の根の社会運動などの市民的なアクターと連動しながら、「私的なもの」として周縁化されてきた問題や争点を政治的領域に引き戻すべく立ち現れたのだった。日本の場合、兵庫県神戸市のコミュニティＦＭ局「エフエムわぃわぃ」

（一九九六年開局、二〇一六年廃局によりインターネットラジオ化）のような地域に根差した多言語・多文化放送[*4]や、「OurPlanet-TV」のようなビデオカメラを用いた市民ジャーナリズムの実践[*5]が主な事例として挙げられる。オルタナティヴ・メディアは、弱者や少数者の「声」を届けるうえで重要な役割を担った。

しかし、アトンが従来のオルタナティヴ・メディア論の問題点として指摘しているように、「右派のメディアはオルタナティヴ・メディアとしてはほとんど関心が寄せられてこなかった」[*6]。「市民社会」のポジティヴなイメージで綴られがちなオルタナティヴ・メディアという考え方であるが、反発や不信などのネガティヴな感情を扇動し、敵対的な言説に正当性を与え、外部と対話不可能な閉じたコミュニティを生み出してしまうこともあるのではないか。こうした反動的な運動に潜む「声なき声」を理解する必要性が最近になって意識され始め[*7]、その大衆的心情を「取るに足らないもの」として切り捨てるのではなく、それらがどのようにして政治的分断に糾合されてしまうのか、あるいは連帯に組み込まれうるのかを考える必要が生じている。ここには、実はジャーナリズムの大衆化を考えるうえでも非常に根深い問題がある。

2 「ネット右翼」が社会において占める位置

「普通」の人びとと政治参加

同番組の主要な支持基盤であるネット右翼は、「声なき声」の問題の一面であるが、それを社会的な弱者や少数者が「声」を上げられないことと一緒くたに扱うべきかについては悩ましい点なのだと先に述べた（第1章参照）。本書では戦略的に両者の背景にある問題を等しく「声なき声」として取り上げることにした。とはいえ、ネット右翼のような匿名で「普通」な人びと、すなわち、一見すると「声」を上げて社会に抗議する動機など持たないように思われる人びとが、何に対して不満を抱くのか。これはより摑みどころがない点である。このことを、まずは先行研究における彼らのプロファイルから考えたい。社会学者の辻大介の調査によれば、ネット右翼はウェブ利用者の一％程度を占めるにすぎない少数者である。[*8] しかし、オンライン空間の投稿数はその比率を遥かに凌いでいる。ネット炎上について分析した経済学者の田中辰雄と山口真一は、オンライン空間上ではサイレント・マジョリティよりも、「ノイジーマイノリティ」の言動が、実態よりも大きく表れる傾向があることを指摘しており、[*9] 文化人類学者の木村忠正が二〇一五年四月の「ヤフーニュース」の記事約一万件のコメント欄を対象に行った調査では、実際に約一％の利用者が全体の約二〇％の投稿を占めていた。[*10] 辻大介が齊藤僚介と実施した「オンライン排外主義」に関する調査でも、「ツイッター」、「フェイスブック」、「2ちゃんねる」における利用頻度、「2ちゃんねる」のまとめサイトを読む頻度、「ユーチューブ」や「ニコニコ動画／生放送」を視聴する頻度とコメントを書き込む頻度が高いという特徴がある。[*11]

ネット右翼が「普通の日本人」といった抽象的な集合的アイデンティティを自称している点も重要である。たとえば、社会学者の小熊英二は、指導学生だった上野陽子による「新しい歴史教科書をつくる会」の参与観察を踏まえて、保守運動の参加者を「自分を「普通」であると立証してもらうことに、飢えている」と形容している。[*12] また、ネット右翼には、無職、非正規雇用の労働者、教育水準の低い層、さらには社交性や恋愛経験に乏しい男性といった「オタク」的なステレオタイプが重ねられてきたが、それは実態に即したものではない。[*13] 統計的に見ても、近年では、自営業者や経営者などの社会的地位が比較的高い階層がネット右翼の多くを占めていることが明らかにされてきた。[*14] 社会的孤立の傾向も調査からは見られない。[*15] さらに言えば、自分自身が何かで困っているわけではないが、社会の構造的変化に漠然と不安を抱えるという「生活保守」志向の中産階級がほとんどを占めると考えられる。[*16] たとえば、社会学者の樋口直人は、ネット右翼の「フェイスブック」のプロフィールや投稿を定性的に分析し、日常的な生活世界とネット右翼的な政治信条を持つことの関連性が希薄な層が多いことを明らかにしている。[*17] そのため、孤独や貧困といった個人の陥る苦難を根拠として「声」を上げる弱者や少数者として、彼らを位置づけることは難しい。

通常の場合、「当事者」のような集合的アイデンティティは、特殊な境遇にある諸個人が日常生活における常識を前にして抑圧されるときに拠り所とするものである。たとえば、多数者が無関心で見向きもしないからこそ、「水俣」や「沖縄」や「福島」といった象徴性のある集合的アイデンティティを構築し、社会に働きかける必要性が生じる。しかしながら、「普通」を自称し、「普通」であることに固執する人びとにとってこうした集合的アイデンティティを獲得することは難しいものとなる。さらに、ジャーナリズム研究者のマイケル・シュッドソンが「個人が会話に効果的に参加するためには「文化資本」を持たなければならない」という現状を指摘するように、[*18] 自分自身のアイデンティティに依拠せずに、政治的立場を主張するには、他者に対する想像力の源泉となる教養（文化資本）やリテラシーが求められることとなる。すなわち、情報や論争について多種多様な読解の可能性を比較検討し、意見を相手に対して説得的に述べる力である。だとすれば、いずれの政治参加の動機も持たず、「普通の人びと」を自認するような状況はどのように位置づけられるのだろうか。このことがネット右翼の内奥に潜む問題なのである。

「私たちこそが被害者だ」という物語の「真正性」

公共的な議論への参加には、集合的アイデンティティや教養に基づき、自分自身の見解を述べる力が必要とされる。具体的には、自分自身の経験を「声」にして表現したり、他者の視点を取り入れながら意見を練り上げる知性が必要とされるが、いずれにしても「私」の主体性が前提とされている。しかし、「私」として語る術を持たない者はこうした空間から排除される。そのうえで、この状況に対して異議申し立てを行い、撹乱するとすれば、それはどのような方法で可能なのか。端的に言えば、彼らが手軽に政治的主体性を持つには、疑似的な敵対関係（に基づく「われわれ」意識）をでっち上げ、対抗的な教養知を捏造すること、言い換えれば「私たちこそが被害者だ」という物語を生み出すことが必要となると考えられる。ネット右翼は逸脱的で取るに足らない問題であるように思われるが、この点には主流のジャーナリズムが依拠する民主主義の持続可能性に関するもっと根深い問題があるように思われる。つまり、特に何の不満もないと思われていたはずの人びとが「私」を基点に想像力を拡張し、自らに固有な考え方や視点や経験を示し、自らの言葉で表現する機会や能力を失った状態にあるということである。

実際、ネット右翼には、加害者／被害者の位置を倒錯させ、敵対性を幻想として構築することで、自らの集合的アイデンティティを確立する傾向が指摘されている。自分自身のアイデンティティを確立し、安定させることの困難を乗り越えるために、他者との敵対性、「彼ら」に対峙する「われわれ」という意識が用いられることはすでに述べた（第1章参照）。メディア研究者のバート・カマルツは、「極右の政治的アクターは、排他的な仕方で「人民」を節合」しており、それは「一連のイデオロギー的な敵を同定し、恐怖を利用すること」、そして、「リベラル・エリート」に対して挑発を仕掛けることで、「敵意に満ちた道徳的な怒りの反応」を引き起こし、彼らを「魔女狩り」の加害者に仕立て上げることで、自分たちをその被害者として位置づけているのだと説明する。[*19] 日本の愛国主義についても、「リベラル」を権威性のある「加害者」に仕立て上げることで、普通の多数者である自分たちが本当の「被害者」であると主張する構図が指摘されている。[*20] アイデンティティの政治が拡がる現代社会では「どちらがより真の被害者なのか」という位置取りをめぐる競争が生じ、分断を引き起こすこととなる。しかし、それは本当に「被害／加害」関係として説明できるのだろうか。具体的に言えば、「リベラル」が政治的主張をし、マイノリティや弱者が自分自身の権利を主張することで、彼ら自身の権利が不当に失われたのだろうか。この点が話をややこしくしている。社会学者の塩原良和はウェブサイト『シノドス』のオピニオン欄で、以下のような傾向を指摘する。

> 自らの「傷つきやすさ」を強く意識している人ほど、マイノリティの権利の擁護や差別からの保護の主張に対して複雑な反応を示す。［……］むしろ、同じように「傷つきやすさ」を抱えている

のに、なぜマイノリティの人びとだけが保護され、優遇されなければならないのか、という違和感・反感であることも少なくない。*21

少数者や弱者とされる人びとの場合、「何が潜在的な加害/被害関係を招いているのか」という構造的な問題を可視化するために、具体的な加害に対する責任を追及し、自らの権利のエンパワーメントを求める批判的態度を余儀なくされている。むろん、ここで言う「批判」とは、社会の構造をより平等で公正なものに変えるために、不可視化されてきた物事の解釈を示す行為であり、名指した相手を罰する行為とは区別されるべきである。この認識は前提としておくこととしたい。

しかしながら、少なからぬ人びとがそうした運動を「他罰的」なものとして捉え、身に覚えのないことの責任を追及されるような困惑を抱くということも想像に容易い。すなわち、「普通に生きているだけなのに、どうして叱られなければならないんだ」という被害者意識が芽生えると考えられる。その結果、自分たちを「加害者」にして贖罪させようとしてくる「真の加害者」として、フェミニズムや中国や韓国、そして朝日新聞などのリベラル系メディアを告発し、自分たちの「本音」を自由に表現できる権利を承認するように迫ることとなる。「加害者」がいるから「被害者」として団結するのではなく、「被害者」としての位置を共有し、団結するために「敵」を作り上げるのであり、このことが民主主義社会に深刻なダメージを与える問題となっている。政治哲学者のヤン=ヴェルナー・ミュラーが指摘するように、ポピュリストは、「道徳的に純粋で完全に統一された人民[……]」と、腐敗しているか、何らかのかたちで道徳的に劣っているとされたエリートとを対置するように政治世界を認識する方法」を採用することで、「一部の人民のみが真の人民なのである」という主張を正当化し、民主主義における多元性を否認する点に特徴がある。[*22] すなわち、普通の人たちのありふれた感覚を、自分たちこそが代弁できるのだと主張する言いまわしを通じて、近代的な規範から削ぎ落された人びとの「本音」に働きかけ、それを権威的とされる「他者」に対する反発として束ねる政治的戦略がある。こうして動員された人びとは、対話が不可能な集合的主体として現れ、民主主義において必要な「声」の多元性から切り離されてしまうように思われる。

本章では、こうした「被害者の位置」をめぐる闘争が不毛であることを前提としつつ、「声なき声」を扇動し、敵対的な被害者の位置を生み出す勢力の側が、どのように「真正性」のある物語を構築しているのかを考察する。結論を先取りするならば、それは「声なき声」を活性化するものだとは言えない。個人的な日常生活における問題とは無関係に構成されるスペクタクルは、「声」として表現できない不満を場当たり的に埋め合わせるだけであり、自らの代弁者に対する従属的な関係を正当化する。それは自分自身で自分自身の経験や意見を語るという意味での、「声なき声」の活性化、主体化だとは言えない。しかし、同時に、「真正性」がどれほど人びとの集合的な主体性の形成に影響するのかを考えるにあたり、決して軽視できないものである。

『虎ノ門ニュース』における「政治の娯楽化」

それでは、『虎ノ門ニュース』はどのような論理に基づいて「真正性」を生み出すのだろうか。近年、社会学者の倉橋耕平や伊藤昌亮は、ネット右翼＝歴史修正主義者の言説を取り巻くメディア環境について歴史社会学的なアプローチから考察を進めてきた。[*23] すなわち、ネット右翼である人びとの人格的な要素ではなく、そうした政治文化や対抗知がどのような過程を経て構築されたのかを、メディアと言説の観点から分析している。これらの論考はネット右翼的な言説の論理的妥当性ではなく、そうした言説がどのように生み出され、なぜ説得力を帯びているのかを考察する必要性を示唆するものであり、両者ともにメディア環境の大衆化とハイブリッド性に着目している。伊藤昌亮は「マスメディアの退潮とネットメディアの勃興、そしてオタク文化の深化」[*24] による側面がネット右翼の台頭に影響していると指摘する。ここでの「オタク文化」というのはいわゆるサブカルチャーのことであり、それがネット右翼の想像力の源泉となってきたことは、漫画家・小林よしのりの『ゴーマニズム宣言』（幻冬舎）などが広く読まれたことなどから思い起こされる。倉橋耕平は、ヘンリー・ジェンキンズによる「コンヴァージェンス・カルチャー」[*25] の議論を踏まえ、歴史修正主義が、「アマチュアリズム」、「参加型文化」、「政治言説の商業化（サブカルチャー化）」、「メディア市場の対立・緊張」の下で正当化されてきたことを指摘する。[*26] この指摘は本書においても重要なものである。すなわち、研究者やジャーナリストが専門知や情報発信手段を占有するモデルに対して、彼らがサブカルチャーやディベート文化を用いて大衆的な対抗知を形成していることを、倉橋は指摘している。

『虎ノ門ニュース』が誕生する背景において強い印象を与えるのが、「政治の娯楽化」とでも言うべきハイブリッドな性質である。同番組は「ニュース」を冠しているが、基本的には他の報道機関が発信した記事に対して出演者がコメントを加えるという構成であり、独自の報道機能を備えた報道番組ではない。報道番組の要素と娯楽番組の要素を掛け合わせる「インフォテインメント」の一種であると言えるだろう。このこと自体は同番組が始まる以前から見られる特徴である。社会学者の中野収は一九九三年には「シリアスな事件のニュース・報道があるいはそれを扱った番組が、面白おかしい心理レベルで大衆に本格的に享受されはじめたのは、おそらくワイドショーにおいてであったろう」と嘆き[*27]、文化研究者の毛利嘉孝は、論壇誌が低迷する状況に対して、『朝まで生テレビ!』(テレビ朝日系列、一九八七年~現在)を皮切りとして「思想や政治のエンターテインメント化」が進んだと指摘している。[*28]日本のテレビ界において、『朝生』や『ビートたけしのTVタックル』(テレビ朝日系列、一九八九年~現在)、冒頭で挙げた『そこまで言って委員会』は、左派右派を問わず幅広い有名人を出演させ、政治から身近な問題に至るまで激論を競わせる討論番組として定着した。どの番組も、極端に意見や立場の異なる者同士が激論を交わし、勝ち負けを競うスポーツ観戦の様相を呈するものであり、意見形成の過程としての穏当な熟議からは程遠い。また、出演者も専門にとらわれずに発言しており、アマチュア的な面白さも加味されるほか、出演者の強烈なキャラクター、すなわち「有名性」を構築する拠点として機能した。

『虎ノ門ニュース』も「有名人=論客」のキャラクターに大きく依拠する構造は共通している。基本的には司会進行役の居島一平と数名のレギュラー出演者の会話が同番組の軸となるのだが、曜日ごとにレギュラー出演者が割り当てられており、出演者に応じてテイストも変わる。二〇二〇年一二月時点で、月曜日は田北真樹子(『正論』編集長)、火曜日は百田尚樹(作家)、水曜日は上念司(経済評論家)、木曜日は有本香(ジャーナリスト)が出演し、金曜日は武田邦彦(科学者)と藤井厳喜(国際問題アナリスト)が交代で出演している。そして、準レギュラー出演者として、月曜日は井上和彦(軍事ジャーナリスト）、石平（評論家）、水曜日は大高未貴（ジャーナリスト）、ケント・ギルバート（米国弁護士、タレント）、木曜日は竹田恒泰（作家）、金曜日は須田信一郎（ジャーナリスト）が出演する。これに加えて、ゲストが呼ばれる場合があり、自由民主党や日本維新の会の政治家が出演することもある。二〇一八年九月六日には、安倍晋三が現職の内閣総理大臣として出演した。今回分析対象とした範囲では、坂東忠信（絵本作家、二回）、北村晴男（弁護士、一回）、高橋洋一（経済学者、一回）、伊藤俊幸（元海上自衛官、一回）、小野寺まさる（自民党元北海道議会議員、一回）、門田隆将（作家、一回）、江崎道朗（評論家、一回）がゲストとして登場した。

そして、『虎ノ門ニュース』における政治の娯楽化は、制作者と出演者の緊密な関係の下に進められてきた。そもそも同番組を企画・制作しているDHCテレビは、一九九六年一〇月に発足した演劇や舞台を専門とするCS放送局「シアター・テレビジョン」として発足したが、二〇〇九年四月に自社制作の政治番組などを中心とする構成に大々的に変更された。[*29] その後、二〇一四年にDHC代表取締役会長の吉田嘉明が同社の取締役会長に就任し、二〇一五年に「DHCシアター」、二〇一七年に「DHCテレビ」に改称され、二〇二〇年一二月現在の経営体制が築かれた。DHC自体は創設者である吉田のワンマン経営であり、二〇二〇年一二月には吉田自身がDHCテレビのキャンペーンサイトで在日コリアンに対するヘイトスピーチや陰謀論を掲載し、[*30] 不買運動に発展。大手小売業のイオンが取引停止を告げるなど大きな騒ぎになった。そうした嫌韓思想の持ち主である吉田が会長に就任する傍らで、テレビ制作会社「ボーイズ」の子会社「TVTVTV」の元社員である山田晃が取締役に就任。山田は、『ボーイズ』社長の相原康司とともに、百田が構成作家を務めた『探偵！ナイトスクープ』（朝日放送、一九八八年〜現在）や『そこまで言って委員会』の制作に携わり、関西ローカルの娯楽番組を中心に制作を請け負ってきた。そして、DHCテレビに加わると、自身がプロデューサーとなって『虎ノ門ニュース』や『ニュース女子』（TOKYO MX、二〇一五年〜二一年）の制作を開始した。ルポライターの石戸諭による百田尚樹や山田晃に対する取材からもわかることは、「リベラル」に対する不信や欺瞞の感覚、「本音」を面白おかしく表現する両者の姿勢は、娯楽番組の制作者としてのスタンスであり、それがDHCに持ち込まれた結果として、『虎ノ門ニュース』は生まれたということだ。[*31]

この「政治の娯楽化」が招いた問題として連想されるのが、『ニュース女子』問題である。[*32] 同番組の二〇一七年一月二日放送回では、沖縄東村高江地区のヘリパッド建設反対運動の参加者が金銭供与を受けた、救急車を止めたなど、事実の裏づけを欠いた取材内容が放送され、同年一二月四日に放送倫理・番組向上機構（BPO）が、放送事業者のMXに対して「重大な放送倫理違反」があったと認定した。同報告書によれば、MXへの聞き取り調査では「報道番組であれば十分とは言えないが、バラエティ番組なので演出の範囲内と思い、意見はつけなかった」という証言がある。[*33] BPOの審議の焦点は同局の番組考査体制にあり、同番組の制作者であるDHCテレビとボーイズの責任は十分に問われないまま、『ニュース女子』の地上波放送は二〇一八年三月を最後に終了した。こうした状況を踏まえると、同社には一貫して「娯楽番組として政治ネタを扱っているだけで報道番組ではない」とする論理が見て取れる。

この事件の後、『ニュース女子』は二〇二一年までオンライン配信を継続しているが、『虎ノ門ニュース』は当初から配信のみの番組となっている。地上波放送をしないことは「真正性」を生み出すうえで有用になると考えられる。オンライン空間では地上波放送に求められる放送倫理や制度が適用されないことを利用して、むしろ地上波放送からの徹底的な差異化を図るのである。DHCテレビ公式サイトに掲載されている各配信回の番組説明文を見てみよう。

> 虎ノ門から、政治・経済・社会を斬りつける!!
> 憂国の志士たちが日替わりで繰り広げる生放送のデイリーニュースショー!
> この番組は地上波テレビっぽい、いわゆる「事前の段取ごと」は基本いたしません。
> なので、ニュース選びも出演者打ち合わせもすべてダダ漏れ感覚でお送りします。
> そのため、司会者やパネラーがスタジオ入りするのも放送直前!
> そこからこの日の番組をどう作っていくのか？　何にこだわって語るのか？
> 番組作りの舞台裏もお楽しみください![*34]

地上波放送における「お約束」を排除することのポイントは三つあると考えられる。第一に、番組制作の過程を積極的に公開することが信頼の獲得に結びつく。第二に、何が起こるのかわからないという偶発性は不自然さを打ち消しにする。第三に、番組全体の説明文では「タブーなき憂国の志士たちが日替わりで繰り広げる生放送のデイリーニュースショー!」と紹介されており、出演者が建前ではなく本音を開示していることを強調している。これらは、第1章で示した「真正性」の構成要件と限りなく近い。すなわち、①外在的な規範に囚われず自然である（自然性）、②等身大である（親密性）、③代替不可能である（固有性）という要件を通じて、④「普通」であることにより満たされない政治参加という欠乏感覚を代替している。このことは、事前に綿密な精査を踏まえ、着実に正確性を追求するという、社会で共有されている規範から逸脱しうることにも留意しなければならないが、「真正性」の構築に寄与しているとも言える。

3　『虎ノ門ニュース』の批判的言説分析

以下では、『虎ノ門ニュース』がどのように対抗言説を構築し、「声なき声」を節合しているのかを明らかにするために、批判的言説分析（ＣＤＡ：Critical discourse analysis）を採用する。批判的言説分析とは、ノーマン・フェアクラフが説明するとおり、「ディスコース（言語だけでなく他の形式の記号現象、たとえば身体言語や視覚的イメージも含む）と社会的実践の他の要素のあいだの弁証法的関係の分析」である。[*35] 言説実践が社会的実践の諸要素を取り込み、社会的実践が言説実践の諸要素を取り込むことで、言説は実在性を獲得していく。言い換えれば、常識として固定化されていく。その過程を分析対象に据えるのがＣＤＡである。そのため、『虎ノ門ニュース』で取り上げられた実際の社会的出来事や、ネット右翼が集合的に共有する文脈も参照しながら、テレビ・テクストを分析することとする。

この分析は、メディア言説が構築される過程に重きを置いたものであり、それが誤った情報であるかどうかを一つひとつ精査することは本筋から逸れる。もちろん、同番組についてはすでに多くの誤った情報が指摘されており[*36]、それは事実性をめぐる由々しき問題として議論されて然るべきであるため、本書では情報の真偽について必要があれば補足する。とはいえ、第1章で論じたように、どれほど「事実ではない」、「規範的ではない」と矢継ぎ早に指摘したところで、「真正性」が事実よりも優先される事態の根本的な問題には結びつかない。そうではなく、なぜそのような荒唐無稽な意味内容が説得力を持って受容されているのかを問題として論じる。この問題を考察するためには、その信仰の体系、いわば「神話」がどのような構造の下で可能になっているのかを分析する必要がある。そのため、テレビ・テクストを情報ではなく言説として理解する。

本書で扱う分析事例は、二〇二〇年一一月三〇日〜一二月二五日の四週間のあいだに配信された二〇回分の番組である（以下、番組引用については年を省略）。月〜金曜日の各四回分を対象とすることで、レギュラー出演者の出現頻度に偏りが生じないように留意した。同番組は「ユーチューブ」、「ニコニコ動画」、「オープンレックティービー」で配信されており、この分析では「ニコニコ動画」で配信された映像を用いた。番組のテクストだけでなく、番組が参照する他の記事や同期間に番組公式ハッシュタグ「#虎8」が付与された「ツイッター」での投稿も併せて参照することで、番組に携わる制作者や視聴者がどのような戦略の下で「真正性」を構築しているのかを分析・考察した。

その結果として得られた三点の知見を論述していく。第一に、番組出演者が既存の報道記事に対して独自の解釈を加え、一般的に受容されているニュースに対する意味の関連性を撹乱する仕組みが番組に埋め込まれている。第二に、番組出演者は、自らの権威性を顕示しつつも、「リベラル」という権威により迫害される被害者としての「われわれ」の位置も保持することで、自らの解釈に対してポピュラーな正当性＝「真正性」を付与する。第三に、番組出演者の発言に備わる「真正性」の評価は、出来事の事実性というよりも、「どの出演者を支持したいか」という人物本位の親密性、選択的消費に依存するようになる。この時期には、ジョー・バイデンが現職のドナルド・トランプと競い、僅差で勝利した米国大統領選挙があり、一部の人びとのあいだで不正疑惑が取り沙汰された（非常に多くの誤った情報も拡散された）。それでは、これらの諸要素がどのように「真正性」の構築に寄与し、どのように「声なき声」を動員したのだろうか。

ニュースの意味連関を攪乱する

ニュースをめぐる言説分析における前提を一言で言えば、具体的な出来事の報道には、抽象的な論点や争点を伝達する狙いがあるということである。たんに事件を報じるだけでなく、それがどのような意味を持つのか、どのような問題を提起しているのかを含めて報道は作られる。たとえば、二〇一六年には大手広告代理店・電通で若手女性社員が過労自殺した事件が報じられた。この事件の報道は、電通に限らず「働き方をどのように見直すべきなのか」、「どのようにハラスメントを防ぐのか」といった社会全体の争点を浮き彫りにするものだった。報道を通じて、他の出来事とのあいだに共通項が見出されたり、一つの出来事がいくつもの争点を内包することもある。この事件の場合、女性に対する不当な扱い方についても問題提起し、「働き方」の争点と「ジェンダー」の争点のあいだを橋渡しする報道も見られた。あるいは、この出来事が特殊な例ではなく広く見られる光景であるという認識も共有された。このように、マスメディアは議題設定（アジェンダ設定）をリードし、情報に触れる視聴者の現実認識に影響を及ぼすことがある。[*37] マスメディアが生み出す共通の現実認識は、物事の意味解釈の法則となるものを秩序だったものにする。争点と出来事、争点と争点、出来事と出来事が網の目のように関連づけられ、常識的なニュースの読み解き方を支える意味連関が構築されるのである。

かくして、支配的な意味の秩序のなかでは、社会学者の北田暁大が言うところの「シニフィアン」と「シニフィエとの一致を指向するベタな価値意識」[*38] が共有されている。「シニフィアン」（記号表現）とは意味が与えられるものであり、「シニフィエ」（意味内容）は与えられる意味である。両者の関係は本来的には流動的だが、常識的な秩序が形成されることで固定的なものとして定着していく。反対に、意味秩序を書き換えることは政治的な契機となる。たとえば、「日本国憲法」に対して付与された固定的な意味をどのように置き換えるのかが議論されることは政治的だし、福島第一原発事故を通じて「原発」というシニフィアンをどのように解釈するのかも政治的である。ニュースをどのように見るにしても、お互いの共通の記号的な現実認識が共有されていれば、意見の食い違いこそあれど、議論は可能だったはずだ。

しかし、これから論じるとおり、『虎ノ門ニュース』の場合、そうした意味秩序が共有されず固定化されない状況においては、関係が無かったり希薄であるはずの諸要素のあいだに隠された関係性を見出す「陰謀論」的な手法で、心を揺さぶる物語が生み出されていく。新聞やテレビの報道が提示する争点や意味内容をまったく無関係な争点や意味内容に置き換えることで、自分たちの主張を正当化する戦略が見受けられるのである。同番組では、出演者が、大手報道機関の記事の見出しのなかから

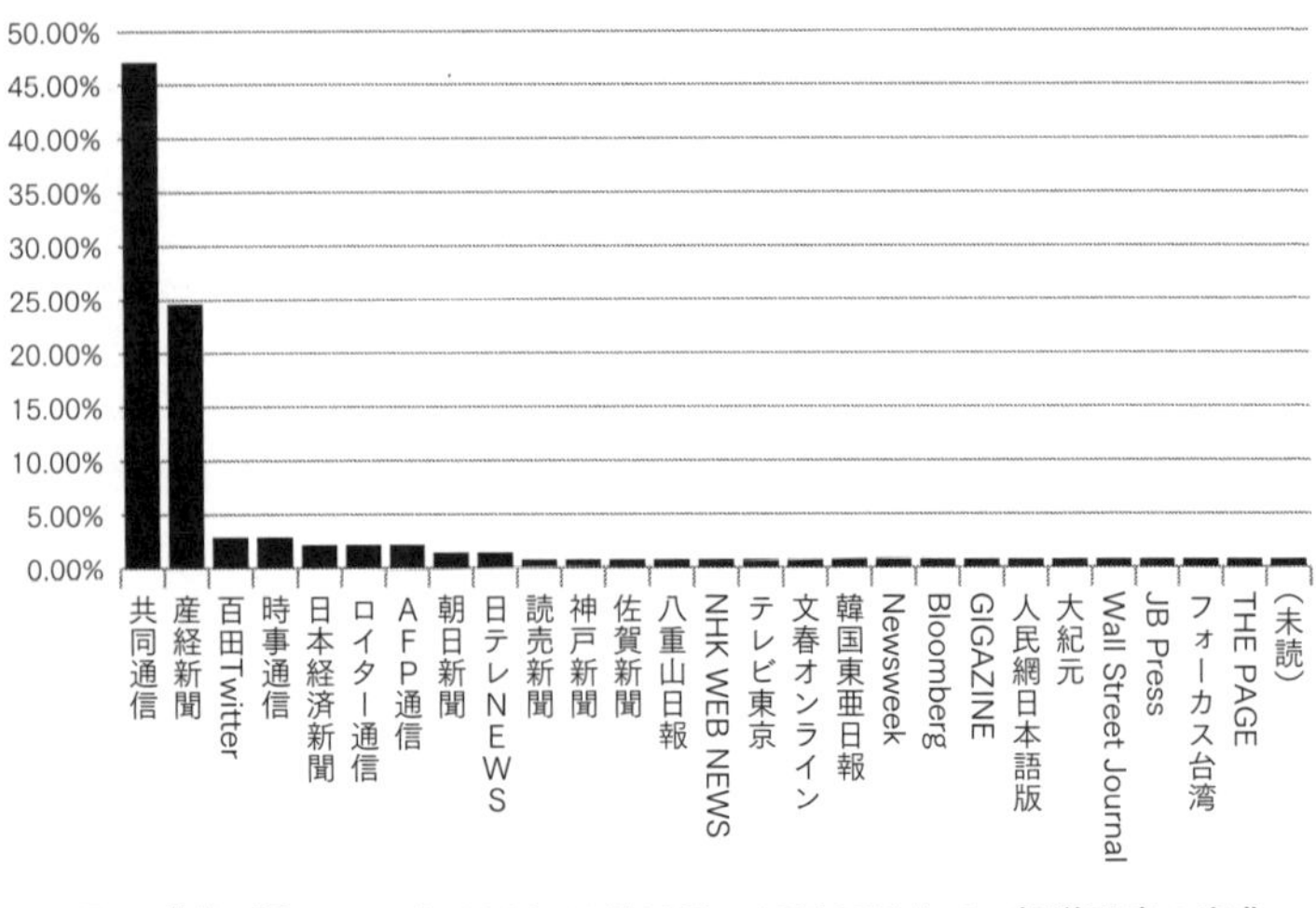

図1　『虎ノ門ニュース』2020年11月30日～12月25日分での報道記事の出典

気になるものを選択し、居島が記事内容を読み上げ、引用する。そして、出演者がその記事に対する独自の解釈を展開していく。新聞記事に対して「ご意見番」が何か感想を述べる光景は、古典的なワイドショーにも見られる特徴であるが、同番組の場合、新聞記事の選択や時間配分の裁量は制作者にではなく、ほとんど出演者の側に委ねられている。

それでは、どのような記事が取り上げられているのか。分析対象のなかで紹介された記事の出典を集計した（図1）。その結果、共同通信が最多の六五件（全体比四七・一％）、次いで産経新聞が三四件（同二四・六％）となっており、他の新聞社、放送局、通信社に比べて突出して多かった。また、百田尚樹の出演回では、百田自身の「ツイッター」アカウントでの投稿が引用されるのが「お約束」であり、自分で発信して、自分で解説するマッチポンプの状態となっている。記事内容については、主に中国や米国の動向など国際政治に関するものが多くを占めているのも特徴的である。[*39]

『虎ノ門ニュース』は地上波放送を含む伝統的なメディアとの差異を喧伝しているにもかかわらず、結局は外部の報道機関に依存している。しかし、ここでは、報道記事は常識的な意味連関をレトリカルに撹乱し、視聴者の心を揺さぶる興味深い物語を生み出すためのフックにすぎないとも言える。同番組では、出演者が報道記事の内容とは無関係に自分たちが主張したいことを話していく場面がよく見られる。具体例として、上念と大高の出演した一二月一六日放送回で取り上げられた「自民・下村政調会長「ぎりぎりの判断」GoTo全国一斉停止で」(『産経新聞』、一二月一五日)がある。当時、新型コロナウイルス感染症が拡大しているのをよそに、観光需要を喚起する政府の公的支援事業である「GoToキャンペーン」[*40]が継続されていた。『産経新聞』が短くまとめたこの記事自体は、感染リスクの拡大と市場経済の活性化のバランスをどのように担保するのかという争点や、新型コロナに対する政府の判断が遅いのではないかという批判を示唆するに留まる。ところが、上念と大高は、この見出しを選択しておきながら内容に言及せず、自分たちが用意した厚生労働省の公的文書を取り上げ、厚生労働省が中国・韓国に忖度していると主張する。具体的には、中国や韓国が感染流行地域から除外され、韓国企業に出自を持つコミュニケーションアプリ「ライン」の活用が推奨されていることをその根拠としている。そして、最終的に、財務省が自国のベンチャー企業をもっと活用すべきだという批判に結実する(上念は財務省をたびたび批判している)。このように、出演者同士の会話をメインに据えることで、番組出演者によるテクストの破壊的な「読解」が、テクスト自体に対して優先される。そして、記事に表出しない「裏」を知る事情通という、特権的な位置に自分を位置づけるのである。

出演者は、権威性の自己顕示に反権威性を織り込むことで、自分自身を視聴者を代表する者として位置づける。言い換えれば、大規模な組織などの権威を非難することで、個人としての権威性を顕示しているのである。他の例を挙げると、一二月一一日放送回で、武田は「合唱時はマスク着用を文科省、全国の学校に注意喚起−新型コロナ」(『時事ドットコム』、一二月八日)という記事について、居島に対して「読まなくていいよ。間違ったことを読むっていうのはどうなんだろうね」と制止し、一方的に持論を展開する。この記事自体は、文字どおり、文部科学省が学校での合唱の際にマスクを着用するように注意を促したという内容であるが、武田はこれを「間違ったこと」だと主張する。武田によれば、子どものマスク着用は知能発達の遅れを招くことから、日本小児科学会が三歳以下のマスク着用を避けるように提言しているのだという(実際には同学会は二歳児以下のマスク着用が窒息の危険性を伴うことを指摘しているが、武田の発言の趣旨と同じものは確認できなかった)。[*41] さらに主張は飛躍していく。武田は、文部科学省によるマスク着用の注意喚起や、経済産業省が推進するレジ袋の有料化が不当であるのは、国会議員とは異なり、国民の代表ではないはずの官僚が定めたものだからだと述べる。端的に言えば、報道記事に書かれた内容自体を補足的に解説するのではなく、報道記事を会話のきっかけとして参照し、そこで言及されていない意味内容や争点にまで会話を飛躍させ、個人の経験や意見を織り交ぜることで、自分自身の主張を特権的な位置に置いているのである。

さらに、意味連関の撹乱は「合わせ技」と呼ばれる仕組みを通じて行われている。これは、出演者が異なる二つの記事見出しを同時に指定し、コメントする行為であり、見出しのフリップを差し込むスペースもあらかじめ二つ分用意されている。当然ながら二つの記事は出典も内容もほとんどの場合は異なるが、出演者は、複数の楽曲をリミックスするディスク・ジョッキーのように、複数の記事を掛け合わせ、まったく新たな物語を生み出していく。まず、記事間の関係性が比較的近いものから例を挙げておく。一二月七日放送回で、石平は「米、対中関税を当面維持　バイデン氏、圧力継続の意向」(共同通信社、一二月二日配信)と「中国「米中が協力しない理由ない」期待感」(『日テレニュース二四』、一二月六日配信)を組み合わせている。一本目の記事は、バイデンが中国に対する制裁関税措置を継続する態度を示したことを伝えるものである。二本目の記事は、制裁関税措置を受けて、中国外務省副部長の楽玉成が米中関係の改善を進めるために米国側に政策転換を促したことを報じている。これらの記事に対し、石平は、自分は中国出身だからこそ、二本目の記事の出典である日本テレビが解釈できない、バイデンを恫喝している楽の意図を汲み取ることができるのだと述べ、自分自身の解釈者としての権威性を強調する。こうした「合わせ技」は分析期間に読み上げられたニュース記事の実に四二・〇%を占めている(四八件／一三八件)。

つまり、同番組は「合わせ技」を積極的に用いて、関連性の希薄な出来事を相互に関連づけ、意味内容や争点の関連性を撹乱し、オルタナティヴな物語を正当化していくのである。他にも、有本と竹田が出演した回(一二月一〇日放送回)では、「太陽光五社、所得隠し三〇億円　中国系、売電で多額利益」(『産経新聞』、一二月八日)と「豊岡製ガウン、膨らむ在庫　医療現場救ったかばん業者窮地」(『神戸新聞ネクスト』、一二月六日配信)の「合わせ技」が見られた。一本目の記事は、中国のとある貿易会社とそのグループ会社四社による所得の隠蔽が国税庁の税務調査で発覚したことを報道している。これは、中国が国家的、組織的に不正を働いていたわけではなく、摘発された企業が中国の企業だったと

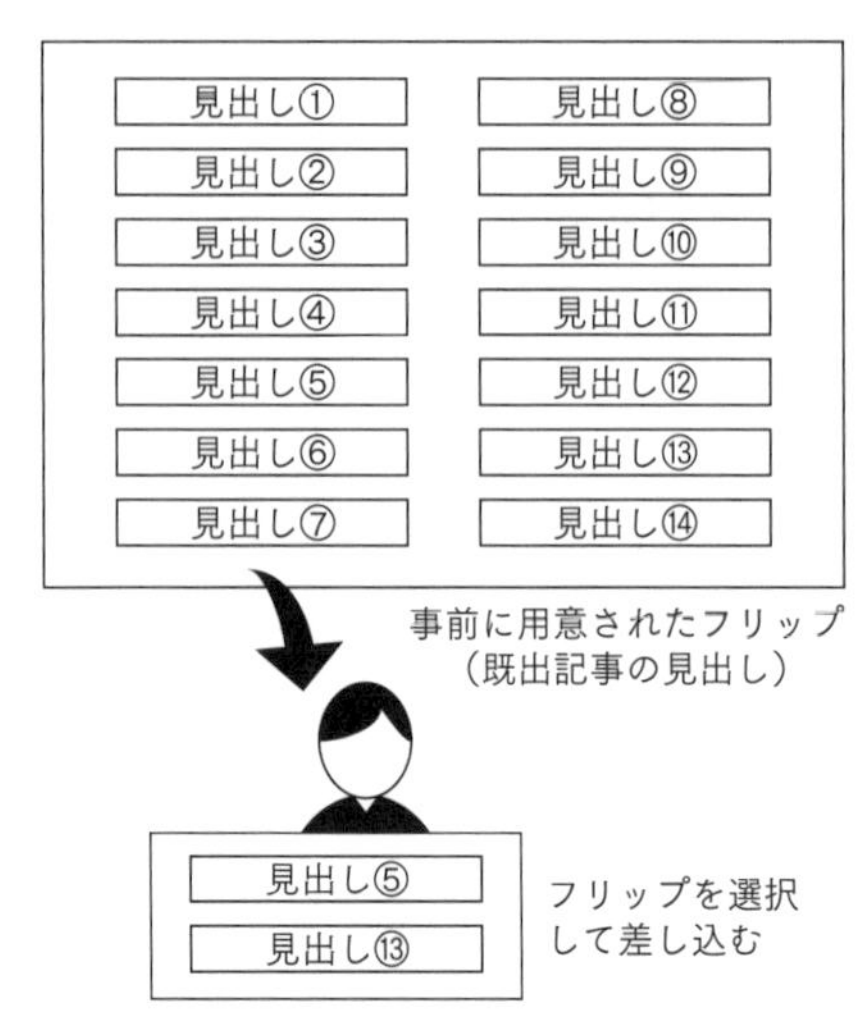

図２　記事の見出しの引用と「合わせ技」のイメージ

いうだけの話である（国内企業でも所得隠蔽はある）。二本目は、日本の鞄メーカーが兵庫県で新型コロナ対策用の医療ガウンを製造してきたが、中国製品との価格競争で大量のガウンの在庫を抱えていることを伝える記事である。両者は「中国」と「経済」という記号が含まれるだけで、関連性はまったくない出来事であるが、有本香と竹田恒泰は、ほとんどの時間を二本目のガウン在庫問題への言及に費やし、日本の公共セクターはパンデミックに備えて必要物資を国内で調達すべきだと主張している。ここでは、ほとんど言及していない記事の「合わせ技」によって、中国（企業）が日本（企業）を不公正な仕方で圧迫しているという印象を与えるものとなっている。

敵対関係の構築と、人物崇拝的な「真正性」以上のような意味連関の撹乱を通じて、番組出演者は、権威性と反権威性を自分自身に共存させ、視聴者の代弁者としての地位を確立しようとしている。これは典型的なポピュリズムの手法であると言えるだろう。いわば、誰かを道徳性の欠落した権威＝敵として仮構することで、自分たち自身の集合的アイデンティティ、「われわれ」としての同一性を強調する戦略なのである。右派ポピュリズムの批判的言説分析で知られる言語学者のルート・ウォダックは、オーストリアのイェルク・ハイダーやハインツ＝クリスティアン・シュトラッヘの言説を例に挙げ、ポピュリストは「傑出した存在であることと「私たちの一人」であること――つまり「真正であること」――とのあいだの緊張」を操作しているのだと分析している。[*42] まさに、「真正性」は、ありのままで裏表のない自己を演じることで疑似的に構成されているのである。

道徳性が欠落した権威として名指しされる対象として、主にリベラルな論調の主流メディアが挙げられる。社会学者の山口仁が指摘したように、マスメディア報道それ自体が異議申し立ての対象として問題化される状況はよく見られる。[*43] 特にネット右翼によるマスコミ不信はつねづね指摘されている点であり、[*44] 朝日新聞は、産経新聞がその慰安婦報道を徹底的に紛糾する「歴史戦」という連載記事を展開するなど、ネット右翼から敵視されている。それは『虎ノ門ニュース』にも見受けられる。たとえば、「朝日新聞四一九億円赤字、社長退任の意向　中間決算九年ぶり」（『産経新聞』、一一月三〇日）という記事に、一二月一日放送回で百田尚樹、三日放送回で有本香が言及している。この記事内容そのものは、朝日新聞が創業以来最大の赤字を出したことを伝えるものだった。それに対し、百田尚樹は「日本の抱えている色んな国際問題のほとんどがね、これ、朝日新聞発信で、朝日新聞が拡げた」と述べ、朝日新聞が靖国神社の閣僚参拝、従軍慰安婦問題、南京大虐殺などを取り上げたことで日韓・

日中関係を焚き付けたと主張する。有本香の場合には「ベルリンの「少女像」設置継続、地元議会が支持「議論のきっかけに」」（『読売新聞』、一二月二日）を「合わせ技」にし、朝日新聞がベルリンの慰安婦像の設置を主導した責任を取るべきだと主張する。*45 どちらの場合も、朝日新聞は日本の名誉を傷つけ、無用な国際的不和を焚き付けたという主張に収斂している。また、一二月一五日放送回で、上念司は「電通社員、下請けへの圧力認める『博報堂に協力するな』」（『朝日新聞』、一二月一五日）という朝日新聞の記事をあえて取り上げている。この記事内容自体は電通が起こしたパワハラを報じるものだが、上念司はこれを報じる朝日新聞も委託している販売代理店に公称発行部数の水増しのために「押し紙」をしているパワハラの当事者だと糾弾する。記事内容が直接示している問題は、いずれの記事も新聞業界全体に通ずる産業構造の問題を示唆する内容だが、同番組では朝日新聞を「敵」として名指しするために引用されている。

こうした素朴な反朝日新聞的な言説に限らず、大きな権威性によって自分たちの番組が擁する言論の自由や「真実」が制約されているという主張も展開される。しかし、そうした権威と結びつきのある自分自身の個人の権威性を出演者が誇示する場面もある。たとえば、武田邦彦は、一二月二五日放送回で、自分が国家の委員を務めた時に、自分の「シンパ」である読売新聞や日本経済新聞の幹部から記事化されていない重要情報を耳打ちされ、「なんで、それをあなたの新聞に載せないんですか?」と尋ね返したという経験談を語っている。そして、この個人的な経験を根拠に、ＮＨＫや大手新聞社、オンラインメディアが国民から多くの知る権利や表現の自由を剝奪しているという疑念を表明する。竹田恒泰も、一二月一〇日放送回で、「米当局、フェイスブックを九日にも提訴　独占禁止法違反、米紙報道」（『産経新聞』、一二月九日）という記事に対し、米国のプラットフォーム企業が日本の言論までをも歪めていると主張している。その具体例として、自分自身が「ユーチューブ」で運営している個人チャンネルがアカウント停止処分を受け、軽微な著作権違反が人工知能で検知されて広告を止められた経験を挙げている。プラットフォームの寡占が個人の表現の自由を侵害しているというわけである。とはいえ、竹田恒泰の話はここで終わりではない。他方で、停止処分を受けたことで自分のチャンネルがむしろ有名になり、「ユーチューブ」から銀の盾（チャンネル登録者が一〇万人を超えた者に贈られる記念品）を貰ったことを話し、笑い交じりに「なんならもう一回燃やしてみろ」と挑発する。すなわち、武田邦彦も竹田恒泰も自分自身の個人的経験から話を展開し、自分自身が権威を飼い慣らす「強者」でありつつ、その権威性に対峙できる「親しみのある」人物であることを印象づけようとしている。こうした行為は、ヴォダックによる右派ポピュリズムの「真正性」の定義と合致する。

かくして、大きな「集団」に対して自分たちが立ち上がり抵抗するという勧善懲悪の物語が番組出演者という個人を基軸として展開されていく。一二月一六日放送回での、「ウイグル巡り広告契約を破棄　仏サッカー選手、ファーウェイと」（共同通信社、一二月一一日配信）という記事をめぐる上念司の発言は示唆的である。彼は新疆ウイグル自治区に対する中国共産党の弾圧を繰り返し批判しており、「われわれは非常に非対称的な戦いを強いられているわけですよ。個人対国家みたいな」と述べている。そして、『ニュース女子』に対する放送倫理違反認定に言及し、「サヨク」は言論を通じて抵抗する個人を抑圧しているのだと説明する。彼らは声を上げる勇敢な個人の集まりとして自分たちを位置づける反面、中国共産党と沖縄での基地反対運動のような相互に関係性の希薄な勢力を一括りに扱い、強大な「敵」として描き出しているのである。社会学者の津田正太郎は「国民共同体の一部（あるいは大多数）を狭量な私的利益を追求する存在として描き出す」運動が「断片的な出来事のあいだに因果関係を「発見」し、それを荒唐無稽なプロットに仕立て上げる」ような陰謀論を惹起することがあると指摘しているが[*46]、同様のことがこれらの言説に見て取れる。そして、一二月一一日放送回の冒頭で、武田邦彦が「それで、純粋に民主主義だから、国民が本当のことを知らなきゃいけない。そのためには、われわれ知っている人達ができるだけ立場を捨てて言うってことが大切なんですよね」と語るように、何かに対して積極的に意味解釈を行い、自分自身の意見を形成するという心理的負担の大きい行為を、「専門家」の肩書を持つ人びとが肩代わりすることが意義深いとされている。ところが、そのような仕方が、オーディエンスの主体的な読解の機会を剥奪しているとすれば、こうした個人本位の「真正性」は、「声なき声」の活性化に寄与するとは言い難い。次はその点を掘り下げて考えることとしたい。

「真正性」の消費と「事実性」からの乖離――不正選挙神話をめぐる分裂

同番組は独特のレトリックと構成を通じて意味連関を撹乱し、視聴者にとって面白みのある物語を生み出す。この点について、「送り手－受け手」の関係性からもう少し深く掘り下げるべき問いがある。視聴者は番組出演者のパフォーマンスの「真正性」をどのように評価しているのか、という問題である。そもそも、「真正性」は、本来的には「送り手」と「受け手」のあいだの交渉から生み出される価値だった（第1章参照）。もちろん、同番組には、窓ガラス越しのスタジオでの公開生収録、出

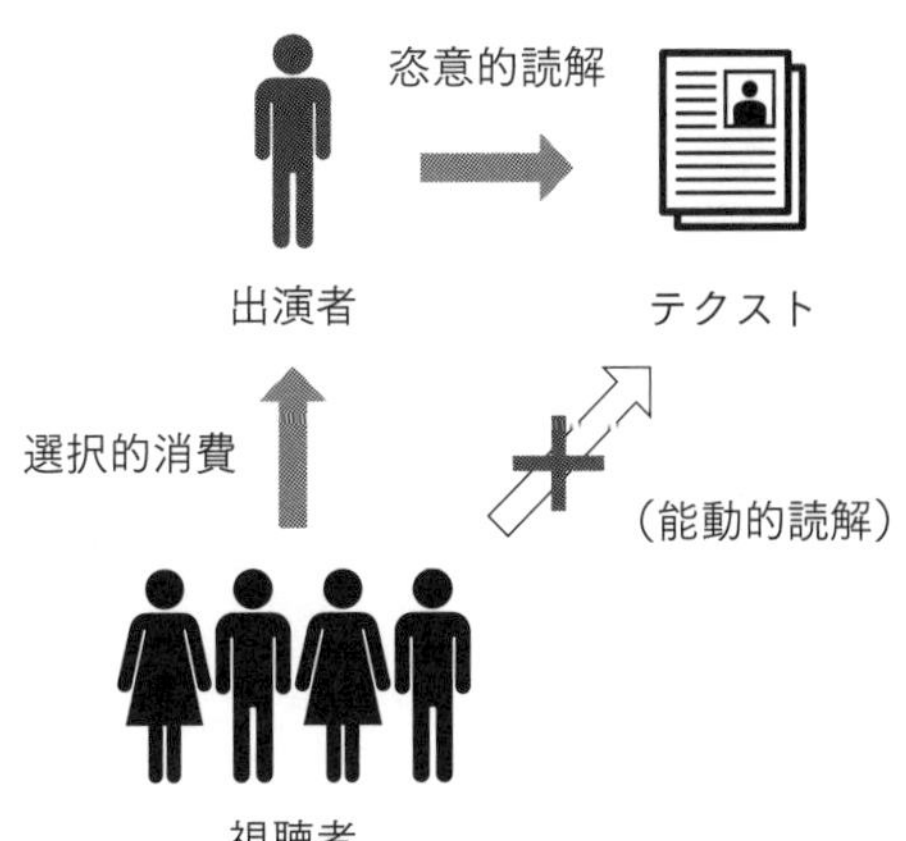

図３　「送り手」による読解の肩代わりのイメージ

演者との距離の近さ、桜井誠が率いる日本第一党による抗議の音声が紛れ込むなどのハプニング、[*47]アンケート結果のリアルタイム表示、そして、視聴者の投稿コメントがリアルタイムで出演者に伝える仕組みなど、ライブ感や透明性、偶発性に基づく視聴者参加が一応は取り入れられている。しかし、実際に番組進行の裁量を独占しているのは「送り手」側の番組出演者だという点は重要である。

「送り手－受け手」の交渉関係についてはさまざまな議論が重ねられてきた。たとえば、メディア研究者のスチュアート・ホールは、情報の「送り手」が送信する情報に対して、情報の「受け手」とされてきたオーディエンスは主体的に意味を与える点において「能動的」なのだと指摘し、[*48]多くのメディア研究で参照されている。こうした視点に基づけば、同じニュースやドラマを観る時であっても、私たちは自分自身の社会階層やアイデンティティ、あるいは経験に即して解釈を行っていると考えられる。そして、新聞やテレビのイメージに対して多様な解釈が提示された時に、さまざまな見解や意見が表出する。端的に言えば、どのような解釈が妥当かが競われたり、交渉される政治的な契機を、メディアは提供していると考えられてきたのである。しかし、実際には視聴者はそこまで「読解」に徹しているとは言えないのではないかという見解もある。「タブロイド・ジャーナリズム」の議論で知られるメディア研究者のコリン・スパークスは、消費者＝視聴者は「大衆的な感性に直接的に訴えかけるものを選択する」と述べている。[*49] すなわち、何が自分自身にとって「真正」だと感じられるのかという主観的な審美感覚に基づき、私たちは商品を選び、消費しているのだというわけである。

だとすれば、テクストを能動的に読解する「市民」のイメージで同番組の視聴者を捉えることは、同番組の現状には即していないように思われる。なぜならば、これまで見たとおり、番組出演者がその意味解釈の役割を肩代わりすることで、視聴者は「新聞の読者を見る視聴者」という二次的な位置に留まるためである。視聴者は、積極的に声を上げ、権威に対して物申す役割を番組出演者に託し、それに同調することで快楽を得られる。しかし、これは主体性を剝奪するような結果を招くことになる。いわば、「声」を上げられないことに対する不満を肩代わりすることで、自分自身の問題について説明する能力が剝奪されているのである。この点で、同番組は、受け手側の行動が番組内容に反映されるプロセスを欠き、自称「専門家」がすべてを解説してしまうことの問題を示唆している。そして、このこと自体は『虎ノ門ニュース』やネット右翼に限った話ではなく、より普遍的な水準で見られる光景かもしれない。

特に、視聴者の側に、番組を観ることで「勉強」し、道具的な意味での「教養」を身に着ける動機が見られることも興味深い点である。たとえば、「ツイッター」の投稿を参照すると、「一週間のなかで一番つまらなく、勉強にならんのは(水)の上念、ケント組って思うのは私だけ?」「共同はじめ地上波では、聞けない話で勉強になりました。」のように、視聴者は、地上波にはない面白さと専門家という位置に附随する高尚さが入り交じるポピュラーな対抗知を消費することを楽しんでいる。しかし、「政治的なもの」を拡張していくプロセスとして民主主義を理解するならば、こうした「説明の論理」は、情報の「送り手」と「受け手」のあいだにある「教える/教えられる」という非対称的な関係性を前提とすることで、視聴者を無力化することになる。端的に言えば、自分自身の判断に基づきテクストを読むことができず、「あの人が言ったから正しい」と人物本位の判断をする「情報弱者」の位置に留めることで、番組に依存させるコミュニケーション構造がある。

以上を踏まえて、二〇二〇年の米国大統領選挙をめぐる不正疑惑に軸足を置き、出演者を軸とする人物本位の「真正性」が、その人柄をめぐる「受け手」側の選択的な消費に支えられて成立しており、こうした交渉関係が破綻した時に「真正性」は失われるということを論じていく。少し補足を加えると、二〇二〇年の大統領選挙では、民主党のジョー・バイデンが当選し、現職で共和党のトランプが大統領の座を退くことになった。そして、トランプ支持者を中心に選挙不正を主張する陰謀論が拡散され、「Qアノン」と呼ばれる極右の陰謀論者の運動も知られるようになった。こうした背景の下、同番組でもこの出来事は大きく扱われることとなった。この例からは、『虎ノ門ニュース』における「真正性」が、通俗的な意味連関を撹乱し、近代社会で制度的に担保されてきた正当化の論理を排除することで成立しており、逆に事実性を持ち込むことは「真正性」の破綻を招くということがわかる。

いわば、消費者にとっては「本当であると言えるかどうか」ではなく「本当のことだと思いたいか」が選択基準となるのである。

不正選挙疑惑は同番組を分断する結果を招いた。百田尚樹、有本香、竹田恒泰らがバイデン陣営が不正を起こしたと主張する反面、水曜日の出演者である上念司とケント・ギルバートは、不正は法的に確定されておらず、そうは主張できないと反論したのである。たとえば、二〇二〇年一二月九日放送回で、上念司とケント・ギルバートは、米国大統領選挙をめぐる不正は部分的には見られたが、司法機関が選挙結果を覆すほどの影響を認めていないとし、むしろ、上院選で共和党が勝利するためにも、不正選挙を誇張することは得策ではないとする立場を表明する。この回は、普段の自由気ままなトークとは異なり、不正を主張するオンライン空間上の言説を上念司が取り上げ、その誤謬をケント・ギルバートが解説するという構図で進められた。たとえば、ドミニオン社製の集計装置が操作され、共和党票が民主党票にすり替えられたとする流言に対して、それを証言する宣誓供述書が裁判所で実効性を持っておらず、そのアルゴリズムについても科学的に解析されたわけではないことを挙げ、否定している。この回では、「本当であると言えるか」と「本当のことだと思いたいか」の狭間で二人が揺れ動く様子も見受けられる。たとえば、以下のギルバートの発言はそうした葛藤を映し出したものだ。

あの、今日、皆さん、あの、これを見て落胆している方が大勢いらっしゃると思うんですよ。昨日の番組とはまったく違いますからね。申し訳ございませんが、私たちは、申し訳ないんですけれども、事実を伝えるしかないんですね。そのへんは、あの、でも自分達の望みは変わってないからね。

（ケント・ギルバートの発言、二〇二〇年一二月九日放送回）

上念もギルバートも、自分自身がトランプ支持者であることを明言することで視聴者に配慮しつつも、自分たちは事実に即して発言しなければならないと繰り返し主張する。もちろん、事実は事実、願望は願望として処理する態度は論理的に矛盾するものではない。しかしながら、「真正性」の水準では首尾一貫性の無さが露呈する態度として低く見積もられることとなってしまう。

視聴者の「ツイッター」上での反応を少し参照してみたい。上念司に対する批判で際立つのが、彼の発言内容ではなく、話し方や態度といった人格的な要素に力点を置くものである。たとえば、「異常なまでの諦めの早さとトランプ支援者を馬鹿にする言動に何かあると思われてるんだっての！」という投稿では、上念が自分自身の本心に従って行動をしていないこと（首尾一貫性の欠如）、事実を突きつけることで熱狂的なトランプ支持層から距離を置く態度（親密性の欠如）が指摘される。また、「上念さんの質問にケントさんが答える形を取ってるけど、脚本でもあるのかってくらい茶番劇ください」という投稿に見られるように、出演者が自由に話しているようには見えないという指摘もある（自然性、偶発性の欠如）。そして、『虎ノ門ニュース』という番組全体の編集責任ではなく、彼らの出演する水曜日の放送回だけに非難が集中することとなる。たとえば、「「俺が俺が！　お前は黙っておけ！」な上念司氏をレギュラーコメンテーターとして起用し続けるのはお国が推し進める多文化共生社会の一環ですか？　まるで水曜日は支那中共政権と何ら変わりません」のような投稿が挙げられる。ここからは、視聴者が自分が共感できる出演者の「曜日」を選択しているということがうかがえる。

そして、ケント・ギルバートが「まったく違う」と述べている火曜日の百田尚樹の出演回を見るならば、正当性の水準が事実ではなく、自分が何を信じるのかという個人的な信念に移し替えられていることがわかる。たとえば、ある程度の情報の拡散と検証が進められてきた段階で、百田尚樹は以下のように発言している。

まあ、僕は、ああ、あらかじめ申し上げておきますと、僕は今回のアメリカ大統領選に関しては、大規模な不正があったと、確信しています。はい、えー、もちろんこれが捜査機関におるわけじゃないので、その辺がもう、その証拠があるんかと言われたら非常に困るんですが、まあ、数々この一ヶ月、一ヶ月半ですね、いろんな情報が飛び交ってて、で、その情報を色々と見てますとですね、もちろん中にはフェイクもあります。デマもあります。ええ、願望もあるやろうし、憶測もある。えー、しかしながら、ああ、この一ヶ月半色々見てますとですね、やはり僕は大規模不正があったとしか思えません。

（百田尚樹の発言、二〇二〇年一二月二二日放送回）

百田尚樹も上念司も事実の裏づけが不可能であることを認めてはいるものの、上念司が事実の立証可能性に固執するのとは対照的に、百田尚樹は個人的な信念を表明する。百田尚樹側を支持する視聴者は「百田尚樹さんの熱さ　そこに〝正義〟〝不正は許さない〟との思いを感じるんだ。」、「百田さんの正義感や不正を許さない気持ち、トランプ再選への願いは完全同意。」など、百田尚樹自身が個人として示す信念こそが規範的妥当性を得た「正義」の根拠だと強調する場合が多い。

もちろん、同番組の視聴者は全員が百田尚樹を擁護したわけではない。しかし、そうした非難も多くの場合、百田尚樹という人物の振る舞い方に焦点を当てたものであり、出来事の事実性に対する主体的な見解はほとんど示されていない。たとえば、「百田さんの言う事は『思う』だけなんだよね。根拠もふわっとしてて欲しい結果に結びつくデータを探してる感じ。それを元に言い切る。危うい感じ。」、「ジョネさん（＊筆者注：上念司）やケントさんやほかの人もそうだと思うけど、自身の立場から社会的影響を考えて無責任に個人の願望を主張することを控えていると思う。作家先生は、自分の好き勝手発言できることに対して『周りに許されている』という謙虚さを忘れてる気がする。」など、この場合は解釈に対する反駁というよりは発言者の態度や行動自体が非難の的になっている。

不確実な事実に対する番組出演者の異なる対応から浮き彫りになるのは、視聴者が出演者の人物性を軸にして、自分自身の感性に合う出演者を選択することで、『虎ノ門ニュース』における「真正性」は構築されているということである。その後、二〇二一年一月五日に上念はＤＨＣテレビの番組から突如降板し、その理由を、ＤＨＣテレビが視聴者から寄せられた意見を踏まえて要望したためとしている。視聴者は出演者の選択に選択的消費という手段を通じて働きかけており、「真正性」を喪失した出演者は退場を求められることになるのである。

そして、「真正性」と事実性の乖離はネット右翼全体に現れている問題だとも考えられる。伊藤昌亮は「ネット右派はあたかも「人間界」から身を引き、「動物界」と「怪物界」にその拠点を移してしまったかのようにも見える」と印象を述べている。[*50]「人間」とは他者とのあいだに共通の世界を持ち、そこで自分自身の固有性を表出し、言論や活動を展開する近代的な存在であるのに対し、「動物」とは自分自身の欲望を満たすためだけに消費行動をする人びとを批判する言葉だと言える。ここでは、こうした欲望に身を任せて脊髄反射的に投稿する人びとを「動物界」の住人、さらには路上で憎悪を包み隠さず表現する人びとを「怪物界」の住人と定義し、ネット右翼のなかに多様なクラスタが存在することを示唆している。[*51]この観点から見ると、この分裂騒動はまさに、二つの異なる世界――断片的な事実を束ねて「サヨク」を論破するための道具的・マニュアル的な対抗知の形成を目指すシニカルな人びとの世界と、壮大な物語の織り成す正義感や義憤に身を委ねて排外主義的言説にコミットする人びとの世界――のあいだの了解の不可能性を示すものだった。

4　日常生活から切断される「政治」

同番組には、象徴的な出演者の自己のパフォーマンスと、それを消費する視聴者という典型的なファンダムの構図が見られた。ファンダムとは、熱狂的に何かを支持するファン集団のことであり、アイドル、スポーツ、フィクション作品などの幅広いサブカルチャーにおいて、非日常的で「真正」な経験を追い求める人びとを指す。ファンダムはしばしば属人的なものとなり、主体性とは対照的な人格崇拝の様相を呈するように思われる。もちろん、それが単純な個人の楽しみの問題であるかぎりにおいては、どのような趣味を好きになろうと個人の自由であり、問題にはならないように思われる。ところが、そうした娯楽的なテイストが政治的領域に持ち込まれるとするならば、問題が起こる。

政治の娯楽化の産物である『虎ノ門ニュース』は、視聴者にとって面白く感じられ、心を揺さぶるような「ポピュラーな教養」、あるいは「趣味教養としての政治」とでも言うべきものを売り込む。そして、ファンダムを「非日常的で真正な経験」という言葉を用いて定義したように、政治を「非日常的」で高尚な物語として描き出す見方が同番組のニーズを下支えしている。民主主義的な政治とは、本来的には日常生活から寸断された領域ではなく、日常的な主観的な経験のうちから生じるボトムアップなプロセスなのだった（第1章参照）。ところが、ここで見た「真正性」の戦略において、個人の身近にあるさまざまな問題関心は、結局、非日常的な政治的領域に繋ぎ止められず、切り離されたままである。毛利嘉孝が「テレビによる政治のスペクタクル化は、視聴者に一時的で仮のカタルシスを与えることで、徹底的に視聴者を受動的な存在へと貶めるのである」と指摘しているように、[*52]同番組は、非日常的な世界の最前線を知る（と自称する）特別な人びとを前面に押し出すことで、視聴者から自分自身の経験を交えながら主体的に出来事を解釈する力、いわば声を上げる力を削いでしまうのである。実際、「ツイッター」では、番組内の言説を自分自身の経験や考え方に紐づけて読み解く投稿はほとんど見られなかった。

こうした人格崇拝の問題は、程度の差こそあるが、ワイドショー、「ユーチューブ」などのユーザー・ジェネレイテッド・コンテンツ（UGC）、SNSにおいても幅広く見られる。もちろん、このようなポピュラー・コンテンツは、政治を親しみやすく取り上げたり、あるいは私事とされる身近な問題を公に取り上げることで、公共空間への参入資格を剝奪されてきた人びとの参入を促してきた。他方で、政治をわかりやすく、興味を引く仕方で伝えるという論理は、自分の身の回りにある公共的な問題や課題への気づきを促すだけでなく、むしろ個人的な問題を切り捨てて「われわれ」の物語を生み出し、不安や敵対性を煽るような営みに悪用される危険性があるということにも目を向けなければならない。これが本章における一つの教訓である。

以上の事例から得られる知見は、「真正性」を構築するすべての営みが、「声なき声」の活性化に寄与するとは限らないということだった。「真正性」が象徴的な存在を軸にミクロな範囲で構築され、偏狭な集団のなかで共有され、地に足の着いた日常生活の現実から切り離される。そして、そうした人びとは公共の領域では対話ができない存在として相手にされなくなるのが現状であり、「真正性」の構築の過程における「送り手－受け手」のあいだの非対称的な関係が、そうした状況を生み出しているのである。裏を返せば、「送り手－受け手」のあいだで対等なリスペクトの関係を築かなければ、「声なき声」は活性化されず、その根底にある信頼関係も脆いものとなる。それでは、次に何を考察する必要があるのか。次章では、「声なき声」の活性化という規範的な側面、すなわち、「声なき声」を公共的な対話の契機に接続するための条件を検討するために、公共サービスメディア（PSM: Public Service Media）を取り上げる。

第3章　公共サービスメディアの葛藤
──『ハートネットTV』におけるメッセージ性と「真正性」の調停

ほんとうに悲しいときは言葉にできないぐらい悲しいといいます。ですから、小説のなかで「悲しい」と書いてしまうと、ほんとうの悲しみは描ききれない。言葉が壁になって、その先に心をはばたかせることができなくなるのです。それはほんとうに悲しくないことなのです。人間が悲しいと思ったときに心の中がどうなっているのかということは、ほんとうは言葉では表現できないものです。けれども、それを物語という器を使って言葉で表現しようとして挑戦し続けているのが小説なのです。

（小川洋子『物語の役割』ちくまプリマー新書、六五頁）

1　「声なき声」の活性化の拠点としての公共サービスメディア

公共性の凋落と再定義の必要性

本章では、ＮＨＫの福祉番組『ハートネットＴＶ』（ＮＨＫ Ｅテレ、二〇一二年〜現在、月〜水曜日、午後八時〜午後八時三〇分）を分析対象として、公共サービスメディア（ＰＳＭ : Public Service Media）におけるテレビ番組とオンライン空間との相互作用が、「声なき声」の活性化にどのように寄与しうるのか、そして、その限界はどこにあるのかについて考察する。

まず、戦後日本の放送制度は、公共放送と民間放送（商業放送）の二元体制である。特に公共放送には、質の高い報道、論評、教養、娯楽を提供することで、市民社会を耕し、世論を構築する役割が期待されてきた。市場競争のなかで視聴率を稼げなかったとしても、少数者を含む市民の公共的なニーズに対応し、民主主義的な意思決定を促す役割を課されてきた。この点で、一般の私企業とは異なるものだった。もちろん、民放事業者にもそうした責務は課されている。日本の放送制度と類似する点も多い英国では、ＢＢＣやチャンネル４だけでなく、商業放送であるＩＴＶやＳＴＶも含めて、「公共サービス放送」（PSB: Public Service Broadcasting）という言葉が適用されてきた。[*1] とはいえ、広告収入に依拠する民放は、その都度の多数を占める視聴者＝消費者を獲得しなければ、事業を継続できないという事情もある。[*2] 公共放送であるＮＨＫには受信料という安定した公的財源がある以上、より積極的に「公共性」とは何かを追求するポテンシャルがあるのだとも考えられる。

基本的な公共放送の理念から概観しておきたい。放送法第一五条と第一六条で、ＮＨＫは「公共の福祉」に資する番組制作と放送を行うことを目的として設立された法人と定義される。それでは、そもそも放送において期待される「公共性」とは何か。第１章でも公共性の概念について言及したが、そもそも「公共（パブリック）」は西洋から輸入された概念であるにもかかわらず、日本語では幅広く他の意味を含む抽象的な言葉として用いられてしまう。特に日本社会では、この言葉が上意下達的な「公（オフィシャル）」や「共通の（コモン）」の意味でのみ受け止められることも多く、「公共の電波」という時にも、国家が管理する国民共通の財産であるという意味が強調されやすい。これらの意味は、個人の自由を制約する社会的なものである。しかし、これだけでは放送の公共性の説明は不十分である。

第一に、「国家＝公の共有財産を占有しているからこそ社会的責任がある」という根拠づけは相変わらず根強く見られるが、それは説得力を失っている。たとえば、「公共の電波」をめぐる言説である。先に取り上げた『ニュース女子』問題（第2章参照）に関する毎日新聞の社説の冒頭では、「公共の電波を預かる放送局の自覚が厳しく問われる事態である」[*3]と書かれている。地方の民放局でのステルス広告の問題に関する朝日新聞の社説でも「公共の電波を割り当てられ、独占的に使用している責任の重さを踏まえた対応が求められる」[*4]と指摘されている。こうした社会的責任の認識は重要だが、これはあくまでも「公共性」の消極的・制約的な側面にすぎない。そもそもインターネットが普及した現在、「放送波」に相当するものは決して稀少な資源として認識されなくなってきたし、それに対応すべくマスメディア組織も動き始めた。たとえば、NHKの常時同時配信・見逃し番組配信サービス「NHKプラス」が二〇二〇年四月から本配信を開始。技術的にはテレビ受信機ではなくスマホを用いて「テレビ」を視聴することもできる。これに先駆けて、民放各局も二〇一五年一〇月二六日から見逃し配信サービス「ティーバー」を開始している。二〇一〇年三月一五日に開始されたIPサイマルラジオサービス「ラジコ」は、ほぼすべてのラジオ局の放送をスマホで同時聴取できる状態にまで発展している。すなわち、二〇世紀前半に開始された「放送」が「放送」のままであることの正当性はより一層失われているのである。NHK放送文化研究所が一九九五年から五年に一度実施している「国民生活時間調査」によれば、平日のテレビ視聴の行為者率は二五年間で九二・一％（一九九五年）→七八・七％（二〇二〇年）に減少、同じ期間で二〇代は男性が八一・二％→四九・一％、女性が八九・七％→五二・三％に急減している（表1）。多くの人が体感しているように、ガラケーからスマ

	1995	2000	2005	2010	2015	2020
全体	92.1	91.3 ↘	90.2 ↘	89.1 ↘	85.2 ↘	78.7 ↘
男 10 代	89.8	85.8 ↘	89.1 ↗	81.8 ↘	73.7 ↘	54.0 ↘
女 10 代	90.5	92.8 ↗	87.3 ↘	83.0 ↘	76.9 ↘	50.0 ↘
男 20 代	81.2	78.1 ↘	79.3 ↗	77.8 ↘	62.0 ↘	49.1 ↘
女 20 代	89.7	88.5 ↘	85.8 ↘	78.4 ↘	74.8 ↘	52.3 ↘
男 30 代	87.5	86.0 ↘	83.0 ↘	80.2 ↘	69.1 ↘	50.8 ↘
女 30 代	93.6	90.6 ↘	87.1 ↘	86.1 ↘	80.7 ↘	71.7 ↘
男 40 代	91.6	90.5 ↘	85.0 ↘	86.0 ↗	76.2 ↘	60.4 ↘
女 40 代	92.8	94.7 ↗	92.3 ↘	91.8 ↘	85.1 ↘	76.9 ↘
男 50 代	93.7	90.0 ↘	89.5 ↘	93.0 ↗	85.5 ↘	82.6 ↘
女 50 代	95.8	96.1 ↗	94.8 ↘	93.3 ↘	93.6 ↗	83.4 ↘
男 60 代	96.1	93.7 ↘	95.6 ↗	93.3 ↘	92.6 ↘	94.8 ↗
女 60 代	97.2	97.8 ↗	94.1 ↘	96.3 ↗	95.1 ↘	93.8 ↘
男 70 歳以降	96.9	97.1 ↗	96.3 ↘	97.9 ↗	95.8 ↘	94.8 ↘
女 70 歳以降	95.5	93.9 ↘	95.1 ↗	94.7 ↘	95.6 ↗	95.9 ↗

平日におけるテレビ視聴の行為者率（単位：%）

表１　平日におけるテレビ視聴の行為者率
（NHK「国民生活時間調査」を参考に筆者作成）

ホへの移行を背景として、「若者のテレビ離れ」が二〇一〇年代に急激に進んだのだと言える。

第二に、同様の理由で、受信料制度を公共放送が「公共」的である根拠として取り上げる論法も説得力が乏しくなってきた。ＮＨＫは広報で「受信料制度によって財政面での自主性が保障されているからこそ、ＮＨＫは、視聴者のみなさまの要望に応えることを最大の指針として放送を行うことができます」と説明している。[*5] もちろん、民主主義の基盤となる良質な番組や報道を維持するための財政面の制度的保障は不可欠であることを承知のうえで、この説明は本来は逆であるように思われる。公共性という概念を厳密に理解するならば、本来、「視聴者のみなさま」が「自分たちの社会に必要な自律した公共的な制度だ」と考えるからこそ受信料制度が正当化されるのであり、「受信料を徴収する権限が制度化されているから公共放送は公共的なのだ」ということにはならない。何より、今日では、受信料よりも廉価な料金で自分自身の嗜好に適したコンテンツを自由に選択・視聴できる「ネットフリックス」や「アマゾンプライム・ビデオ」などの有料動画配信サービス（SVOD）がある。あるいは、誰でも無料で視聴できる「ユーチューブ」の方が多くの人にとって親しみやすいものになっている。「NHKから国民を守る党」（N国党、現：みんなでつくる党）が、NHKが掲げる「公共性」の理念に対する反発を取り込み、二〇一九年参議院選挙で議席を獲得したことなども考えると、NHKに対する世間の不信感は、それほど悠長に構えていられる問題でもない。

以上のように、NHKの制度的公共性を支えてきた二つの要素——電波の稀少性と受信料制度——が疑問視され始めている。そして、放送制度に守られていた「公共性」の理想から遠のき、最大多数の快楽を刺激する表現ばかりが流通する資本主義的なプラットフォームにメディア・コンテンツが集約されるようになる。無料の情報源や自分好みの情報源だけを参照する態度の浸透が言論に基づく民主主義をいかに破壊するのかは、第2章までに述べたとおりだ。それでも、誰もが集合的な意思決定に関心を寄せ、携わるという民主主義の理想を追求するならば、何が求められるのか。まず考えられるのは、NHKの組織的・制度的な基盤を発展させ、より幅広く説得力のある「公共」を実現するという方向性である。市場競争が進み、多様なメディア体験が提供され、社会の個人化やネットワーク化が進む現在、放送研究者のピーター・グッドウィンが指摘するように、BBC、NHK、RAIのような公共放送の「伝統的な事業者」が「ネットワーク化された社会の発展において周縁化されてきた」[*6]。いわば、「見たくないものは見ない」という選択が肯定される社会において、良質な情報さえ提供していれば、市民自らが公共圏や問題関心やアイデンティティを共有するだろうという考え方では、

「経営合理化」の名の下で行われる市場原理の流入に抗することは難しい。スチュアート・ホールは、一九九三年、英国の多チャンネル化政策を踏まえて、「全面的に攻撃されているのは、まさに『公共セクター』という考え方であり、その国家や古い福祉的なコンセンサス、『生産性のない』公共サービス、手ぬるい官僚制との結びつきである」と指摘したうえで、[*7]このように述べていた。

公共サービスの考え方は、自らの中にある世界や埋没している前提を多元化し、多様化することで、こうした変わりゆく環境に適応できる時にだけ生き残る。社会的な通念とは対照的に、公共サービスという考え方は、それが国家の統一的な概念、いわば、閉じていて、統合されていて、防衛的で、民族的な専制で、管理された国民的文化というモデルを回復する手段として採用されれば、滅びてしまうだろう。[……]そして、公共放送が国民に対してできる最も重要なことは、「差異とともに生きる（共生する）」技術を「教育」することだ。これは二〇世紀末に英国のような古い帝国国家が得られる、最も厳しいが、最も批判的な教訓の一つなのである。[*8]

ホールに倣って現在の日本のメディア、特にＮＨＫの状況を眺めると、単一的な国民国家に依拠しながら基盤を固め、必要最低限度の「公共」的な役割を受動的に自認するだけでは、新自由主義的な経営合理化や改革に対して無防備な状況である。むしろ、現代のメディア環境の変化に応じて、多様性を包摂するという公共的役割を模索する積極的な姿勢が求められているのではないか。ＮＨＫがたびたび掲げる「公共放送から公共メディアへ」という標語は、たんなる政策的・経営的な流れではなく、こうした根源的な問いを深める機会としなければならない。もちろん、「公共性」とは何かを問いなおす必要性は繰り返し指摘されてきたし、今に始まった問題ではない。[*9] 本章ではこの問題に対し、これまでの放送制度では達することのできなかった公共性の理念を自分たちこそが達成できるのだと主張するために、「声なき声」を社会に繋ぎ止め、公共的な空間を多様な仕方で生み出すプラットフォームとしての正当性を示す必要があることを指摘していく。

「私」と「私たち」を繋ぎ止める公共サービスメディアの可能性

市民的公共圏は本来は「私人」により成り立つものである。すなわち、異なる背景を持つ一人ひとりの「私」が集まり、共通の問題について議論を交わし、「私たち」の意見＝世論を生み出し、公権力に働きかけていくボトムアップな実践だ。そのため、NHKが公共放送を自認するうえで市民からの信頼は重要なものとなる。過去に、視聴者との信頼関係が根本的に揺らぎ、見直すことになる出来事が相次いだ。たとえば、チーフプロデューサーによる番組製作費着服が二〇〇四年七月に、政治家からの圧力による『ETV2001』番組改変問題[*10]が二〇〇五年六月に報じられたことで、NHKに対する信頼が低迷し、受信料支払いの拒否も増加した。これに対して、NHKは二〇〇五年九月に「NHK新生プラン」を発表し、「視聴者第一主義」という言葉を掲げ、「NHKを支えていただくみなさんの声を経営や放送に積極的に生かします」と誓った。[*11] 本章で取り上げる『ハートネットTV』はこの視聴者中心の改革の流れから生み出された番組であると考えられる。後述するとおり、福祉番組は、当事者＝番組視聴者が投稿できる独自のオンライン空間を設置し、「声」に耳を傾け、番組制作に活用する方向性を二〇〇〇年代には模索していた。その点で、本書全般にまたがる「声なき声」の活性化の重要な事例として理解できる。

ソーシャルメディアが活用される以前から、多様な「私」の主観を包摂しながら「私たち」の共通の関心や意見を生み出す積極的な公共性は、公共放送に求められる公共的役割として議論されてきた。すなわち、伝統的に期待されてきた正確で速報性のある情報伝達（たとえば、災害速報など）だけでなく、多様な市民が参加する意見形成の場を形成することに公共性を見出す議論がある。たとえば、メディア研究者のピーター・ダルグレンは、テレビ・ジャーナリズムは公共圏に関する二つの次元――「表象的次元」と「相互作用的次元」――と関係するのだと述べる。[*12] すなわち、放送には出来事や議論を通じて生み出された意見を映し出すだけでなく、議論の基盤となる人と人の相互作用を生み出すことが期待されている。放送研究者のハルヴァード・モーも、PSMについて、「情報の伝達」だけではなく「議論の形成」を同時に推進することの重要性を強調している。[*13] 繰り返しになるが、マスメディアが画一的なプラットフォームだった時代には、全国津々浦々の出来事や国民的な気分を一方的に伝えるだけで、「私たち」という意識は生み出すことができたのかもしれない。しかし、現在では、多様な関心に応じた公共空間を自ら生み出し、さらに広い社会に働きかけるプロセスが重要となっている。NHK自身も「視聴者のみなさまの多様な関心や進化するニーズに適切に対応」するという多様性の包摂を、経営計画上の重要事項と見なしている。[*14]

そして、放送の持つ特性とオンライン空間の持つ特性を掛け合わせる実践こそが、「声なき声」の活性化を押し広げるのではないだろうかと考えられる。たとえば、社会情報学者の遠藤薫は「複合メディア環境におけるメディア間の相互参照」に世論形成の過程を見出しており、[*15]公共性を複数のメディアにより担われるものとして捉える。あるいは、一般市民が参加する断片的なオンライン空間で生み出されていく別様のリアリティが、マスメディアのリアリティに影響を与えることも指摘されてきた。[*16]もちろん、オンライン空間には放送業界のような規制や保護はないため、これを「公共サービス」の領域として捉えられるかについては、慎重な意見と積極的な意見がある。[*17]公共サービスをオンライン空間における市場競争から保護することが望ましいとする主張（慎重論）がある反面、オンライン空間は公共性の実現に必要なものだとする主張（積極論）もある。しかし、本書では積極論の持つ可能性を検討してみることとしたい。すなわち、オンライン空間が市場競争に満ちているからこそ、そこでの公共サービスメディアによる独自の働きかけが重要な意味を持つのではないかと一度考えてみたい。この点について、山腰修三は、公共放送の公共的役割を「複数の小さな公共圏、そしてそれらを担う複数のアイデンティティや価値観をまとめ上げ、社会全体の討議の場に接続する機能」として再定義している。[*18]すなわち、個人の嗜好やニーズに応じて最適化されがちなオンライン空間の個別具体的な情報環境、あるいはジェンダーや障害といった集合的アイデンティティやそこには含まれない関心や争点を架橋し、熟議を促す機能がPSMには期待されるのではないだろうか。

実際、NHKは、同じく二〇一五年の経営計画で、「国際化や社会のつながりの希薄化が進む時代だからこそ、広く、世界や日本の課題の共有化を図り、正確な情報で人と人とを互いに〝つなぐ〟というメディアの公共的機能に対する期待」に応えるとしている。[*19]とはいえ、『虎ノ門ニュース』の分析で示したとおり、「声なき声」を活性化するだけでなく、それを「真正」なものとして提示し、人と人とを結びつけるためには、「正確な情報」以上の何かが必要とされる。公共圏の基盤として「真正性」の感覚を生み出すには何が必要なのかという問題を考えるうえで重要な事例が福祉番組だ。

2　福祉番組と公共性

NHKにおける福祉番組の位置の変遷——理解の推進から対話へ

それでは、なぜ福祉番組を取り上げるのか。実際の番組の分析の前に、福祉番組を「声なき声」の活性化の重要拠点として理解すべき理由を説明していくこととしたい。視聴者のオンライン投稿を活用して制作される番組自体は、『ニュースウェブ』（NHK総合、二〇一二年～一六年）のような報道番組や『着信御礼！　ケータイ大喜利』（NHK総合、二〇〇五年～二〇年）のような娯楽番組にも見られ、今ではよく目にする光景である。しかし、『ハートネットTV』はその前身の番組を含め、いち早くオンライン化を進めてきた。その背景として、視聴者を主体とする「声なき声」の活性化の必要性があったのではないかと考えられる。

福祉番組を放送するNHK教育テレビ（Eテレ）は、NHKという中央集権的な組織構造のなかで多様性を担保しうる拠点として機能してきた。NHK教育はNHK総合の開局から約六年後の一九五九年一月一〇日に教育専門局として免許交付を受けて開局した。教育専門局は一定比率の教育番組や教養番組の放送を義務づけられた放送局であり、民放である日本教育テレビ（NET、現：テレビ朝日）

や東京一二チャンネル（現：テレビ東京）も教育専門局として開局している。当時は大宅壮一の「一億総白痴化」発言に見られるように、NHKと民放とを問わず、テレビの低俗なコンテンツが視聴者の想像力を低下させることが懸念されており、放送を視聴覚教育に活用する構想が生まれたのである。[*20]ところが、結局、NETと東京一二チャンネルの番組構成は総合局とほとんど変わらないのが実態であり、一九七三年一一月一日に両局に総合局免許が交付されたことで、教育放送はNHKの独壇場となる。そして、学校教育でのテレビ活用もそれほど浸透しなかった結果、NHK教育は多様性を志向する番組制作を担うようになったと言える。放送研究者の古田尚輝は、NHK教育の番組編成比率の変遷を、一九五八年度～八一年度の「学校教育波」、一九八二年度～八九年度の「生涯教育波」、一九九〇年度以降の「混合波」に分類しているが、[*21]特に「混合波」では、NHK総合では賄い切れない少数者の多様なニーズに応える番組制作が試みられるようになった。

一九七一年度に福祉番組は『社会福祉の時間』（～一九七二年度）として定期的な放送を開始し、「福祉元年」と言われた一九七三年度には『福祉の時代』（～一九八三年度）に改題。この時期の福祉番組は、福祉政策の現状と課題の理解を促すことを目的とした一般教養番組として位置づけられ、当時としては先進的なコロニー型の療養施設の取り組みなどが紹介された。一九八一年の「国際障害者年」を機に障害者の自立に焦点が置く傾向が高まり、一九八四年度に『あすの福祉』（～一九九五年度）に改題。さらに、一九九六年度に『共に生きる明日』（～一九九八年度）へ改題すると、阪神・淡路大震災、在日コリアン問題、中国残留孤児問題など、従来の典型的な「福祉」のテーマ（高齢・障害・貧困）から「多文化共生」へと軸足が移る。その後は、大阪放送局が週一日、『きらっといきる』（一九九九年度～

二〇一〇年度)、『バリバラ』(二〇一一年度～現在)などの障害を中心テーマとする番組を制作。東京の制作局を中心とする番組は帯番組になり、『にんげんゆうゆう』(二〇〇〇年度～〇二年度)、『福祉ネットワーク』(二〇〇三年度～一一年度)、そして、『福祉ネットワーク』放送枠内で『ハートをつなごう』(二〇〇六年度～一一年度)などの総合的な福祉番組を放送するようになる。その後、『ハートネットTV』は、『福祉ネットワーク』と『ハートをつなごう』のコンセプトを統合した新番組として二〇一二年度から放送を開始した。このように歴史的な流れを踏まえると、当初は一般向けの教養番組だった福祉番組が、当事者の多様なニーズを中心にする番組に転換し、独自のジャンルとしての位置を確立してきたことがわかる。

そして、福祉番組が当事者中心にシフトしていく過程で、『ハートをつなごう』は早い段階からインターネットを活用した番組制作に踏み切っていく。同番組でプロデューサーを務めた宮田興は、その狙いを「社会のなかで語られにくいこと、見えにくいことをテーマとして取り上げて、当事者同士を「つなぐ」、当事者と当事者ではない人を「つなぐ」ことを狙いにしている番組です」と紹介している。[*22] すなわち、目に見える福祉政策的な問題を取り上げるというよりは、当事者の言葉から目に見えにくい問題を浮かび上がらせる「声なき声」の活性化の実践であり、そのためにオンライン空間の相互作用的な性質を活用し始めている。そして、「NHK福祉ポータル ハートネット」[*23]やLGBTQを主題とした特設サイト「虹色」(現在は廃止)が設置され、番組制作に活用されてきた。[*24] 特に「福祉ポータル」では、さまざまな問題の相談窓口などの情報を紹介するだけでなく、視聴者も投稿、返信、スレッド作成ができる電子掲示板を設置し、その投稿を番組制作に活用していた。

危機にあるEテレ的な公共性

ＮＨＫは次第に教育・福祉の機能を自らの公共的責任の一環として定義することで、『ハートネットＴＶ』や『バリバラ』などの福祉番組の充実を公式に表明してきた。[*25] ところが、分析を実施した二〇一七年時点と二三年現在では異なる状況もあり、この方針にも揺らぎがあることについて補足を加えることとしたい。まず、『ハートネットＴＶ』の制作を担っていた制作局文化・福祉番組部（旧：教養番組部）は、二〇一九年度の組織改編で、教養番組は第二制作ユニット、福祉番組は第三制作ユニットに分割吸収されることとなった。しかし、文化・福祉番組部のほぼすべてに該当する七〇名以上の職員が組織改編に疑問を呈し、改編案の説明と意見交換を要望したことが報道されている。[*26] 教養番組部や文化・福祉番組部は、福祉番組だけでなく、ＮＨＫのなかでも憲法や戦争責任、原発問題などの政治的な話題を積極的に取り上げており、先ほど紹介した『ＥＴＶ２００１「戦争をどう裁くか」』を制作したのも教養番組部だった。その後継である文化・福祉番組部も、公権力に対して批判的に切り込む番組を多く制作するジャーナリスティックな制作チームであり、『ハートネットＴＶ』でも、シリーズ「暮らしと憲法」（二〇一七年）で、日本国憲法と女性、外国人、障害者、原発被災者の権利の関係を検証するなど、福祉番組についても教養番組としてのテイストを保ってきた。すなわち、福祉を非政治的な事柄として周縁化するのではなく、政治的な事柄との関連で示す姿勢が見られたのである。この組織改編がどの程度番組制作に影響したのかはわからないが、具体的な理由が説明されることもないまま、現在、ＮＨＫは新しい制作体制に移行している。

さらに、同じく二〇一九年度からは番組再編により、同番組の放送枠は月〜木曜日の週四日から月〜水曜日の週三日に縮小されることとなった。縮小の理由は不明だが、NHKに経営合理化が期待されればされるほど、少数者向けの番組が切り捨てられる恐れがあることを示唆する出来事だった。そして、菅義偉内閣の内閣官房参与であり、奇しくも『虎ノ門ニュース』の出演者でもあった経済評論家の髙橋洋一が、『週刊ポスト』二〇二〇年一二月一一日号（小学館）のインタビュー記事「NHKはEテレ売却で受信料を半額にできる」で、NHK教育の放送波を売却すればNHKの受信料を半額にできると経営合理化の提案を行い、これに対してNHKの前田晃伸会長が「教育テレビはNHKらしさの一つの象徴だと思う」と否定する一幕があった。[*27] 髙橋洋一は、見出しに「Eテレ売却」という言葉が用いられた点はミスリードであり、コンテンツ制作の民営化までは示唆していないと弁明しているものの、内閣総理大臣のブレーンという立場上、発言の影響力は大きく、このことはNHK教育の存続をめぐる論争を招いた。

当事者性と相互連帯――『バリバラ』との対比から

NHKのなかで周縁的な位置に置かれながらも、多様な市民の立場に寄り添い批判を展開する公共的役割を担うという独特の位置を得たのが福祉番組だった。その役割は福祉政策の「理解推進」や「啓発」に留まらない。『ハートネットTV』は「福祉」だけでなく「「生きづらさ」を抱えるすべての人に向けた新しいスタイルの福祉番組」と銘打たれており、[*28] 具体的には、LGBTQ、ジェンダー、エスニシティ、自殺、いじめ、被災、ひきこもり、冤罪、加害者家族など、幅広い文化的差異や社会構造に起因する問題を「生きづらさ」として取り上げることで、幅広い対話や議論を展開する試みである。この「生きづらさ」という表現にはさまざまな問題を包摂し、一時的な連帯を構築する作用が見られる（第1章参照）。[*29] すなわち、当事者と非当事者の境界線を曖昧にし、架橋することで、異なる問題を抱える異なる立場の人びと同士を結びつける狙いがある。

こうした包括性は、障害者が制作過程に主体的に関わる『バリバラ』が提示する姿勢とは異なるものである。『バリバラ』が広く着目されるようになったのは、日本テレビのチャリティ番組『24時間テレビ〜愛は地球を救う〜』の裏番組枠で放送された「検証！『障害者×感動』の方程式」（二〇一六年八月二八日放送）からである。この回は、当事者自身が『24時間テレビ』などにありがちな感動的な障害者の物語を演じ、その当事者の実際の日常生活の様子と対比するパロディを放送し、「感動ポルノ」（健常者の快楽の消費のための道具として障害者を取り上げるコンテンツを揶揄する表現）という言葉が広く知られるきっかけとなった。[*30] このように、障害者自身の視点に基づき、障害者自身が本音やありのままの姿を曝け出すことで、障害者をめぐるステレオタイプを不自然で嘘くさいものとして風刺する「攻めた」姿勢の番組だと言える。むろん、最初からそうだったわけではない。『バリバラ』は前番組『きらっといきる』に対する「障害者を美化し過ぎだ」という当事者自身による批判と、それを踏まえた公開討論を経て、障害者を等身大で「ありのまま」の存在として映し出すバラエティ番組としてリニューアルしたのである。[*31] とはいえ、『バリバラ』における「笑い」を研究した社会学者の塙幸枝が指摘するように、障害者という位置取りに依拠して産み出される「笑い」は、非当事者にとっては解釈の難しいものになる。[*32]『バリバラ』は健常者にとって穏健な交渉を狙いとするのではなく、当事者同士で健常者に対する「あるある」や「ありのまま」の状態を共有し、「真正性」を構築することで、多数者＝健常者が暗黙に前提とする支配的な価値観（たとえば、「かわいそうな障害者」というスティグマ）を根本から告発する。『バリバラ』は「闘技」的なモデルとして理解できる。

『ハートネットＴＶ』は「誰が当事者なのか」を曖昧なままにする方針を採ってきた点で、『バリバラ』と対照的である。すなわち、全員を「生きづらさ」の当事者として捉える包括的な発想の下、個別具体的な属性に関わらず、社会に散在する「声なき声」を架橋し、連帯を築き上げるという対話のプロセスを同番組は重視する。そのために、視聴者のあいだに共通の「真正性」の認識を醸成するのは、『バリバラ』以上に困難なものとなるとも考えられる。たとえば、『ハートネットＴＶ』で二〇一七年度から始まったシリーズ「Ｂ面談義」は『バリバラ』と似たテイストを取り入れるものだったが、第一七回（二〇二一年三月二二日放送）では、全盲の男性弁護士が、障害者差別と比べて女性差別は多くの注目を集めており、「生っちょろい」と「本音」を吐露する場面があり、番組がこれを謝罪・撤回するトラブルになった[*33]。もちろん、それぞれが被る差別の差異や程度を比較する言説が、分断を煽るだけで、連帯を阻むこととなるというのが規範的に妥当な認識であるからこそ、この放送は問題があるものとして撤回された。しかし、ライオネル・トリリングが「真正性」を「誠実」との対比で論じたように、「真正性」は必ずしも規範的ではないし、真正な感覚には、特定の同じ属性を共有し、類似した経験を共有できる親密性が前提とされるのだった（第１章参照）。すると、さまざまな要素を網羅的に繋ぎ止める戦略では、アイデンティティに基づく「同胞意識」だけでは難しい課題がいくつも浮かび上がる。すなわち、どのように自己と他者のあいだにある差異を相互理解するのか、対立や不和と折り合うのか、当事者の思いをメッセージとして無関心な人びとに向けて発信できるのか、どのように「真正性」のある言説を生み出すのかという課題である。

3　相反するメッセージ性と「真正性」

「声」に耳を傾け、伝えることの葛藤

以上を踏まえて、放送とオンライン空間の相互作用を通じた「声なき声」の活性化の可能性と葛藤を『ハートネットTV』を事例に検討する。同番組はさまざまな単体企画・シリーズ企画から構成される帯番組であり、さまざまな構成やジャンルの番組が寄せ集められている。特徴的なのは、ポータルサイト「NHK福祉ポータル ハートネット」における匿名電子掲示板（BBS）や「ツイッター」などのウェブサイトを活用し、当事者の投稿を拾い上げている点である。この番組を取り巻くコミュニケーションの構成を、前述した公共圏の「表象的次元」と「相互作用的次元」に基づき説明するならば、以下のとおりになる（図4）。第一に、同番組の「声なき声」の活性化は、まずは直線的なプロセスとして考えられる。すなわち、「声なき声」を活性化する公共的な空間を構築し、そこに寄せられる「受け手」（当事者）の経験を集約し、不特定多数の視聴者に向けて伝達することで、社会に働きかけるプロセスがあり（メッセージ性－直線的）、これは、従来から公共放送やジャーナリズムに期待されてきた役割である。第二に、テレビやオンライン空間を介した「送り手」（制作者）と「受け手」（当

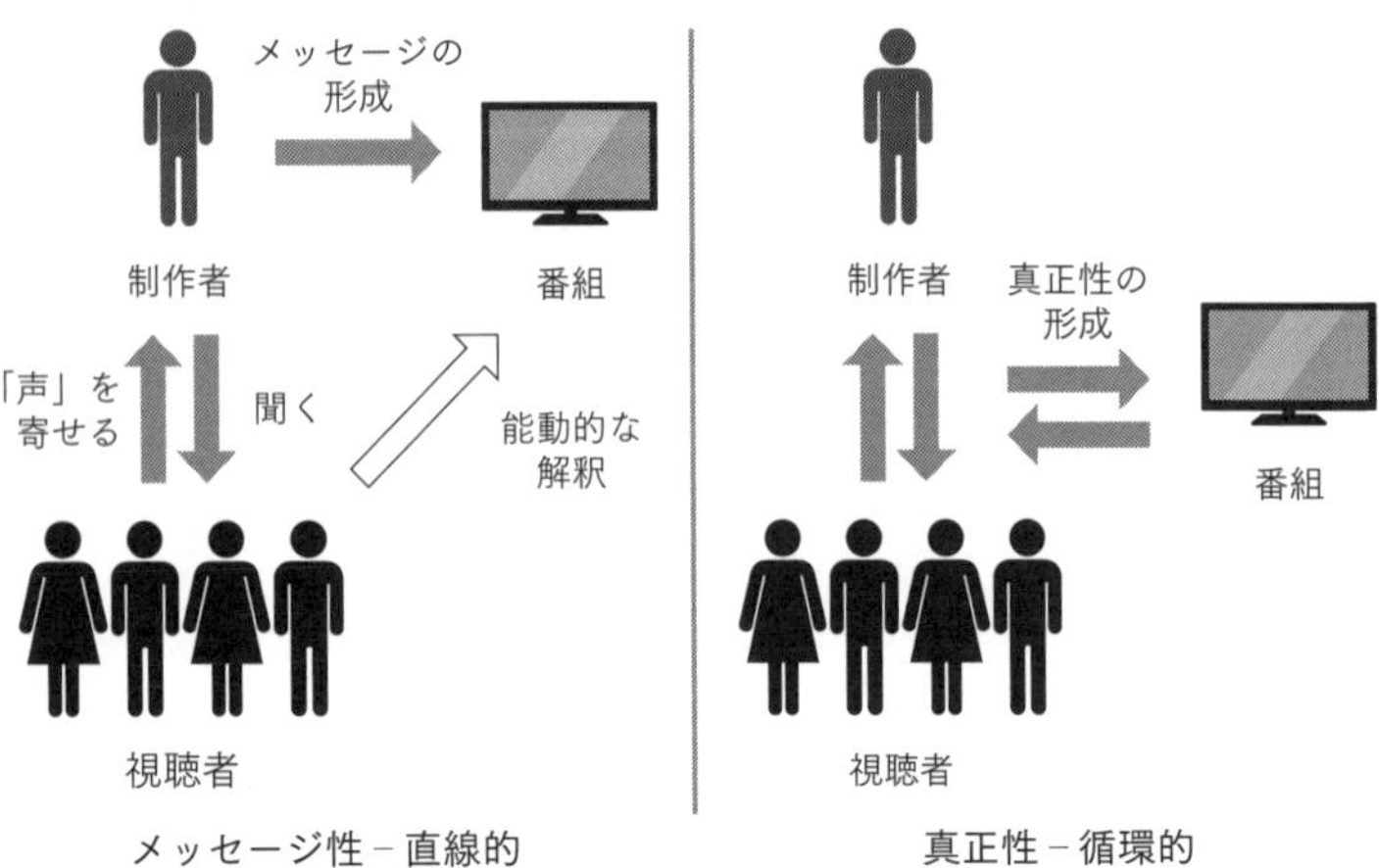

図４　メッセージ性と真正性の形成過程のイメージ

事者）の相互的な交渉を通じて、より本物らしく、ありのままを映し出しているという感覚を産み出すというプロセスもある（真正性－循環的）。このプロセスでは、「受け手」は、番組が映し出すメッセージが本当に自分自身の思いに合致するか否かを表明し、制作者側はそれに最大限に寄り添うこととなる。このことは、メッセージを共に生み出すための信頼関係や親密関係の基盤となる。この双方のプロセスを意欲的に取り入れる『ハートネットＴＶ』は、それゆえに「声なき声」の活性化と「真正性」のあいだにある葛藤を浮き彫りにする事例である。すなわち、「声なき声」の活性化における二種類の営為――「声」が承認される関係を構築すること（真正性）と、規範的なメッセージを紡ぎ出すこと（メッセージ性）――のあいだにある葛藤である。この二重性は、出演者個人のキャラクターとその人格崇拝から「真正性」を生み出す『虎ノ門ニュース』よりもはるかに複雑で不安定なものではあるものの、「送り手」と「受け手」の関係性を根本的に問いなおすものである。

したがって、放送でどのようなメッセージが発信されたのか、オンライン空間で当事者はどのような「声」を上げたのかを併せて分析する必要がある。『ハートネットTV』はさまざまな制作者や制作部局によるシリーズや放送内容が放送されており、そのすべてについて総合的な分析はできないため、本書では、二つのシリーズ特集に着目する。

第一に、二〇一六年八月〜一七年七月に放送された、相模原障害者施設殺傷事件（以下、相模原事件）に関する番組一〇本を対象に分析を加えた。これらは、真正性を共創しつつ、「声なき声」をメッセージに埋め込むことの難しさを示唆する事例となる。というのも、同事件は精神病院への入院歴を持つ元施設職員が、知的障害者一九名を殺害したヘイトクライムであり、知的障害者、精神障害者、福祉従事者など、立場の異なる人びとに対して異なる危機感や不安を抱かせるばかりか、加害者に同情を寄せ、障害者に対する憎悪を正当化する言説もオンライン空間で拡散されていた。そのために、多くの視聴者が「福祉ポータル」の掲示板に投稿しており、制作者側も一刻も早く社会に働きかける必要性に迫られていたと言える。オンライン空間の分析の具体的な手順としては、番組を参照しながら、「福祉ポータル」のカテゴリーである「障害とともに」に投稿された内容一三九五件を抽出し、放送された番組と関連するものを引用、解釈していく。そして、強い意味を有するメッセージを社会に拡散しようと試みる際に、当事者の声に内在する複雑なリアリティとの折り合いが悪いことを論じる。ここでは「声なき声」を拾い上げ、広く社会に問題提起するという直線的なプロセスをめぐる葛藤を描き出すこととなる。

第二に、二〇一四年九月〜一七年八月に自殺防止キャンペーン「生きるためのテレビ」の一環として放送された番組一〇本を取り上げる。自殺問題もまたその動機が多岐に渡るうえに、一般的にはタブー視されやすい問題であると言えるが、これらの番組は、そうした問題に対してテレビがどのように働きかけられるのかを模索してきた。この分析では、このシリーズにおける番組制作の方針転換に着目し、番組放送中に番組に言及した「ツイッター」の投稿を抽出、参照しながら、[*34]「声なき声」の活性化と「真正性」の共創を両立するための条件を読み取ることとした。この分析からは、社会や当事者に対してメッセージを打ち出し、働きかけるのではなく、テレビとソーシャルメディアのリアルタイムな連動を活用しながら、安心して居られる空間を生み出していくという戦略が見られる。これは、「声なき声」を可視化し、相互作用を通じて共有するという循環的なプロセスを強化するうえで、「テレビ的なもの」が担う機能の重要性を示すものである。

以上の二つの事例研究を踏まえて、ＰＳＭがどのようにして「声なき声」を活性化しながら、「受け手」側である市民とのあいだに「真正性」を共創することができるのかを考え、公共メディアのあり方を模索していくこととしたい。

メッセージから真正性の交渉へ——事例① 相模原障害者施設殺傷事件関連報道

相模原事件は、神奈川県立の知的障害者施設「津久井やまゆり園」で一九名もの死者と二六名の重軽傷者を出した陰惨な事件だった。[*35]当時「戦後最悪」と言われる規模の殺人事件であっただけでない。加害者は植松聖という青年で、現場に入り込むと一人ひとりに知的障害があるかを確認し、知的障害があるとわかると殺害したのだった。すなわち、知的障害者だけを執拗にねらう「ヘイトクライム」であった。知的障害者には生産性がなく、周囲に不幸をばら撒く、生きるに値しない存在と見做す「優生思想」が犯行の背景にあったことが、障害者の尊厳に関わる深刻な問題をもたらした。そして、オンライン空間では少なからぬ人びとが彼の動機に同調し、こうした言説を拡散させていたために、障害者のあいだでは緊迫した状態が生じていた。他方で、植松自身が二〇一二年一二月〜一六年二月に「やまゆり園」に勤務していた福祉従事者であり、施設の襲撃予告などによる措置入院（精神保健福祉法二九条に基づき、加害の恐れがある場合に為される強制的な精神科への入院）の経歴があることなども併せて報じられ、なかには措置入院制度の強化を示唆する言説もあった。このことは、附属池田小事件（二〇〇一年）で、少なからぬメディアが精神障害と犯行を結びつけ、精神障害者に対する偏見を助長させた過去を連想させるものだった。二〇二〇年三月一六日、植松には責任能力があるとして死刑が宣告されていることも、あらかじめ強調しておきたい。それでも、相模原事件における当時の「当事者」の位置がとても錯綜していたことは確かだ。というのも、この出来事は、障害者が曝される差別（優生思想）、精神障害者が曝される差別（措置入院）、あるいは福祉産業に従事する低賃金の支援者の問題など、障害者と健常者の関係における複数の論点を象徴するものだったためだ。

そして、『ハートネットＴＶ』は、事件から約二週間後に「緊急特集　障害者施設殺傷事件」（二〇一六年八月八日放送）の放送スケジュールを組み、「福祉ポータル」の電子掲示板に専用のスレッドを設置することで、当事者の本音を交えた意見や感想を募集した。「ツイッター」のような大きなオンライン空間で声を上げることが難しいなかで、「福祉ポータル」は安心して声を上げられる空間として機能したようだ。被害者側の立場からは優生思想の拡散に対する不安や恐怖を綴る投稿が多く見られた。たとえば、「事件そのものも恐ろしいが、事件を受けて、ネット上で、容疑者の思想に賛同する人が予想以上に沢山いて、外出するのが怖くなった」という投稿は、多くの人が優生思想を腹の中に抱えていることに対する恐れの影響を物語っている。あるいは、「立場を置き換えて考えてみて下さい。障害者の命は健常者より軽いのですか？ 命に違いがあるのですか？」というストレートな怒りの声も上げられた。こうした視聴者の戸惑いに応じて、植松聖の思想に対して対抗的なメッセージを明確に打ち出す必要があったのだと考えられる。すなわち、障害者は周囲を不幸にしておらず、誰にだって生きる権利があるということを強く示す必要があった。

そして、「緊急特集」をはじめとする関連番組の多くが「障害者には生きる権利がある」というメッセージを形成し、発信した。たとえば、同放送回に出演した評論家の荻上チキは、植松聖の優生思想的な発言をメディアが注釈なしに拡散していることを批判し、障害者の生きる権利を積極的に擁護する姿勢の必要性を強調している。また、こうしたメッセージは、ドキュメンタリーという形式を用いることで強調されていく。たとえば、「次郎は「次郎という仕事」をしている」（二〇一七年一月二六日放送）は、重度知的障害を持つ二二歳の青年である次郎の親が「福祉ポータル」に投稿したことを機会に作られた。実際に地域社会のなかで周囲に支えられながら生活を送る次郎の様子を描き出すことで、彼と交流する人びとが彼から何かを受け取っていることを伝えている。これは、障害者が不幸を招くから殺害したという植松聖の動機に対し、障害者は周囲に不幸を招かないことを積極的に発信するものだった。また、「亜由未が教えてくれたこと」（二〇一七年五月九日放送）は、ＮＨＫ青森放送局の若手ディレクターである坂川裕野が、実際に重度の知的障害を持つ二三歳の自分自身の妹を撮影し、家族の等身大の視点から障害者を取り巻く幸せを考えるという意欲作だった。いずれにしても、「障害者には生きる権利がある」、あるいは「障害者は周囲を幸せにしている」という強いメッセージを打ち出すことで、社会全体での優生思想の拡がりに対抗する試みなのである。世界人権宣言や障害者権利条約を引き合いに出すまでもなく、これらのメッセージそのものは、平等な社会のあり方という点でまったく規範的であり、反駁の余地はないと考えられるのではないだろうか。

しかしながら、「福祉ポータル」の電子掲示板では、こうしたメッセージでは割り切れないという当事者の思いも聞かれた。たとえば、「緊急特集」の放送後には、自分自身も精神障害があり、事件に恐怖を感じながらも、「ただ一方で犯人が措置入院させられていた点で一緒に扱ってほしくない気持ちがあります」と投稿した視聴者がいる。あるいは、「「自分も加害者になってしまうのでは？」「我が子の考えに不気味さを感じてしまう」と不安に思っている方こそが、いま一番孤立させてはいけない人達なのではないでしょうか？」と綴る視聴者もいた。これは被害者になるリスクに加えて、加害者になりうる存在であるかのように扱われるリスクという、精神障害者に対する複合的な抑圧を明るみにする。これについては、シリーズ「相模原事件を受けて 精神医療は今」（二〇一七年四月四日、五日放送）で、加害者の既往歴報道の弊害として推進された措置入院後の支援強化が監視に繋がるのではないかという懸念を別個に取り上げて、検証している。

また、社会全体に潜む差別意識を障害者自身がリアルなものとして内面化してしまっている場合もある。たとえば、自分自身も精神障害があるという視聴者は「先んじて殺人を肯定するわけではないですが、この障害者を排他しようという思想は一部一理あると思います」と綴る。番組の発信する「障害者には生きる権利がある」というメッセージが規範的に正しいことは言うまでもないし、実際、多くの視聴者に直に届くメッセージである。ところが、視聴者の投稿を眺めていくと、規範的に形成されたメッセージの裏にある本音や葛藤、すなわち、本書における「真正性」とどのように向き合うのかを考える必要も生じてくる。

この「真正性」をめぐる問いに向き合い始めたと考えられるのが「シリーズ　障害者施設殺傷事件から一年」（二〇一七年七月二四日〜二六日放送）の最終回であり、「障害者は〝不幸〟？」というサブテーマで「福祉ポータル」に寄せられた差別的な投稿を意図的に取り上げた。どれも公共放送で取り上げるべき発言ではないと考えられるようなものばかりで、たとえば、「容疑者の意見には賛成です。正直、今の日本に障害者を保護する余裕はありません。普通の人でも生きるのが精いっぱいなのに、生産性の無い障がい者を守ることはできません。」、「障害者は私たちプロの社会人戦士から見たら目障りかつ邪魔以外何物でもありません。お願いですから、障害者はこの世からすべて消えてください。」などの投稿が紹介された。同番組では、この憎悪表現に対し、出演者が当事者＝障害者の立場からコメントを寄せる。具体的には、女装パフォーマーのブルボンヌ、「亜由未が教えてくれたこと」に出演した知的障害者とその母親、知的障害者たちと音楽活動をしているかしわ哲が出演し、障害者が不幸か否かを他人が決めるべきではないと、差別や偏見に抗議していく。これは、優生思想に対する強力なメッセージを「当事者」の視点から打ち出しつつ、差別的投稿を取り上げることで「綺麗事」ではなく「本音」に向き合う姿勢を示すものだった。

しかし、深刻な構造的問題として、差別主義や優生思想に溺れる本人が不在であるがために、そのような思想が蔓延する社会的背景、言い換えればそのような思想を内面化している人びとの感性に切り込むことが難しい。非常に残念ではあるが、植松を支持する匿名の差別主義者たちに限らず、不幸な人びとは排除しなければならないという植松の言説は、「真正」な感覚、「建前」に対する「本音」として、現在も密かな支持を集めている。二〇一九年一一月には、筋委縮性側索硬化症（ＡＬＳ）の患者から「安楽死」の依頼を違法に引き受けていた医師が殺人で逮捕されている（ＡＬＳ患者嘱託殺人事件）。すなわち、規範的に正しいメッセージと、各視聴者の「真正性」の認識を接続しながら、社会に働きかけるためには、テレビ・スタジオと匿名掲示板の非対称性の問題が残る。誰もが生きる権利を有しており、何者によっても侵害されないという公共放送の打ち出す普遍的な社会規範に対し、「真正性」を優位なものとして位置づけるオンライン空間ではそうしたメッセージを相対化する言説が力を得る現状もある。そうした際限のない状況に対し、番組制作者は自分たちの裁量を発揮し、「声なき声」を束ね、倫理的な正当性を備えたメッセージを発信していく必要があるが、それは、なかなか彼らに刺さるものとはなりえない。以上が、放送空間とオンライン空間の相互作用における構造的な葛藤として分析から析出した知見である[*36]。

とはいえ、二〇一七年に実施した分析から月日が経過し、その後の長期的な展開について追加分析を加えると、さらに異なる展開が示唆される。たとえば、「障害者殺傷事件から二年 福祉現場で働く人たちの〝本音〟」（二〇一八年七月二六日放送）では、加害者と同じ立場である福祉施設の職員から寄せられた本音を取り上げ、検討している。「当事者は不幸じゃない」という抽象的なメッセージに対し、当事者と支援者のあいだには暴力や加害関係に転じうる不安や緊張関係が存在することを争点化し、不安を一人で抱え込まず、互いに共有する場を設けることが福祉の現場に必要なのだという、より具体的な課題の提示に変容した。すなわち、オンライン空間に表出する「声」は「被害者」の位置取りをめぐる競合や不和を経て、「加害者／被害者」の関係をもたらす背景をどのように再考するのかという視点に拡張される。

それでは、このことからどのような示唆が得られるのだろうか。一言で言えば、メッセージを形成し、伝達するという直線的な意味形成の過程に追随する仕方で、「送り手」と「受け手」の再帰的なコミュニケーションが生じ、より幅広く納得のいくメッセージに置き換えられていくことの可能性が示されているのだと言える。しかし、メッセージは「受け手」による多様な解釈や反応を引き起こす。その複雑なリアリティに具体的な意味を与える過程には時間や人員、より多くの番組枠を要することとなる。「放送」という時間的制約の著しい媒体で、当事者から無関心層に至るまで数多もの人びとの思いに寄り添いながら、その複雑な性質を社会に働きかけるための強いメッセージに集約していくには困難や葛藤がつきまとうのではないか。

メッセージのない「声なき声」の活性化
——事例② 自殺防止キャンペーン「生きるためのテレビ」

それでは、個々の日常生活に沈澱する「声なき声」を活性化し、「真正性」を共創する実践の可能性を模索するうえで、メッセージを打ち出す以外の手段はあるのだろうか。ここで、別の事例を取り上げる。公共放送が自認してきたメッセージ性、普遍的な妥当性のある情報を発信し、社会に働きかけるという役割に徹するのではなく、親密な空間を構築することで「真正性」を共創するという実践の可能性を示唆していくこととしたい。

そのために「生きるためのテレビ」という企画を取り上げる。自殺予防の積極的な啓発のために開始した同企画は、「シリーズ二〇代の自殺」（二〇一四年九月九日〜一一日放送）とその翌日に特別枠で放送された「生きるためのテレビ」（同月一二日放送）に端を発する。このシリーズでは、二〇代の死因のなかで自殺が最も多かったという統計を踏まえて、国の自殺対策強化月間に合わせて開始された。ただ番組を放送するだけではなく、JR東日本の列車内に広告を掲載するなど、自殺を予防するための積極的なキャンペーンに努めた。そして、「福祉ポータル」とは別に、特設サイト「自殺と向き合う」を設置し、「ツイッター」の投稿も交えながら、視聴者の「死にたい」という気持ちに寄り添う試みとして出発した。二〇二三年現在、この企画のコンセプトは「＃8月31日の夜に。」という企画に継承されている。

誰かが自殺に至る動機は、きわめて主観的なものであり、他者による理解が得づらいトピックではないだろうか。誰を自殺の「当事者」として理解するのかは曖昧であり、どのような問題が人を自殺に追い込むのかも一般化できないほどに多様である。また、報道における取り扱いに注意を要するトピックでもあり、世界保健機関（ＷＨＯ）の定めた自殺報道ガイドラインも広く知られるようになった。[*37]裏を返せば、個別具体的な自殺は事件として報じられることがあるが、自殺という問題自体はメディアでは積極的に扱うことの難しい問題でもある。それでは、そうした「声なき声」の複雑な様相を、「生きるためのテレビ」はどのようにして繋ぎ止め、集合的な「真正性」の体験を生み出すのか。

初期の企画は、希死念慮と折り合い生きることの重要性をメッセージとして押し出す傾向が見られた。たとえば、「生きるためのテレビ」（二〇一四年九月一二日放送）は、オンライン空間に寄せられた声から「死にたい理由」を考え、希死念慮とどのように折り合うのかを考える企画として位置づけられていた。そして、その続編である「生きるためのテレビ2」（二〇一五年三月二四日、二五日）では、希死念慮を抱える性的マイノリティや発達障害の当事者を取材したVTRを放送し、同様の経験をしてきた有名人がスタジオでトークした。この時点では、スタジオトークで、自分自身の体験を綴る視聴者の投稿を紹介したり、出演者自身が過去に抱いた「死にたい」という気持ちを開示することで、「死にたい」という気持ちと折り合うことの重要性が強調されていた。ところが、番組に対する批判も少なからず見られた。たとえば、「ツイッター」上では、「〝生きていることは良いこと〟という結論にはして欲しくない」、「そもそも、死にたいという思いを前向きにする必要がどこにあるんだろう？　なぜ、生きたいと思わせたいの？」といった具合に、番組に最初から生きることを肯定し、誘導する文脈が埋め込まれていることを批判する「声」が聞かれた。相模原事件関連番組で明らかにしたのと同様、規範的で明確なメッセージを打ち出すことと、当事者の多様で主観的な経験に寄り添うことは折り合いが悪い。

その後の、企画における番組の構成には大きな変化が見受けられる。具体的には、スタジオトークやナレーションなどの積極的な意味解釈やメッセージ性を排除し、当事者の経験の語りを黙々と共有する仕方で番組が制作されるようになる。たとえば、「生きるためのテレビ　私が死にたい理由」（二〇一六年五月一八日、一九日）では、「番組では、五月一八日と一九日の二日間、メッセージを寄せてくださった方々の声に、静かに耳を傾けます。」と説明されているように、匿名の当事者が「死にたい」と思うに至った経緯を語るインタビューのみで番組が構成されている。このことは何を示唆しているのか。端的に言えば、スタジオトークやナレーションなど、「送り手」側による具体的な意味解釈を提示し、普遍的なメッセージに集約する過程を留保する。そうすることで、視聴者のあいだで「声」を共有し、共感を連鎖させていくことを促していくのである。テレビは情報を発信する媒体であるだけでなく、同じ時間に番組を放送することで、異なる場所に散在する人びとを繋ぎ止め、共通の出来事を目撃する経験をもたらす。こうした側面を上手く活用することで「真正性」を生み出す企画だったのではないかと考えられる。

放送とオンライン空間の相互作用において重要なのは、情報発信の場としてのテレビ、情報集約の場としてのオンライン空間という棲み分けではないということもわかる。つまり、テレビ番組が特定の時間に放送されることで、オンライン空間における独白や対話が促され、その場かぎりの現実を生み出すというメディア間の相互作用が重要な意味を持つのである。さらに、同企画は国の定めた自殺対策予防月間に合わせて五月に放送される傾向があったが、これも現在では変わっている。「生きるためのテレビ8月31日の夜に。」（二〇一七年八月三一日）は、青少年の自殺が最も多いのが八月三一日、すなわち、多くの学校で新学期が始まる前日であることに着目した企画であり、不登校やいじめを苦に自殺を考える当事者が寄せた「ツイッター」の投稿を生放送で読み上げ、当事者はアバターを用いて匿名状態で出演する。ＮＨＫ放送文化研究所の谷卓生が報告するように、この企画は、夏休み明け前の青少年の不安を、オンライン空間を通じて当事者同士で共有する「居場所」として機能させることを狙ったものである。[*38] この企画では、「行きたくない、やりたくない事は無理にやらなくてもいい」と呼びかける投稿や「八月三一日に、どうしていいかわからなくなったことが、学生時代に一回だけありました」と自分の経験を綴る投稿まで、多様な経験が共有されることとなった。

以上のような、合意形成＝メッセージ性を目指さない番組制作のあり方に目を向けた時に、「声なき声」を解釈し、広く伝達し、社会に働きかけるという直線型で啓発的なプロセスとは異なる戦略がありうることがわかる。すなわち、「送り手」が「受け手」に情報を伝達するという役割に固執するのをやめたとしても、「テレビ的なもの」が依然として重要な役割を担いうるということである。具体的には、共通の時間に異なる場所で過ごす人びとに、「一緒に観る」という共通の経験を提供することで、疑似的な現実感覚＝「真正性」を構築し、人びとを繋ぎ止める力がテレビにはある。そして、「メッセージ性」を退けた時に「声なき声」が「真正」なものとして活性化するという点は、ジャーナリズムを考えるうえで重要である。一般的に、ジャーナリズムには、熟議を通じた合意形成のために、情報を正確かつ速やかに伝達することが期待されてきた。そもそも、メッセージ、意味、規範、論理性を重視するのがジャーナリズムの職業精神だった。しかし、これらに固執せず、メッセージや意味、論理的・規範的な合意形成を退け、ただただ思いを共有し、対話をするだけの空間を生み出すことが重視され始めていると考えることもできる。

4　公共サービスメディアの葛藤——普遍と個別、規範と「真正性」の架橋に向けて

以上の分析から明らかになったのは、ＰＳＭに期待される役割をよりラディカルに考える時、すなわち、情報伝達や啓発だけではなく、個々の視聴者との対話に見出す時に、メッセージ性と真正性の分離が構造的な葛藤として生じることである。この分離を埋め合わせるためには、制作者側も固定的なメッセージを生み出すことを目的化せず、いわば「間違える」ことを前提にして番組を作る必要があり、何年もかけて対話を続けなければならない。「声なき声」の複雑性に対処するためには、「送り手」側にも聞くだけ、作るだけではなく、当事者に問い返す姿勢が必要になる。利潤の追求を抜きにしてこうした複雑な葛藤と向き合うリソースが確保できる点で、ＰＳＭにはそうしたことを実現する可能性があるのだとも言える。そして、それは同時にジャーナリズムを変容させる二つの方向性を示唆するものでもあった。すなわち、第一に、普遍的、規範的な意味を持つメッセージを構築する「送り手」の権限を問いなおすこと、第二に、「テレビ的なもの」の持つポテンシャルを再評価することである。第一の点については、「送り手」には取材を行い、文章や映像を作成する能力だけではなく、「送り手－受け手」の非対称的な関係を変容させながら、対話のための場所を生み出す能力が求められているということである。第二の点については、利用者の低迷するテレビであっても、それが持つリアルタイム性や儀礼性は、ソーシャルメディアと組み合わさる時に、社会統合の力を発揮するとい

うことである。

では、「送り手」はそうした対話においてどのような積極的役割を担うことができるのか。すなわち、投稿された「声」に耳を傾けるだけではなく、対話を促す仲介役として積極的に関わるということはどういうことなのだろうか。そして、そうしたジャーナリズムのあり方を示唆する実践は、公共サービスのような伝統的に制度化された実践にしか見出せないのだろうか。大衆化・娯楽化・商業化が進む傾向において、この二点について考えるための示唆は、実は典型的な「ジャーナリズム」ではない「ポピュラーカルチャー」に見出せるのではないか。そのようなことを次章では検討していくこととする。

第4章　ポピュラー・ジャーナリズムとしてのリアリティTV?
――『クィア・アイ』における「裏側の物語」と連帯の政治

つまり、シンパシーのほうはかわいそうな立場の人や問題を抱えた人、自分と似たような意見を持っている人びとに対して人間が抱く感情のことだから、自分で努力をしなくとも自然に出て来る。だが、エンパシーは違う。自分と違う理念や信念を持つ人や、別にかわいそうだとは思えない人びとが何を考えているのだろうと想像する力のことだ。シンパシーは感情的状態、エンパシーは知的作業とも言えるかもしれない。

（ブレイディみかこ『ぼくはイエローでホワイトで、ちょっとブルー』新潮文庫、九五頁）

1　テレビ的なものと真正性

リアリティTVを「逸脱」として捉えない

本章では、米国のリアリティ番組『クィア・アイ』（ネットフリックス、二〇一八年～現在）の事例分析を通じて、「テレビ的なもの」が相互作用を通じた「真正性」の構築において果たす儀礼的機能を検証し、そこに人びとの日常的な語りを浮かび上がらせるジャーナリズムの可能性を見て取る。前章で取り上げた『ハートネットTV』の「生きるためのテレビ」は、「テレビ的なもの」に意味やメッセージを伝達する機能だけではなく、人と人とを結びつけて居場所を生み出す象徴的な性質があることを示唆していた。この特性を引き伸ばしながら進展してきたのが、「リアリティＴＶ」と呼ばれる現象である。

まず、多くの読者が「リアリティＴＶ」と聞いた時に思い浮かべる具体例が『テラスハウス』（フジテレビ・ネットフリックス、二〇一二年〜二〇年）だろう。大まかに言えば、同番組は期間限定のシェアハウスで展開される、恋愛を中心とする若者たちの人間模様をカメラ越しに観察するという内容で、台本は用意されておらず、基本的に無名の若者が選ばれ出演する参加型番組である。メディア文化研究者のリチャード・キルボーンは、リアリティＴＶを、「個人や集団の生活における出来事を、軽量なビデオ機器の助けを借り、『その場で』、頻繁に記録する」、「そうした現実の出来事を、さまざまな形式でドラマティックに再現することで、シミュレートしようとする」、「適切な編集を通じて、この素材を魅力的にパッケージ化されたテレビ番組に取り入れることで、『リアリティ』の信任を強みとして売り出せる」という特徴から定義しており[*1]、『テラスハウス』は紛れもなくリアリティＴＶの一種である。そして、『テラスハウス』はリアリティＴＶに倫理的な問題が含まれていることも明るみにした。二〇二〇年五月二三日に女性出演者がＳＮＳ上での誹謗中傷を苦にして自殺したことから、最終的に同番組は制作が打ち止めとなった。二〇二一年三月三〇日には、ＢＰＯがフジテレビ側に出演者の精神的負担に対する配慮が欠落していたとして、放送局に対策を求める要望を出した[*2]。国際的には、素人同然の出演者が共同生活を営む様子をありのままに放送し、視聴者による人気投票で敗者を決定していく『ビッグ・ブラザー』（オランダ・エンデモル、一九九九年〜現在）などが世界中にフォーマット販売されている。しかし、日本と同様に、『ラブ・アイランド』（英国・ITV、二〇一五年〜）や『ジェレミー・カイル・ショー』（英国・ITV、二〇〇五年〜一九年）における出演者の自殺など、出演者に対する人権侵害防止への配慮の欠如が問題とされてきた。[*3]

出演者の人権擁護が重要であることは言うまでもない。しかし、リアリティTVを「逸脱的な番組」や「限定的なジャンル」として区別し、批判するだけでは、現代社会全体に現れている現象を見過ごすことになるように思われる。すなわち、リアリティTVの持つ性質は「放送文化」と名指されるあらゆる実践に適用され、発展しているという現状がある。それを踏まえ、リアリティTVのどこに問題があり、そして、どこに「声なき声」の活性化の可能性があるのかを読み解く必要もある。たとえば、リアリティTVには「覗き見」的な要素があるが、これはいわゆる「リアリティ番組」だけの問題ではないだろう。社会学者のレス・バックが「メディアが氾濫するこの情報社会において、私たちは他者の生の見物人になっているのである」と述べるように、[*4]私たちは誰もが、他者の裏側、すなわち「ありのまま」で真正なものを求め、それをみんなで共に目撃するという、ポピュラーな欲望を携えている（第1章参照）。多くの人が「ユーチューブ」で誰かがアップロードする荒削りの動画や「ツイッター」で誰かが吐露する本音に心を惹かれ、没入している。いわば、「リアリティ番組」のみならず、あらゆるメディア実践が「リアリティTV」化しているとすれば、それは『テラスハウス』や放送局の責任だけでなく、社会全体の問題として分析しなければならない。

リアリティTVの本質——疑似的な現実の構築に基づく個人的なものの析出

そもそも放送産業由来の言葉である「リアリティTV」は、「ポスト・ドキュメンタリー文化」[*5]や「ポピュラー・ファクチュアルTV」[*6]と呼ばれることもあり、とても多義的で曖昧な概念である。表面的な特徴としては、視聴者による監視、参加、リアルタイムな状況の進行、ゲーム性、素人くささ、やらせの不可視化・排除などの要素が挙げられる。しかし、本書で取り上げる『クィア・アイ』のように、具体的な構成要素をすべて満たしていなくても、こうした傾向が見られる番組は「リアリティ番組」と呼ばれている。それでは、本書で取り上げる「リアリティTV」の概念的な特徴とは何か。まずはその特性を整理することにしたい。

第一に、リアリティTVは、事実と虚構の区別を曖昧化することで「社会的なもの」を構築する。アネット・ヒルは「実際の人びとに関する娯楽的な番組を幅広く含む包括的なカテゴリー」であり、[*7]「ニュースやドキュメンタリーなどの事実的な番組とゲームショーやソープオペラなどの虚構的な番組の結合」だと説明している。[*8] たとえば、『テラスハウス』の場合には「月9」に代表される恋愛ドラマ（フィクション）とドキュメンタリーを掛け合わせることで、ドラマとは違って実際の人物や出来事ではありながら、ドキュメンタリーよりもドラマティックであるような物語を生み出したと言える。さらに言えば、誰かが脚本を書いているわけではなく（多少の演出は含まれているだろうが）、次の展開が読めないという状況の偶発性・不確実性が、こうした物語を現実味があり、それでいながら夢中にさせるようなものにしている。恣意性が排除されているように見えることは「真正性」を構築するのである。

そして、第二に、リアリティTVが構築する疑似的な現実は、出演者個人の内面を暴き出すために利用される。ジョン・コーナーは『ビッグ・ブラザー』の分析を通じて、「個人的なものを社会的なものから抽出することの難しさ」を「まさに個人的なものを表出させるための独自の社会を構築することで払拭するのである」と述べている。[*9] これだけではわかりにくいので、噛み砕いて説明をしてみることにしたい。従来のドキュメンタリーは、実際の「社会」に目を配らせ、そのなかに滞留している「個人的なもの」に光を当て、切り取ってきた。実際に現場に行き、その場にいる個人と出会い、語りを引き出すというのが定石だった。この場合、現実は客観的・外在的に存在するものであり、メディアが構築するものだとはあまり考えられていない。[*10] しかし、メディアは現実の物理的空間を切り取り、映し出すだけでなく、バーチャルな意味空間を生み出すことで、物理的な空間にも影響を行使するようになった。こうした点について、北田暁大は、メディアが「人の実生活を「疑似イベント」化することによって「現実」の最後の砦であるはずの「内面」にまで侵食してくる」のだと指摘する。[*11] たとえば、自分がメディアに出演することになったとしたらどうだろうか。インタビューなどで少しだけカメラを向けられる「非日常」的な経験であれば、「よそ行きの自分」を演じ、当たり障りのないことを言えばよい。しかし、密着取材や隠しカメラという手法で「日常生活」に入り込み、いつ見られているのかがわからない状態が続けば、出演者は本音や自分自身の内に秘めていたものを曝け出すことを余儀なくされる。そうした特殊な環境の下、ある意味で暴力的に析出された「個人的なもの」を、視聴者は「真正」だと感じるわけである。さらに言えば、有名人や芸能人などのカメラ慣れした人びとよりも、メディア露出に不慣れな人びとの方が「真正」な状況を生み出せることから、リアリティＴＶは積極的に素人を起用する。

リアリティＴＶの背景にある論点――新自由主義と大衆参加の矛盾を超えた連帯は可能か？

以上を整理すると、リアリティＴＶとは、疑似的な現実や出来事を構築し、台本や配役などの確実性を排除し、出演者をその疑似現実に放り込むことで、彼らの個人的な内面を表出させる装置として位置づけられる。そして、こうした性質は、もっと深いところにある政治経済的な構造の変容と関連していると考えられる。米国では、一九八八年に脚本家の組合である「米国脚本家組合」が大規模なストライキを起こすなど、放送局や映画会社とプロの脚本家や俳優とのあいだに利害交渉があった。そうしたなかで、放送局はプロの脚本家や俳優を起用せずに安価で制作できる番組を開拓することで対抗し、脚本がなく、実際の人びとの様子をありのままに捉える番組を生み出した。[*12] そして、これが第一世代のリアリティ番組となった。代表的なのは『全米警察二四時　コップス』（ＦＯＸ、一九八九年～二〇一三年。パラマウント・ネットワーク、二〇一三年～二〇年）であり、本物の警察官の職務に同行し、犯罪者が検挙される様子などを実録するという内容である。日本でも内容はもう少しマイルドだが、各局で不定期に「警察密着モノ」が放送されているのを見かけるかと思う。英国でも、サッチャー政権が新自由主義的政策の一環として推し進めた多チャンネル化により、ＩＴＶとの視聴率競争と大衆化がＢＢＣにも求められるようになったことを背景に、リアリティＴＶが注目され始めた。[*13]

こうした事情を考えると、まず、リアリティＴＶは、放送メディアの自由市場化・大衆化を背景としたコスト削減の産物として位置づけられる。そして、莫大な予算を投じて専門家が組織的に制作してきた、公共性・メッセージ性のある高品質なテレビドラマやドキュメンタリーに比べ、むしろ興味を引くものとして受容される点に特異性がある。付け加えるならば、「リアリティTV」という言葉こそなかったものの、いわゆる「どっきりカメラ」として知られる米国の『キャンディッド・カメラ』（一九四八年〜二〇一四年）など、商業的な番組においてはこれ以前から同様の傾向を持つ番組がある。[*14] 日本では視聴者から選ばれた出演者が芸能界入りを目指して歌唱する『スター誕生！』（日本テレビ、一九七一年〜八三年）、それから素人の女子高生がアイドルグループ「おニャン子クラブ」として出演する生番組『夕焼けニャンニャン』（フジテレビ、一九八五年〜八七年）、最近で言えば『プロデュース101ジャパン』（TBSテレビ、二〇一九年〜）など、素人を起用し、メディア自体が出来事を形作り、彼らを特別な存在＝有名人に仕立て上げる番組は多く作られてきた。

それでは、リアリティTVがなぜただの「逸脱」ではなく、現代の放送文化全体に通ずる問題なのかと言えば、それ自体がある種のイデオロギーを内包しつつ、報道と娯楽のような慣習的な区分を曖昧化し、大衆的な関心をひきつけながら広がりを見せているからである。たとえば、ニック・クドリーは、リアリティTVが新自由主義的な価値観を「遊び」に置き換えて密かに流通させる仕組みになっていることを批判的に指摘する。[*15] 実際、衆人環視の下での個人の人気投票から成り立つ『ビッグ・ブラザー』のようなリアリティ番組には、社会的に成功したり、勝ち抜くためには、自分自身を真正なものとして見せたり、自分磨きをする必要があるのだという新自由主義的、個人主義的な価値観が暗黙に埋め込まれているのである。

他方で、「真正性」の持つ両義的な機能に着目するのであれば、リアリティTVがさまざまな仕方で視聴者との距離を縮め、親密な関係を築いている点にも着目する必要があるだろう。たとえば、スー・ホームズは『ザ・サロン』（チャンネル4、二〇〇三年〜〇四年）を分析し、「視聴者が物語の流れの『生産』に貢献する」と同時に「番組の参加者をその消費者として構成し、生産と消費の境界を曖昧にしてしまう」点を評価している。[*16] 同番組は放送局が実際に美容室を設置し、その美容室に招待された一般人の客に対して、美容師たちが腕を競い合う様子を収録するという構成であり、現実空間とテレビ的現実の境界を曖昧にしている。ピーター・ルントも、リアリティTVは「オーディエンスはもはやコミュニケーションの終着点としての受け手ではなく、家庭からスタジオに移り住み、受信だけでなく生産のプロセスを部分的に形作る参加者として形成されている」ことを示唆するものだと指摘している。[*17] つまり、視聴者は批判的にテクストを読み解いたり、受動的にコンテンツを消費するだけの存在ではなくなり、ポジティブな参加動機を備えた能動的な存在ともなりうるのである。このことは、第3章で詳述したとおり、現在危機に立たされている伝統的な公共サービスが見落としてきた点であり、テレビ実践の「民主化」として理解することもできる。[*18]

だとすれば、「真正性」を構築しながら、「声なき声」を活性化するジャーナリズム実践に対し、リアリティTVは重要な示唆をもたらす可能性もあるのではないか。親密な関係の構築については、素人の「無名性」が「有名性」に転じるプロセスにも着目する必要がある。リアリティTVは素人を上手く活用しているが、同時に卓越性のない「素人」を「有名人」に仕立て上げるテレビの権力性を意識的に活用している。テレビが「真正」なものとして生み出す疑似的な現実において、こうした有名性を備えた何者かが象徴的な役割を担っているのである。たとえば、『虎ノ門ニュース』の分析において先に示唆したとおり、有名人が視聴者の読解の機会を制約してしまうことには批判の余地があるが、同時に「真正」な自己を示す能力が高い者が力を得ていることも確かである（第2章参照）。そこで検証しておきたいのが、以下の点である。第一に、『虎ノ門ニュース』は、有名人が「読解の肩代わり」をしてしまう点で、視聴者参加型の番組だとは言えなかったが、だとすれば、視聴者を「主人公」として位置づけ、有名人と交流するような構成の番組であれば、「声なき声」の活性化に結びつくのではないだろうか。第二に、『虎ノ門ニュース』は日常生活と切り離されたものとして「政治」を取り上げ、虚構的な物語を生み出している点に問題がある。だとすれば、ライフスタイルなどの身近な私的関心から「声なき声」を活性化する番組であれば、日常生活における「私」と紐づく政治的連帯が可能なのではないだろうか。第三に、『ハートネットTV』は複合的な立場にある当事者間の合意の形成（メッセージ性）を急ぐ時に、「真正性」の問題に付随する不和を捨象せざるをえなかった。だとすれば、当事者間の不和から連帯を生み出すことはどのように可能なのだろうか。こうした可能性を検証するうえで興味深い事例が『クィア・アイ』というリアリティ番組である。

2 『クィア・アイ』にみる連帯の兆し

消費の推進から対話の推進への転換？――CATV版とネットフリックス版の比較から

『クィア・アイ』はもともとケーブルテレビ（CATV）局「ブラボー」で二〇〇三年から二〇〇七

年まで放送されていた番組であり、その基本コンセプトとタイトルを継承した新シリーズが、二〇一八年から「ネットフリックス」で配信されている（二〇二三年二月現在、全四二話が配信）。前者を「CATV版」、後者を「ネットフリックス版」と呼ぶこととしたい。どちらにも共通する筋書きは以下のとおりである。まず、ライフスタイルやファッションの専門家として活動する五人のゲイが公募で選ばれ、番組のホストを務める。彼らは「ファブ5」と呼ばれており、「ネットフリックス版」では、アントニ・ポロウスキ（フード・ワイン担当）、タン・フランス（ファッション担当）、ジョナサン・ヴァン・ネス（ヘアメイク担当）、ボビー・バーク（インテリア担当）、カラモ・ブラウン（カルチャー担当）がこの役回りを担当する。ファブ5はオーディションで選ばれているものの、メディアの出演経歴のある有名人である。そして、各話には「ヒーロー」と呼ばれるゲストが登場する。彼らに共通するのは、ライフスタイルが野暮だったり、私生活や社会関係で自信を喪失していたりするが、何かに挑戦をしようとしている人びとだという点である。各回のゲストは知人友人から推薦された一般視聴者であり、ファブ5はゲストを変身させることで、彼らの自己変革を後押ししていくこととなる。こうしたジャンルは「変身ショー（メイクオーバー）」とも呼ばれており、日本では『B・C・ビューティーコロシアム』（フジテレビ、二〇〇一年〜〇三年）、『大改造!! 劇的ビフォーアフター』（朝日放送、二〇〇二年〜一六年）、『おネエ★MANS』（日本テレビ、二〇〇七年〜〇九年）のワンコーナー「美美美ビフォーアフター」などの「ビフォー・アフター」ものとして定着している。

以上が共通するコンセプトであるが、CATV版とネットフリックス版には大きな違いもいくつか見受けられる。まず、CATV版では、審美的な感覚を持つゲイが「ダサ男」を改造するという、ステレオタイプな設定が強調されていたと言える。[19] 制作者のデイヴィッド・コリンズ自身、妻から身嗜みを批判されている夫を見知らぬゲイの集団が擁護し、助言しているのをアートギャラリーで見たのが同番組の着想の契機だったと回想している。[20] 二〇〇〇年代初頭には、性的少数者がテレビのホストとして出演するというコンセプトからして目新しいものであり、たとえば、自身も『ビッグ・ブラザー』に出演した社会学者のラガン・フォックスは、『クィア・アイ』については「ホモセクシュアリティではなく、ヘゲモニックな男性性にリハビリの必要性があるのだという理解に前提を置く」点を評価している。[21] しかし、CATV版には前述した新自由主義的な側面が強く見られる。メディア研究者のキャサリン・センダーが批判するように、同番組は、ゲイの視点を借用しながら、市場化された異性愛規範を前提とし、男性にも女性に期待されるのと同様の自己投資・自己実現のための積極的な消費が必要であるとする「メトロセクシュアル」な価値観を肯定している。[22] いわば、ゲスト出演者が起業家として成功するのを後押しすべく、スポンサーになっている衣類や化粧品を紹介するなど、消費の仕方を男性に教育することで、良き労働者や夫になるように訓練していくのである。[23] 同番組は、消費＝自己投資の推進という商業的意図の下、社会学者の河口和也の表現を借りるならば「高度に可視的かつ消費指向性の高い「ゲイのライフスタイル」[24]」という幻想を動員し、異性愛的ジェンダー規範を再生産するという仕方で、自己実現に成功するか否かは個人の消費者としての審美感覚次第であるという新自由主義的な価値観を再生産しているのである。「ボディポジティブ」を考察したファッション研究者の藤嶋陽子も、同番組について「自分を磨くことは常にポジティブなものとして位置づけられる」と指摘し、そこに内在している権力性を紐解く必要性を示唆している。[25]

ネットフリックス版も、ファブ5がゲスト出演者の私生活に踏み込み、変身させるという形式的な構成には変わりない。しかし、「変身だけじゃない（モア・ザン・ア・メイクオーヴァー）」と謳うように、理念的な面での変化が二点見られる。まず、これはＣＡＴＶ版でも後半から見られた点ではあるが、男性に限らず、女性、ゲイ、トランスジェンダー、身体障害者などのより幅広いゲスト出演者が登場するようになった。また、「ゲイ」と一括りにされていたファブ5もメンバーを一新し、セクシュアリティ以外の多様性も意識している。カラモは黒人、タンはムスリムであり、ジョナサンは厳密にはゲイではなくノンバイナリー（男女の性に還元できない性自認）である。その結果、ネットフリックス版は「ゲイがストレート男性を変身させる」という「同性愛／異性愛」的な二分法を相対化し、より交差性を強調している。そして、ホストとゲストのあいだに新たに設けられた対立関係が「リベラル／保守」である。その制作背景には、二〇一六年大統領選挙による両者の政治的分断がある。ネットフリックス版制作を知らせる二〇一七年一月二五日の予告では「米国が分断され、その将来が不確実に思われる時代に、五人の勇敢な奴らが［……］私たちの距離を縮めようとしている」、「米国を再び素敵にする」、「ビッグ・アップル（訳注：ニューヨークの通称）からやって来て、赤い州をピンク色に染めていく」など、米国全体の政治的分断を架橋することを暗示する表現を多用している。[*26] ＣＡＴＶ版が都市部を舞台にしていたのに対し、ネットフリックス版は保守派の根強い「赤い州」がロケーションのほとんどを占めている。[*27] 二〇二〇年大統領選挙ではジョー・バイデンの妻、ジル・バイデンの草の根募金活動に参加するなど、明確にリベラルな立場を支持しているはずのファブ5が「赤い州」を訪れ、相互理解を深めていくというコンセプトがここでは表明されているのである（表2）。

	CATV 版	ネットフリックス版
背景にある社会構造	新自由主義・消費社会（2000 年代）	ポピュリズム・政治的分断（2010 年代）
強調される対立構造	同性愛／異性愛	リベラル／保守
番組の目標	自己実現（自立）	相互理解・連帯（ケア）
手段	消費的規範の啓発	異質な他者との対話

表 2　CATV 版とネットフリックス版の比較

以上より、『クィア・アイ』は、テレビ的な舞台装置を通じて「個人的なもの」を析出し、（ホストとゲストを問わず）出演者を有名人に仕立て上げ、現実の構築に積極的に介在するのではないかと考えられる。それは非日常的な状況から生じる本音に対する共感を商業的動機から売り出す戦略であると同時に、共感を阻む壁を取り除くという政治的な機能を担いうるものだとも考えられる。その可能性を検証するため、本書では二つの問いに絞り、番組に現れている内容を分析する。第一に、メディアがどのように社会的環境を構築し、相互作用や個人的なものを浮かび上がらせるのかを考察する。第二に、有名人がどのような呼びかけを通じて対話を成立させ、連帯を構築しているのかを考察する。いずれの点も、目的としては形骸化しつつ、番組の基本コンセプトとして用いられ続けている消費生活、自己表現の推進などの要素が、政治的連帯を構築するのに応用されているのではないかという仮説に基づく。これらの点を検証するために、二〇一八年二月七日から二〇一九年七月一九日に配信された『クィア・アイ』ネットフリックス版四シリーズ三二話分を定性的に分析し、同番組に現れる相互作用とパフォーマンスの構造を明らかにし、分断された個人の問題をどのように連帯の物語に繋ぎ止めているのかを考察する。

3　「裏側の物語」を通じた対話と「声なき声」の活性化

通奏する二つの物語——「表向きの物語／裏側の物語」

まず、リアリティＴＶの特徴は、外在的な自然を現実として切り取り、映し出すのではなく、テレビ自体が構築した疑似的な現実を通じて真正な自己を炙り出す点にあった。『クィア・アイ』の場合、そうしたテレビ的現実はスタジオ内に作られる舞台装置ではなく、通常は公に曝け出されることのない私的な領域にカメラが入り込み、視聴者に全体をメタな位置から見回す特権を付与することで成立している。『クィア・アイ』の各回は、ファブ５がゲスト出演者の自宅に向かう道中の車内から始まる。車内では事前にゲストを推薦した人物から渡された情報をファブ５の誰かが読み上げ、思い思いに反応する。そして、ファブ５はゲスト出演者と対面し、自宅のあらゆるところを歩き回り、冷蔵庫やクローゼットの中、洗面台など、それからゲスト出演者の容姿を眺めながら、忌憚のない感想を述べ、明るく茶化してみせたり、話しかけたりする。すなわち、家の中という私事圏を不特定多数の視聴者の衆人環視の下に曝け出すことで、まずは、ゲスト出演者が改善すべき表面的で具体的な問題——たとえば、イケていない服装を改める、食生活を改めるといった課題——を可視化していくのである。たとえば、第二シーズン第七話「旅立ちの時」では、一八歳のピアニストのショーンが登場。

ファブ5は過保護な親の影響で育ったがゆえの彼の古臭いファッションセンスをからかう。

タン：　カウボーイブーツだ。（カラモと二人で笑いながら履かせる）履いてみて？　入った？

タン（別撮り）：　今まで見てきたなかでも最もゲイっぽい。まさに、最高にゲイだ。僕でもこんなの履かないよ。

［……］

カラモ：　みんなでショーンのジャケットを着よう。俺たちは彼のバックコーラスだ。並んで並んで。

ジョナサン：　並んで！（ショーンの弾き語りに合わせて五人で踊りだす）

そして、次の場面では、より奥にある内面的な問題——たとえば、家族との軋轢や離別、自分自身の属性に対する差別、過去のトラウマなどの問題——が引き出されていく。先ほどまでの陽気な家庭内散策とは裏腹に、こうしたシリアスな場面では、ファブ5の主に誰か一人がゲスト出演者と真剣に話をする。たとえば、クロアチア出身の家庭で育ち、亡き親が遺した家で孤独に暮らすケニーがゲストの第四シーズン第五話「たそがれのケニー」では、以下のようなやりとりがある。

カラモ：　ここに来た客のなかでは、俺たちが一番人数が多いんじゃない？

ケニー：　ああ、もちろん久しぶりだよ。正直なところ、気が滅入るんだ。犬が死んだ時はもっと気が滅入った。僕は……いつもラジオをかけるんだ。孤独を紛らわせるためにね。何かが入ってくるように。人と出かけたり、人を助けているときには頑張れる。だけど、ここに帰って歩き回ると、家には自分しかいない。あらためて感じるんだけど、孤独は何よりもキツいね。家の中は恥ずかしいと思っているんだ。だけど、誰も来ない。だから、誰も来ないなら、家をなんとかする必要はあるのか？　というのもあると思う。だけど、ちょっと度が過ぎてる。だから、覚悟はできているよ。

カラモ：　わかった。いろいろと変えたいと思うところがあるんだね。だけど、君は本当にいい人だよ、うん。

このように『クィア・アイ』の特徴は「裏／表」の二重性にある。ゲスト出演者の身嗜みやライフスタイルなどの「表面的な問題」は、孤独や貧困、差別、生きづらさなどの「内面的な問題」の結果として起きた「セルフ・ネグレクト」として位置づけられている。通常のドキュメンタリーでは、当事者の内面的な葛藤や想いを析出したうえで、その背景にある社会的構造の問題を突き止め、社会全体に働きかけることが重視される。第3章で取り上げた「メッセージ性」である。しかし、同番組は「内面的な問題」に関する直接的なメッセージを通じて社会を変えるというよりは、ゲスト出演者自身の生活に関わる「表面的な問題」を変えるように促していく。それは一見すると、「表面的な問題」を「内面的な問題」よりも優位に位置づけ、おいしいものを食べて、自分らしい服を着るという「丁寧な暮らし」を送れば自分を変えられるといったセラピー文化的な言説を通じて、消費による自己実現を促しているようにしか見えないかもしれない。しかし、物語全体の構成を紐解いていくと少し異なる側面も浮かび上がる。

まず、ゲスト出演者は、数日かけてファブ5と外出し、髪を切り、化粧をし、服や家具を買いに行き、食事をしたり、文化的な体験をした後、リノベーションされた自宅に帰宅し、家族や友人の前で生まれ変わった自分を発表するといった一連の非日常的な経験を得る。つまり、人前に自信を持って出られる服装や髪型、あるいは誰かを招くことのできる自宅を用意することで、ゲスト出演者の自尊心や主体性、社会関係を回復させていく。これを「表向きの物語」(消費による自己実現の物語)と呼ぶことにしたい。この筋書き自体はCATV版から引き継がれた基本コンセプトであり、どの回においても予定調和的に進む。そして、ファブ5はゲスト出演者を指南する専門家という権威のある役割を演じることになるし、ゲスト出演者はテレビに出演するのが不慣れな素人として、非日常的な出来事を前に翻弄され続けることとなる。ここでは、ホストとゲストはあくまでも非対称的な関係に留まることとなる。

しかしながら、「表向きの物語」だけを捉えるのではいささか素朴である。実は『クィア・アイ』のリアリティTVとしての本筋は、この「表向きの物語」の合間で同時進行する、偶発的で予測不可能な対話の場面にある。ファブ5が全員揃っているのは各話の最初と最後の場面くらいであり、「変身」の際には各々のメンバーがゲスト出演者と行動を共にすることとなる。たとえば、服を買いに行く時にはファッション担当のタン、食事の作り方を教わりにレストランに行く時にはアントニが同伴する。そして、ゲスト出演者は車での移動中や、アクティビティのあいだの休憩時間中、食事中などの「変身」の合間に、閉じた空間で二人きりで「身の上話」をするのである。こうした場面は、ゲスト出演者の価値観に寄り添いながら自己実現を促すためのヒアリングとしても位置づけられるが、「表向きの物語」とは直接的に関連しない場合がほとんどである。しかし、決められた構成で予定調和的に進行する「表向きの物語」に対し、この「裏側の物語」（対話による自己開示の物語）は真正性のある相互理解を意味づけるうえで重要な機能を果たしている。相互行為を研究した社会学者のアーヴィング・ゴフマンが「表－局域／裏－局域」という概念で説明したとおり[*28]、私たちは、表面的・公式的な態度よりも、相手がありのままでくだけた一面を曝け出した時の方が親密な感情を抱くものである。同様に、リアリティTVは、表面的でベタな物語（「表舞台」）を映し出すだけでなく、その「舞台裏」も併せて曝け出すことにより、「真正性」を生み出していく。そして、ネットフリックス版は「裏側の物語」をメインに据えることで、たんなる「変身」だけでなく、それを超えた政治的連帯を志向しようとするのである。

　もちろん、制作者側が収録時の環境を操作することで、偶然の出来事を誘発することもある。つまり、台本を書くのではなく、演出を通じて「表向きの物語」に「裏側の物語」を引き起こすトリガーを組み込むことで制作者は間接的に権力を行使している。そうした操作が顕著に見られたのが、第一シーズン第三話「パーティー野郎の卒業式」であり、ネットフリックス版の政治志向を象徴するようなものだった。この回でゲスト出演者に抜擢されたのは、ジョージア州ウィンダーに住む白人警察官のコリーであり、トランプが好んで用いる「米国をふたたび偉大にする（メイク・アメリカ・グレート・アゲイン）」（MAGA）というフレーズが書かれたグッズを大量に保有する保守派であることが強調される。当時、白人警察官による黒人の不当と言える差別や殺害が相次ぎ、黒人のあいだで「ブラック・ライブズ・マター」運動が広がり、白人警察官と黒人の関係は張り詰めていた。番組の冒頭ではそうした政治的・社会的対立が前面に押し出されている。具体的には、コリーの元に向かう道中、コリーを推薦した警察官が正体を隠して、ファブ5の車を制止し、黒人のカラモに降りるように指示を出すという不謹慎なドッキリが展開される。その後も不穏な空気が漂い、ファブ5がコリーの持つMAGAのグッズを見てセンスが悪いことを皮肉るなど、予定調和的な対立が設定されている。そして、この回では、カラモとコリーが車で移動する場面がある。そこで、カラモはコリーの同僚が仕掛けた冒頭のドッキリについて、神妙な面持ちで切り出し、いかに黒人が警察に対して怯えて暮らしているのかを語り始める。

カラモ：　これは車から引きずり出される事態になるんだとマジで思った。俺の子どもは免許を取ろうとしたがらないんだ。警官に止められて、撃たれるのを怖がって。俺が言いたいのは、黒人全員が犯罪者だと一括りにされるのは嫌だし、俺たちはそういう風に感じることがあるってことなんだよ。

コリー：　警官も全員が悪者として一括りにされたいわけではない。俺が偏見を持つようになったのはさ……

カラモ：　腐ったリンゴかな？

コリー：　メディアが報じるのは一〇％なんだよ。致命的な暴力を振るう必要のない黒人に対して、過剰な対応をしたり、殺してしまう。少し前にグウィネット郡で事件があったんだ。別の警官が手錠をかけられた男の顔面を蹴っていたよ……それは正しいとは言えないよね。
カラモ：　言っておくけど、君は暴力を振るう警官がいて、そうすべきではないと認めた。それを聞けただけでも安心したよ。
コリー：　良かった。
カラモ：　警察官が一緒になって「じゃあ、俺たちはどうなるんだよ？」と言うのをよく耳にするんだよ。確かにそうだよ、君たちはみんなどうなるんだって。だけど、まあ、俺たちもどうなるんだよって感じだよ。俺たちは同じ痛みを両端から抱えているんだよね。だけど、誰一人としてそれを認めようとしない。
コリー：　どっちもだよね。君がそういう風に感じているなら嬉しいよ。ブラック・ライブズ・マターだったんだね。黒人の声が警官には届かなかったし、警官の声も黒人には届かなかった。俺と君がいまこうしていたみたいに座って会話できれば、社会はもう少し良くなったんじゃないのかな。誰だって話したいのに、誰も聞こうとしないから……
カラモ：　そうだよね、ああ。まったくそのとおりだよ。

ここでは「やらせ」の有無については検証のしようがないため問わない。特にカメラの前で自己を演じることを求められる状況であり、ともすれば、場を収めるために、コリーもカラモも思ってもいないことを言っているのかもしれない。ただ、重要なのは、「裏側の物語」にはその場で対話を促すような社会的な環境を構築し、黒人と白人のあいだの不和を表に出したうえで、相互理解を表象するという機能があることである。

等身大の弱さを自己開示する

ここで、「表向きの物語」における専門家と素人の関係性とは異なる、「裏側の物語」におけるホスト出演者の役割の意味を考察したい。たとえば、『クィア・アイ』における「カラモ」にはカルチャーの専門家としての役割が与えられているが、カラモ・ブラウン本人は別のリアリティ番組『ザ・リアル・ワールド』に二〇〇四年に出演したのを皮切りに有名人となり、HIVに関する支援などを展開する活動家でもある。他のホスト出演者も同様に有名人であり、たとえば、フード担当の「アントニ」ことアントニ・ポロウスキはプロの俳優として映画に出演している。彼らは「表向きの物語」では活動家や俳優などではなく、何らかの専門家としての公式的役割を演じているが、専門家としての地位が実態に即しているわけではない。しかし、「裏側の物語」において専門性よりも重要なのが「有名性」である。先に引用したカラモのように、ゲスト出演者との会話を引き出すうえで重要なのが、「自分自身を演じる」という「真正性」のパフォーマンスであり、リアリティTVの特徴である。有名人はつねに「自分自身を演じる」必要に迫られており、それが「受け手」にとって等身大に感じられるのかどうかが親密性の構築において重要になる。リアリティTVは「親密性を示すことで人間性を開放し、自分自身が適切で善良であることを示す道徳的プロジェクトの一部」[*29]であり、自分自身を演じる主体という要素が対話を構築するうえで重要な機能を果たしているのである。

ファブ5はゲスト出演者の語りに耳を傾けるだけでなく、自分自身の身の上を相手の現状に重ね、時には冷静さを欠いて涙を見せる。たんに専門家として距離を置くのでも、物わかりのよい自分を演じるのでもなく、自らと相手との共通項や差異項を析出しながら、エンパシーを示すことで、相互を対話可能な存在として再定義していく力を引き出す。そうした場面が映し出される場合もある。たとえば、第四シーズン第一話「ひとまず恩返し」では、ジョナサンの母校であるクィンシー高校を訪れ、彼の恩師のキャシーを「変身」させることとなる。ジョナサンは陽気に振る舞っていたが、最後に自分が母校を訪れることを不安に感じていたことを涙ながらに語り始める。

ジョナサン：　ここに来るのをとても楽しみにしていた。だけど、緊張もしていた。クィンシーは、離れてからもずっと痛みのようなものが残る場所だったんだ。ブルーデビル（訳注：クィンシー高校のチアリーディング部）にいたことや、ここでの経験は大好きだけど、とても辛かったから。でも、あなたは、私とか、私みたいな子どものために良くしてくれた。他の子どもたちと同じように私と接してくれた。ＬＧＢＴの人間として、痛いほど、自分が普通であると感じたいし、違う扱いを受けたくないと思った。あなたはいつもそうしてくれた。今週で、私の傷はとても癒やされた気がする。あなたのおかげで本当に感動したの。あなたは誇張なしに人びとの命を救っている、私を含めてね。大げさなことを言っているけれども、だから、あなたには自分自身に恩返しをして、自分が好きなことを続けてほしい。

キャシー：　ありがとう。芸術は泣いたり感動したり、そういう感情をすべて表に出して、私たちを人間らしくしてくれるものを共有できる。そういう素晴らしい、素晴らしい手段なんですから。私たちはあなたのことをこれ以上ないほどに誇りに思うわ。

あるいは、その次の第四シーズン第二話「デキる身障者」では、元ギャングで敵に銃撃されて下半身不随の身体障害者になったウェスリーがゲスト出演者だった。ウェスリーは車いすでの生活を送るなかで絶望していたが、同じく身体障害のある人に向けた活動に取り組み始め、過去の未練を断ち切るために、自分を銃撃した男と話をし、和解する。そんな途中にタンはウェスリーの自尊心の高さを褒めるが、ウェスリーの返答を聞いて涙ぐむ。

タン：　僕らがこれまで出会った人のなかでも君は自信がある。君が何かを得るために僕たちができることと言えば、少しキスをするくらいのことだよ。

ウェスリー：　君たちの自信もたまげたもんだと感じるよ。そこに至るまでは大変だったんじゃないのか？

タン：　実はこの番組が放送されるまでは、家族全員にカミングアウトしていたわけではなかったんだ。最初に何人かの家族に話した時……ごめん……本当に苦労したし、すごく自信がなくなった。「これが僕です。これが僕を表現するものなんです」と言えるようになるのは容易ではなかったんだ。君ならば、その過程を誰よりもわかるんじゃないかな。本当に辛い日もある。だけど、僕は人に影響を与えられる立場にあるんだと思い出した。君もそうだ。

ウェスリー：　俺もゲイの男五人に囲まれるなんていうのは初めてだ。だけど、身体障害者五人に囲まれたことなんてないだろ？

タン：　ないね。

ウェスリー：　俺は障害のある人たちに、人と違うことを求めたり、自分のありのままの姿で快適に過ごしたりしていいんだと伝えているんだ。それがさっき君から感じたことなんだ。共有してくれて本当にありがとう。最高だ。ハグするか？

タン：　ええ、ええ、ハグしよう。

ウェスリー：　良かった。まさに君を通じて自分自身のことを聞いているようだった。

すなわち、ファブ5は、「表向きの物語」では専門家として首尾一貫した見識に基づく助言を行う強い主体だが、「裏側の物語」では自分自身のトラウマやコンプレックスなどの脆弱性（ヴァルネラビリティ）を曝け出しながら対話を進め、自分自身の価値や問題も見直すことのできる柔軟な存在として立ち回るのである。それはゲスト出演者も同様であり、「表向きの物語」では自己変革に向けて前向きに何かに挑戦する強い人物として描かれるが、「裏側の物語」ではファブ5の呼びかけに応じ、思わず自らの弱さを曝け出すこととなる。制作者のデイヴィッド・コリンズは、ネットフリックス版について「私たちはファブ5に自分自身を心から共有するように頼みました。そして、彼らが自分の経験を取り上げ、ショーのヒーロー（訳注：ゲスト出演者）に適用したことで、みんなが心を開き、弱くあることができたのです」と語っている。[*30] こうした制作秘話からも、専門家として権威的に助言をする「表向きの物語」を重視するＣＡＴＶ版とは異なり、ネットフリックス版では、互いが自分自身の弱さを開示し、個々の価値の変容を促す「裏側の物語」に力点を移したことがわかる。

そして、この「裏側の物語」で描かれる相互扶助的、相互依存的な関係が「表向きの物語」で提示される問題の解決に結びつく場合もある。この点において最も秀逸だったのが、第二シーズン第一話「ゲイに神の祝福を」だと考えられる。この話のゲストは、教会の奉仕活動に熱心に取り組む中年女性・タミーである。彼女は奉仕に夢中になるあまりに、自分自身の生活を犠牲にしてしまっており、これが「表向きの物語」の第一の問題として提示される。それに加えて、彼女には、息子のマイルスを教会のホームカミングデーに招きたいという願いもあり、ボビーが資金不足で未完成のコミュニティセンターを手掛けることとなる。ここに「裏側の物語」の芽となる問題がある。マイルスはゲイであり、同性愛を罪とする保守的な宗教規範を理由に教会から疎外されていたのだった。少し文脈を補足するならば、米国の保守的な地域において、教会は地域コミュニティの核となっていることが多く、これはLGBTの地域からの疎外という政治的な問題を引き起こしている。そして、最初の対面の場面で、ボビーは教会に足を踏み入れるのを拒絶する。


ボビー（別撮り）：　これまで宗教や信心深い人たちと接したとき、僕は偏見で見られてきた。

カラモ：　火炙りにされるのを怖がるゲイじゃないんだからさ。

ボビー：　（笑う）

「……」

ボビー（別撮り）：　教会とは関わりたくないんだ。だって、ゲイをとても憎んで、僕たちの基本的な権利さえ撲滅しようとする。そんなのを受け入れるのは無理だよ。

しかし、その後、カラモがマイルスから話を聞いたり、タンやアントニがタミーから本音を引き出す過程で、ＬＧＢＴが宗教に対して抱く不安を確認し合い、相互理解を深めていくこととなる。ファブ5と出会ったことで、信仰と息子のあいだで揺れ動くタミーの意識も変容していく。ボビーはその様子を見て、最後に「自分はどこから来たのかを思い出した。恨みを手放すということだ。クリスチャンを名乗る人が全員いい人なわけではないけど、いい人だってたくさんいるんだと気づいた」とタミーに思いを告げる。その後、タミーはマイルスを教会に招き、紹介し、「すぐ隣にいる人を愛することができずして、なぜ私は神を愛していると言えるのでしょうか」と演説して締め括られることとなる。これは、テレビ的な現実の構築のプロセスにおいて、不和や本音を経由することでこうした一つのメッセージに説得力が加わることの例であると言える。

他方で、同様の戦略が異なる文化圏で有効であるかはさらなる検証の必要がある。『虎ノ門ニュース』や『ハートネットＴＶ』と異なり、『クィア・アイ』は米国の番組である。そのため、こうしたリアリティＴＶの「裏側の物語」が日本社会における「声なき声」の活性化に結びつくのかは批判的な検討の余地がある。二〇一九年に特別編として配信された『クィア・アイ　ウィーアー・イン・ジャパン！』(以下、日本版)では、モデルの水原希子が日本を訪れたファブ5をアテンドし、日本人四名を「変身」させた。タン・フランスは収録後に応じたインタビューで、日本での撮影に対する印象を語っている。

日本の人はなかなか心をオープンにしません。心を閉ざした人たちが多い。アメリカ人のヒーローたちが相手ならうまくいったやり方も、日本人のヒーローには通じません。これまでの番組を観ればわかりますが、アメリカ人はすぐに打ち解けて、感情も隠さず話をしてくれます。彼らは自分の内面を知ってもらいたいと思っています。[*31]

もちろん、このような文化本質主義的な考え方だけには還元できないが、少なくともローカライズにおいて文脈の違いを考慮しなければならない場合もあることがわかる。まず、日本版では、米国人であるファブ5が異国である日本を訪れるというエキゾチックな側面が加わることで、政治的分断よりも日本という外国における問題に焦点が当たる。すなわち、ファブ5自身が発揮すべき、分断や不和の当事者としての等身大の自己開示の姿勢が薄れ、よそ者として問題に切り込むという位置関係に転じてしまうのである。その結果として「表向きの物語」だけが前景化し、「自信のない日本人」に対して米国人が自信を施し、啓蒙するという構図になってしまっているという批判がありうる。仮の話だが、これが日本と米国のあいだに深刻な対立が生じていて、それを乗り越えることを目的とするのであれば、「裏側の物語」が生じる余地はあっただろう。この点の検証については本筋から逸れるので割愛するが、少なくとも「送り手－受け手」の垣根を越えて「真正性」を生み出すには、あなたと私のあいだの不和を確認し、相互に承認するというプロセスが重要であることがわかる。

4　テレビ的なものの透明性、ジャーナリストの有名性

ここまで『クィア・アイ』を分析してきたが、それはジャーナリズムにどのような示唆を与えるものなのだろうか。ジャーナリズムの基本原則は、取材を通じて「時事的な事実」を引き出し、それを報道することで読者の主体的な世論形成を促すことであり、それはまさしく首尾一貫したメッセージを伴う「表向きの物語」として理解できる。こうした物語を構成するうえで、ジャーナリストは主観を排した公式的な役割に徹することが期待されてきた。しかし、今回見てきたような「裏側の物語」ではそうした無私的な役割ではなく、「私」として語ることが「真正性」を生み出すのであり、それは政治的分断を調停する手段となりうるのだということを確認してきた。端的に言えば、「裏側の物語」を構築し、「真正な自己」を構築し、演じることはメディアの実践者が信頼を獲得するうえで重要な戦略となっているのである。ただ、このように描き出すと、肯定的な印象を与えるものとなるが、実際にはもっと割り切れない論点が存在することにも注意を払いたい。リアリティTVは言論を重視する従来のジャーナリズム規範が距離を置いてきた消費社会的な言説に依拠している。たとえば、『クィア・アイ』も「表向きの物語」のポジティブで娯楽的な側面があるからこそ、分断を超えた相互理解という「裏側の物語」が成立し、「裏側の物語」が提示されるからこそ番組全体の「透明性」が「真正」で「売れる」ものとして強調されているのである。それを「言論」と呼ぶべきか否かは悩

ましい点だと言えるだろう。そのうえで、言説的な戦略としてジャーナリズムも「真正性」について考える必要があるということを最後に指摘しておきたい。これは第5章での論点となる。

第一に、リアリティTVに典型的に現れる「透明性」の論理から、ジャーナリズムがどのように信頼関係を再構築できるのかを考える必要がある。そのうえで、近年、ジャーナリズムそれ自体をテーマにしたドキュメンタリーが増加していることは注目すべきである。たとえば、『さよならテレビ』（東海テレビ、二〇二〇年）や『はりぼて』（チューリップテレビ、二〇二〇年）は、「報道」という一連の「表向きの物語」が構築されるプロセスの「裏側の物語」までを描き切ることで話題を集めた。『さよならテレビ』は、情報番組『ぴーかんテレビ』で福島第一原発事故を茶化した「怪しいお米セシウムさん」というテロップを誤って放送した過去を持つ東海テレビの報道局のその後を制作局が取材することで、地方局の問題――経験の浅い制作会社の派遣社員への依存など――を暴き出す群像劇を展開する。『はりぼて』は相次ぐ富山市議会議員の政治活動資金の不正利用をスクープする報道の躍進劇に見えるが、実は政治的腐敗と有権者の無関心を前にした地方局の無力さを示す内容だった。興味深い点は、ジャーナリズムが他の取材源と取り結ぶ閉鎖的な専門職文化に対する内省が、リアリティTV（ポスト・ドキュメンタリー）の「透明性」の論理で遂行され、ある種の共感を招いたことにある。それを、メディアがメディアを争点化し、真正性＝「裏側の物語」への欲望に応えた結果として理解することもできるだろう。

第二に、この『透明性」の論理の氾濫に付随した問題が「有名性」の優位である。冒頭で触れたように、情報源（情報の生産者）とオーディエンス（情報の消費者）の距離が縮まるプロシューマー社会では、ますます「真正な自己」の開示に重点が置かれることとなる。リアリティＴＶが無名の存在を有名人に仕立て上げるのと同様、いまや、ブロガーや「ユーチューバー」と呼ばれる等身大の人びとがオンライン上で有名性を獲得し、発言力を増しており、「ジャーナリスト」も一個人としてＳＮＳで情報発信を始めている。このことについて、『クィア・アイ』の分析からよく理解できるのは、「有名性」、すなわち、誰にとってもその人として識別可能な存在であることを利用しながら、等身大の対話相手として自分自身を演じることの重要性である。旧来の記者は、組織を代表して取材し、一人称を避けて記事を書くことで客観性を構築しており、記者個人の視点に基づく取材や記事は依然として例外的に位置づけられているが、今後はより個人の視点から書かれた記事が説得力を持つのではないかと考えられる。

他方で、こうした非公式的な自己を曝け出すことが、苛烈な「ケア労働」や「感情労働」を伴う点に注意をしなければならない。特にＳＮＳの普及により実名で活動することのリスクはむしろ深刻化している。本章冒頭で説明した『テラスハウス』の事件のように、リアリティＴＶの氾濫は、有名人に対して視聴者にとって好ましい自己を絶えず演じることを要請し、それに失敗した時には誹謗中傷を受ける恐れもある。たとえば、記者の伊藤詩織が性被害という自分自身のトラウマを告発したことは、「#MeToo」運動を駆動させる契機となったが、その代わりにＳＮＳで多くの誹謗中傷に曝され、名誉を不当に棄損されている現状がある。当事者自らがこうしたジャーナリズムの主体となることは、本人のプライバシーを犠牲にする状況も招くのである。この点については「受け手」とされる消費者の問題も併せて考察しなければならないだろう。取材対象の権利保護が問題とされてきたのと同様、メディアがメディアを捉える「裏側の物語」の増殖は、ジャーナリスト自身が私的個人として持つ権利の保護という問題を引き出す。次章では以上の観点を踏まえて、ジャーナリズムの「送り手－受け手」について考えてみることとしたい。

第5章　ジャーナリズムの境界線を引き直す――対話の場を紡ぐための役割

日本人が外に向かって（他人に対して）自分を社会的に位置づける場合、好んでするのは、資格よりも場を優先することである。記者であるとか、エンジニアであるということよりも、まず、A社、S社の者ということである。また他人がより知りたいことも、A社、S社ということがまず第一であり、それから記者であるか、印刷工であるか、またエンジニアであるか、事務員であるか、ということである。

（中根千枝『タテ社会の人間関係――単一社会の理論』講談社現代新書、三〇頁）

1　ジャーナリズムの専門職的役割の変化？

これまで「ジャーナリズム」としては一般的に扱われることの少ないメディア実践を分析してきた。いずれも「声なき声」の活性化にかかわる実践であるというだけでなく、従来の新聞やテレビ・ニュースとは異なる「送り手と受け手の相互作用」のあり方を示すものである。それでは、この相互作用的な性質に目を向けた時にどのような示唆が得られるのか。本章では、現代社会では「何をジャーナリズムとして理解すべきか」という大きな問題を掲げ[*1]、「ジャーナリストにどのような役割が期待されるのか」を再定義する。

ジャーナリズムは、報道記者や編集者を主な担い手とする専門職（プロフェッショナル）的な実践として、芸術、娯楽、宣伝などの他の文化実践から区別され、新聞、雑誌、ニュースの記者や制作者などの限られた「送り手」から構成されるものとして理解されてきた。[*2] 送り手／受け手の区別を前提とするために、ジャーナリズムの主体性や責任は「送り手」側だけの問題として議論されがちであり、「送り手」側が報道／娯楽の区別を前提とすることで「何が（「本物の」）ジャーナリズムであるのかを定義する能力」[*3]を独占してきた側面が否めない。しかしながら、周知のとおり、情報革命を通じてメディアの利用者は多様化し、ジャーナリストの専門職的地位も安定したものではなくなりつつある。メディア空間では「個人的な問題」と「公共的な問題」が区別なく発信され、共通の関心が失われてきた。それにかぎらず、ポストモダン的な視点から社会を分析するならば、理性、啓蒙、ロゴス、専門家、官僚制、イデオロギー、国民国家などの進歩的な想像力は、以前ほどの正当性を持たなくなってきた。[*4] ジャーナリズムにしてもその民主主義的意義が相対化され、それ以外の大衆文化（ポピュラー・カルチャー）と明確に区別されなくなった。たとえば、『虎ノ門ニュース』は「ニュース」と名乗ってはいるものの、娯楽番組の制作経験に基づき制作されており、独自の報道機能を備えたニュース番組だとは言えないのであった（第2章参照）。こうしたなかで、「ジャーナリズム」と「ジャーナリズムではないもの」を区別する境界線が社会全体で共有されず、喪失しつつあることが実践者と研究者が取り組むべき課題となる。[*5]

　カテゴリーが曖昧になるなかで「ジャーナリズムとは何か」を問いなおす必要が生じているが、これは目新しい問題でもない。明治初期の日本では、庶民向けに娯楽記事を掲載する「小新聞」と、政論を積極的に掲載する「大新聞」が区別されていた。しかし、資本主義社会の進展においてその区別は失われ、議会の動向から天気予報まで、大衆的な関心を網羅的に掲載する今日の新聞のスタイルが定着した。戦前、哲学者の戸坂潤は、大新聞が「政治的なもの」を犠牲にして「市井的なもの」に移行したことで、「ジャーナリズム」が資本主義的なイデオロギーを隠蔽するものに変化していると批判した。[*6] その後も、一九六〇年安保闘争で大手新聞七社が共同で「暴力を排し議会主義を守れ」という「七社共同宣言」を掲載すると、各社横並びの中立な立場が問題とされた。[*7]「ジャーナリズム」は時代や文化に応じて異なる仕方でイメージされてきたし、報道記者の「サラリーマン化」の進行に応じて、「ジャーナリズム」という言葉が用いられる場面も限定的になっている。現代の日本社会にジャーナリズムはあるのかと問う者もいる。しかし、ジャーナリズムが失われているように見えるとしたら、それは権力監視や客観報道などの本来的な役割をジャーナリズムが果たせていないからではなく、「ジャーナリズムとは何か」をめぐる合意がすでに失われているからではないだろうか。ここではそのように考え、何を「ジャーナリズム」として取り上げられるのかをあらためて考えたい。

それでは、どのように再考すべきなのだろうか。本章では、「ジャーナリズム」を新聞記事やテレビ・ニュースという枠を超えて再発見・再定義することの意義を述べ、そのために新たな「送り手－受け手」の関係を読み解く必要性があることを論じる。そして、これまでの事例分析の整理を通じて、ジャーナリズムが「声なき声」の活性化の実践であるためには、ジャーナリストが「受け手」側にとって等身大の存在として「対話」に加わり、「対話」の場を生み出していく必要があると結論づけ、その問題点についても批判的に取り上げる。

2 「送り手－受け手」の相互主体を再検討する

能動的な読解から相互作用的なつながりへ

「送り手－受け手」という単方向的な関係を見直す必要性を先に述べた。言い換えれば、受動的なものとして思い描かれてきた「受け手」の行為主体性を、今日のメディア環境と関連づけて考え直す必要がある。一般的な印象において、テクストやコンテンツを生産するのは「送り手」であり、「受け手」はそれを見るだけの大衆である。しかし、学際的に文化的事象を分析しようと試みるカルチュラル・スタディーズ（CS）は、「送り手」と「受け手」のあいだ、あるいは「受け手」同士の相互作用が、意味の生産に積極的に寄与していることを指摘し、大衆的な文化を紐解く必要性を提示してきた。CSの古典的な議論として広く知られるのが、スチュアート・ホールの「能動的オーディエンス」である。ホールによれば、テレビ・オーディエンスは情報を受け取るだけではなく、自分自身の階級や主体位置に即してさまざまな意味を与えている。それは、「送り手」側の意図に反する仕方で行われることもあり、そうして生み出された意味の多様性が「政治的なもの」を顕在化していく。[*8] ジェームズ・カランも、こうした意味の多様性が政治的な議論を生み出すと考え、メディアは中立公平の立場から正確な情報を媒介するだけではなく、社会における利益の競合を積極的に取り上げ、交渉を促す空間としても機能するのではないかと指摘する。[*9] 以上の議論を踏まえると、「受け手」はそれほど受動的なわけではない。むしろ、自分なりにメディア・テクストを読解することで、多様な意見を浮かび上がらせ、公共的な議論を行う能動的な側面があるとも考えられる。それゆえに、民主主義におけるメディアの位置づけを考える際、「送り手」側にも、正しい情報を客観的に伝えるだけではなく、「受け手」の多様な解釈を呼び起こし、議論の土台を構築できているかを考える必要が生じる。

他方で、「受け手」がここまで主体的にテクストを読解していると言えるのかについて疑問も残る。ホールは英国における階級や人種に問題の焦点を置いている。それゆえに、「能動的オーディエンス」が各々の階級や人種などの背景からテクストを読解しているとする。しかし、私たちはテレビや新聞を見る時に、それほど能動的に意味を考えたり、議論を交わしたりしていると前提できるのだろうか。「能動的オーディエンス」の「主体位置」があくまでも階級や人種に基づき想定されたものであることを疑問視しながら「受け手」の可能性を検討したのが、大衆文化やタブロイド紙の研究で知られるジョン・フィスクやコリン・スパークスである。[*10] 大衆は総中流意識に基づく没個性的で受動的な態度により特徴づけられ、公共的な問題に対する関心が希薄な存在として思い描かれてきた。みんな同じであると考え、階級や人種に対する意識も希薄である点で、理想化された市民のイメージからは懸け離れている。

すると、私たちは、主体的にテクストを読解し、自分なりに解釈するという強い意識でメディアに接するのではなく、なんとなく目についたものを気晴らしに眺めているにすぎないのではないか。そうした問題意識を踏まえ、スパークスは、大衆は自分自身の主観的な真正性の感覚や「大衆的なものの感性」に直接的に訴えかける「読解の可能性」を選択し、消費しているのだと指摘している。[*11] このことはすでに第2章の『虎ノ門ニュース』の分析でも見られた光景である。自分自身が快楽を覚えるような出来事の解釈を提示してくれる出演者を選択し、嫌いな出演者の放送回は視聴しないという選択を通じて、視聴者は消費者として力を行使している。スパークスは大衆の選択的消費が「大衆的なものの対抗コンテンツを生み出し、商業文化の商業的論理を転覆できる」と前向きな見解を示していた。[*12] しかし、大衆文化が「商業文化の商業的論理」に依拠して生み出される以上、大衆文化がその対抗策になるのかどうかは、問い直さなければならない点である。すなわち、より共感可能で面白いものを消費する欲望は、それ自体が商業的論理と結びつき、権威に従属的で、受動的な態度を強化する結果に終始してしまう恐れもある。

共通の関心について他者と議論を交わす市民としての主権ではなく、「何が好きか／嫌いか」といった消費者主権の方が力を得る社会において、コミュニケーションを通じて多様な「声なき声」を拾い上げる試みはますます困難に陥る。「何が言われているのか」という理屈よりも、「誰が言っているのか」「どのような言い方か」などの感情面での評価が優先されるようになる。情報を伝えれば、あとは市民が主体的に判断を行い、理性的に議論を交わし、洗練された世論を構築してくれる。こうした前提の下で民主主義は制度化され、ジャーナリズムの職業規範も構築されてきた。しかし、自分自身で主体的に物事を読み解く力を「受け手」から奪い、何かに従属させ、依存させることで収益を得るメディア文化の商業的な構造は深刻なものとなっているのである。もう少し身近な例から説明するならば、コンテンツの意味内容を読み解き、そこから何らかのメッセージや主張や意見を浮かび上がらせる批評的な営みよりも、直接的な「投げ銭」（ライブチャット中の配信者に金銭を送ることで自分の投稿を目立たせる仕組み）などを通じて、対象を経済的に応援し、崇拝するというファンダムの消費行動の方が幅を利かせている。こうした状況を眺めるならば、「強い主体性」を持ったオーディエンスというイメージはますます現実に適さないものだと言える。

その背景には「つながり」に対する過剰な渇望もあると考えられる。ソーシャルメディアは遠く隔たった他者と密につながり、気軽に承認欲求を満たすことを可能にしたかのように見える。以前ははるか遠くの存在だった有名人も身近な存在になり、自分自身の言葉に反応したり、存在を認知してもらえるようになる。もちろん、そうした消費行動自体には悪い面もあるし、良い面もある。度を過ぎれば問題になることは確かだろう。「誰かとつながりたい」とか「自分のことを認めてほしい」といったありふれた心情は、しばしば経済的な利潤を生み出すために煽られ、利用されてしまう。自分自身の私生活を犠牲にしてまで、過剰な消費をしてしまうような状況が問題であるのは言うまでもない。いわば、双方向性を標榜していたはずのソーシャルメディアは、オーディエンスの「声」に活力を与えるばかりか、主体性を奪い去ってしまうリスクにも開かれているのである。

とはいえ、主体性の基盤であるローカルなつながりの感覚が失われる現代社会において、オンライン上の「つながり」を紡ぎ出す大衆文化の活力は無視できない。本書が問題とするのは、民主主義に必要とされる人びとの主体性の欠如ではなく、いかにして主体形成を促し、「声なき声」を活性化するのかだった。そして、「つながり」が追い求められる状況は、相互依存を通じた主体化のプロセスを描き出す可能性にも開かれていると言える。宗教社会学者の小池靖はネットワークビジネスや自助グループなどの「セラピー文化」を分析し、新自由主義やグローバル化に適応する「強い自己」を志向するセラピーだけでなく、「『弱い自己』を肯定する言説」も出現していると指摘する。[*13] 第4章で見た『クィア・アイ』は「表向きの物語」と「裏側の物語」を共存させており、まさにこうした「セラピー文化」の二面性を浮かび上がらせていた。つまり、その「表向きの物語」は、自分自身を磨き上げ、強い主体性を備えることを目指す自己啓発的な内容だったが、「裏側の物語」は「弱い自己」を相互に承認していくプロセスとして位置づけられる。それは、出演者自らが自己開示をすることで真正性を構築し、自分自身の問題を掘り下げ、他者に表現する、「声なき声」の活性化のプロセスを切り開こうと試みる実践として評価できるものだった。すると、大衆文化が市民の理想的なイメージを解体しているとする理解はいささか素朴であり、むしろそれはジャーナリズムが見落としてきたものを辿るヒントを与えるもののように思われる。いわば、強い主体性を持つ市民を前提として呼びかける従来のジャーナリズムの規範から少し離れてみた時に、呼びかける自分自身も呼びかけられる相手も共に主体化の過程にあるような存在として相互に承認しあうようなジャーナリズムのあり方が見出されるのではないか。

さしあたり、「受け手」の理解を再考するところから始めた。「受け手」がさほど能動的ではなく、他者とのつながりを求める相互依存的な存在であることは、「声なき声」を「声なき声」に留め置き、依存させる方向にも、弱さを相互に認め合うことで「声なき声」を活性化していく方向にも開かれている。それでは、後者の方向に舵を切りたいならば、ジャーナリストのような従来の「送り手」にはどのような役割が期待されることとなるのか。次はこの点を考えてみたい。

等身大の対話相手としてのジャーナリスト

ここで、「送り手」と「受け手」、言い換えれば情報の生産者と消費者を区別する見方が、情報社会を考えるうえで古びたものとなっていることも指摘しておくこととしたい。「生産者」と「消費者」が厳密に区別されてきた時代とは異なり、今日では「生産」と「消費」を兼ねた「生産＝消費（プロサンプション）」が広く浸透している。[*14] 身近な例で言えば、ショッピングサイトの利用者は商品を購入し、レビューを眺めるだけでなく、商品購入のデータを企業に提供し、時には無償でレビューを提供する。すなわち、情報基盤を消費しつつ、情報を生産しているのである。

このことはオンライン空間において幅広く見られる現象である。たとえば、『ハートネットＴＶ』の視聴者の場合、一人でテレビを見て、生産されたコンテンツを受動的に消費するのではなく、自分自身の経験や問題を他者と共有する「能動的な生産＝消費者」として扱われている。ここで「生きるためのテレビ」の戦略にも見られたとおり、テレビは「送り手」が「受け手」に対してメッセージを伝える媒体というよりも、「送り手」や「受け手」の区別を曖昧にしながら相互作用を引き起こすトリガーとして位置づけられる。そのため、ジャーナリストの役割も、情報を伝えるというよりは相互作用を促すものに変化してくる。こうした視点の転換の重要性は他にも指摘されている。たとえば、ジャーナリズム研究者のツヴィ・ライヒは、ジャーナリストの「専門知」を、取材などの情報源との相互作用だけでなく、オーディエンスとの相互作用を通じても構成されるものとして位置づけなおした。[*15] ジャーナリストは自らを取材のプロとして位置づけ、自分自身の取材してきた分野の専門家に転じる者も多い。しかし、こうした職業的な専門性が、オーディエンスや情報源との対等な関係を阻む恐れもある。すなわち、専門知に裏づけられた正しい事実を伝えるという役割ばかりが強調され、「受け手」は一方的に呼びかけられる対象として扱われる。そうした姿勢では、不確実な出来事や争点について個人の「間違っているかもしれない」意見や感覚を示しあい、相互理解を深めるようなコミュニケーションの場を生み出すのは困難になる。

それでは、旧来の「送り手」と「受け手」の双方が、共に主体化の途上にある等身大の存在として信頼関係を結ぶような「ジャーナリズム」はどのようなものか。本書で取り上げた三つの事例は、いずれもジャーナリズムが伝統的に保持する中立公平や客観性などの専門職的規範から距離を置き、「真正性」を構築することで正当性を追求しようと試みる点で、この点を深堀りするのに適切なものである。しかし、「送り手」側（制作者やホスト出演者）が「受け手」側（取材源や視聴者）とどのような関係を構築したのかについては、それぞれ異なる傾向を持つ。それを整然と分類するのは難しいが、ここではそれぞれの事例分析から得られた知見を振り返りながら、「解説」、「合意」、「対話」という三つの傾向に分類してみたい（表3）。

まず、伝統的によく見られる光景が「解説」である。『虎ノ門ニュース』は、有名人に報道記事の「読解」を肩代わりし、解説をさせている。これは典型的なワイドショーの形式であり、先ほども指摘したように、視聴者を受動的な存在に帰す点で「声なき声」の活性化には結びつかない。すなわち、視聴者自身が日常的に接する主観的な経験を公共的な議論の場に繋ぎ止めるものとしては機能していない。そのかわりに、出演者自身の政治的な主張に、視聴者の不安や不満といった感情が繋ぎ止められ、大きな敵対性の物語を生み出している。ここで問題となるのは、出演者自身の主義主張の内容だ

	解説	合意	対話
典型例	『虎ノ門ニュース』（第２章）	『ハートネットTV』（第３章）	『クィア・アイ』（第４章）
理論	闘技民主主義（敵対性に基づく集合的アイデンティティの構築）	熟議民主主義（合意されたメッセージの形成と異議申し立て）	対話型民主主義（相互依存的関係を通じた価値変容）
主体（化）	送り手側（出演者）	受け手側（視聴者・当事者）	送り手－受け手の相互作用
葛藤	敵対性	複雑性の表象	感情労働
自己	強い自己	—	弱い自己

表３　本書における３つの事例の関係性

けでなく、「解説」というスタイルに備わる非対称的な権力関係である。反権威的でありながら権威的であるオピニオン・リーダーが、何か物事を「正しく」解説するというスタイルは、マスメディア・ジャーナリズム全般においてよく見られる光景である。しかし、カリスマ的な「送り手」が「受け手」を正しい方向に導こうとする啓発的な姿勢は、繰り返すように、「受け手」の主体性を損ねる結果に終始する。たとえば、ジャック・ランシエールは『無知な教師』において「説明の論理」を批判する。すなわち、知性の平等を志向するはずの教育制度が、教師と生徒の「教える／教えられる」という不平等な権力関係をかえって固定化し、生徒が本来持つはずの主体性を損ねてしまう。[*16] 同じことが、従来の「送り手」と「受け手」の関係にも当てはまるのではないか。

それでは、オーディエンスの主体性を尊重する関係の構築のあり方としてどのようなものが考えられるのか。まずは「受け手」間での「合意」の形成を目的としたコミュニケーションの導入である。『ハートネットＴＶ』は、さまざまな「生きづらさ」の当事者が自ら「声」を上げられる環境を、オンラインで生み出し、「声」を集約してメッセージとして束ねることで、地上波で放送される番組の力で社会全体の認識に対して働きかけようと試みる。しかしながら、その挑戦はときに困難に直面する。相模原障害者施設殺傷事件はこのことを典型的に示していた。すなわち、「合意」に集約するにはあまりに視聴者間の意見や立場が異なりすぎる時がある。こうした場合に、「送り手」に要請される役割は二つあった。一つは、オンライン空間を「声」を収集する機会として利用するだけでなく、自らが呼びかけながら「受け手」同士の相互作用を促すという積極的なものである。これは公共放送からPSMへの転換を考えるうえで重要な役割であり、社会全体において合意された意識や価値観を書き換える可能性を持つ。もう一つは、当事者間の潜在的な立場や意見の違いを規範的なメッセージで覆ったり、対立を煽ったりはせず、安心して「声」を上げられるように聞き役に徹するというものがある。いずれにせよ、合意を志向しすぎれば、差異が不可視化される恐れがあり、対立を意識しすぎれば、やはり差異が抹消されるおそれがある。

ここで、対立と排除のどちらにも傾かない仕方で、むしろ個人が直面する多様な立場を浮かび上がらせると考えられるのが「対話」である。すなわち、相互の違いを認識する過程において、互いの持つ主観的な価値観が緩やかに書き換えられ、多層的なものになることが、「声なき声」の活性化において重要なのではないか。『ハートネットTV』の「#8月31日の夜に。」で、「送り手」はメッセージ性（合意）を放棄し、視聴者からの投稿に対して積極的な意味づけを回避し、ただ「受け手」が寄せる語りに静かに耳を傾けていく。「受け手」の側も、他者の語りに耳を傾けながら、自分自身について考え、語る。このように、意味解釈を行う市民という理想像が説得力を失い、他者とのつながりが欲望される状況を前にして、「対話」は「声なき声」を活性化する営みに開かれているのではないかと考えられる。

3 「真正性」の政治における自己演技――ジャーナリストの直面するジレンマ

「私」として語ることの重要性

本書の事例分析からわかるのは、「声なき声」を活性化するには、「解説」から「対話」への転換が重要だということである。それでは、ジャーナリストはどのように「対話」の営みを生み出せるのだろうか。それを端的に言えば、自分自身の私的な側面を切り捨て、匿名の存在であることを止め、むしろ有名人のように「私」自身を演じていく、ということである。かつてであれば、「送り手」は基本的には匿名であり、「受け手」の側も誰がその記事を書いたのかなど気にも留めなかった。報道記者の多くは、組織（新聞社・放送局など）や制度（記者クラブなど）に属する匿名の一員として、あるいは、不偏不党・中立公平という職業倫理を内面化した第三者として、無色透明な観察者に徹してきた。情報発信だけではなく、取材活動においても、伝統的には情報源に対して距離を置き、中立に物事を描き出すことが求められてきた。

この職業規範に対する批判は目新しいものではない。玉木明は、新聞記事の言語的特徴を「無署名性言語」と呼び、記者の言葉から一人称（私）が排除されていることを批判的に分析した。[*17] 玉木がこうした指摘をしたのは一九九〇年代のことだが、誰もが個人として情報発信をする時代になってもなお、署名記事や記者個人のSNSの活用は限定的なものに限られるようである。新聞社や放送局の持っていた組織的な権威性が失われるなかで、「私」として他者と関係を構築することがますます重要になっている。「公」の立場に徹する姿勢は、近代社会において幅広く見られるものだった。個人がどのように物事を考えようとも、会社では会社員としての立場に徹するべきだ。こうした職業観は、ありふれた「サラリーマン」的な感覚であり、新聞記者や放送記者においても例外ではない。自分自身としてではなく、〇〇新聞社の者として取材を行い、〇〇新聞の看板を背負って記事を出す。記者はそうしたルーティンのなかに自らを位置づけながら、記者としての職業的アイデンティティを構築していく。しかしながら、自らの生活を犠牲にしてでも、取材に徹するべきだという職業観は「送り手」の世界から、記者としてではない、一人の生活者である「私」としての経験を締め出してしまうことになる。

こうした「ライフ・ワーク・バランス」の重要性については、ジャーナリズムに限らず注目されている。育休取得の推進など、緩やかではあるものの変化は生じてきている。ここで指摘しておきたいのは、「私」的ではないものが真正ではなく、説得力を持たないメディア環境において、主流のジャーナリズムが無私な姿勢のままで正当でいられるのかは考える余地があるということである。洗練されておらず、未熟な「私」を職場に持ち込まない。こうしたストイックな姿勢から生み出される専門職アイデンティティでは、「私」同士の相互作用を通じて「対話」を促すことは難しい。少し視点を変えるならば、私たちはいかに自律を保っているつもりでも、それは誰かに支えられたり、支え合ったりすることで辛うじて可能であることが多い。その意味で、自律とは虚構めいたものである。心理学者であるキャロル・ギリガンの「ケアの倫理」[18]は、まさしく自律の対極にある依存の価値を評価するうえで、重要な視点である。ギリガンは、男児と女児に倫理的なジレンマの解消法を尋ねた。すると、男児は何が普遍的な正義に適うのかを考えて判断したのに対し、女児は他者との関係性、相互依存性、共感に基づき判断を下した[19]。当時の価値観では、前者の方が感情にとらわれない理性的で成熟した判断であるとされ、後者は自分自身で判断を下せていない未熟な姿勢であるとされてきた。しかし、ギリガンは女児の応答も十分に成熟した倫理観であると考え、男性中心の社会で軽視されてきた関係性や相互依存性の側面を評価していく[20]。

自律を重視するジャーナリズムの職業観を「真正性」の政治との関連で再考するうえでも、ケアは有用な考え方である。林香里はこの「ケアの倫理」をジャーナリズムの倫理を見直すために導入し、取材源や読者との相互依存に基づく「ケアのジャーナリズム」のあり方を提唱した[21]。ここで重要なのが、取材対象から距離を置くのではなく、取材対象に寄り添う姿勢を通じて「声なき声」を積極的に拾い上げる必要があるという指摘である[22]。林も参照した、河北新報社での勤務経歴を持つジャーナリストの寺島英弥は「記事の匿名性に守られた従前の記者の立場［……］を脱し、署名やアクセス先を記すなど記者自身が「個」をさらし、自らも同じくヴァルネラビリティをもつ存在として読者に自らの視点、関心を常に知らせること」が重要ではないかと指摘している[23]。すなわち、自分自身を読者と同じく傷つきやすく、弱さを抱える「私」として示すことが重要であり、私生活を犠牲にして働く従来のジャーナリストの理想像を問いなおす必要も生じてくる。もちろん、自律した判断は悪いことではない。むしろ、公権力からの自律が問われる場面は依然として多い。しかし、自律と結びつく専門性だけではなく、傷つきやすさや弱さのような、個人が日常生活の内側で抱くようなものが「真正性」の構築において重要なのである。

まさに『虎ノ門ニュース』の論客たちは、個人の持つ専門性を強調していた。彼らは専門的な知識を保持し、主体的にニュースを選択し、自分自身の考えを積極的に述べることで、強さを誇示していた。その反面で、「私」としての語りを織り交ぜ、人間味のある存在として自らのイメージを構築する術にも長けていた。『クィア・アイ』のファブ5は、こうした戦略を政治的な差異を持つ人びとを架橋し、日常的な苦労や悩みを分かち合う連帯を実現するために用いていた。彼らは「表向きの物語」では、自分自身の判断でコーディネートを自在に提案する優れた専門職を演じている。しかし、カメラが張りめぐらされ、不確実で何が起こるかがわからない「裏側の物語」では、「表向きの物語」で配役された「専門家」としての役割を捨て去り、等身大の人間として持つ弱さを曝け出し、相手に対して自分の問題を投げかける。こうして構築される対話的な関係は、呼びかけられる相手の主体化を促していくこととなる。いずれの場合にも、オーディエンスという不特定多数の他者に向けて、個人が自分自身の等身大の内面（裏側）を開示することが、「真正性」を構築し、親密な関係を育むのだと言える。そして、多様な意見に耳を傾けるために、開かれた対話の場に自ら歩み出し、分断を乗り越えるためには、専門職性や自律性を強調するのではなく、他者との関わりのなかで脆弱性を開示する関係的なアプローチが必要とされるのである。

「真正性」の自己演技におけるジレンマ

このように自己開示の役割に着目してジャーナリストに求められる役割を再考しなければならない。しかし、ここで少し根本的な問題が残ることとなる。自分自身の私的な側面を公に曝け出すことを職業のあり方として求めるべきなのだろうか。俳優やタレント、インフルエンサーなどの「有名人」は、等身大の自分自身を演じ、そうした活動から収入を得ている。しかし、二〇二〇年に視聴者から誹謗中傷を受けた『テラスハウス』の女性出演者が自死した事件があったように、有名性を職業とすることは人間の尊厳を脅かす結果を招く恐れもある。ジャーナリストに「ありのままの自分自身を演じる」ことが期待され、この役割を遂行することで「受け手」とのあいだに対話的な関係性が生み出される可能性があるとしても、それを諸手を挙げて良いものとして描き出すわけにもいかない。ここにはジレンマが残ることとなるのである。

このジレンマを理解するうえで重要な概念が「感情労働」である。社会学者のアーリー・R・ホックシールドは、航空会社の客室乗務員などに対する聞き取り調査を通じて、自分自身の感情を高度に管理し、相手が自分に対して求める役割を、裏表のない自分自身として演じるために表情や身体所作を調整する労働形態を「感情労働」と定義した。[*24] たとえば、客室乗務員は割り当てられた仕事だけでなく、乗客を快適にするために心の底からの笑顔を自然なものとして作らなければならない。こうした「心の商品化」は精神的な負荷の大きい労働であり、それゆえに高い経済的価値を有するが、第三次産業（サービス業）の増大に伴い、いまや幅広い職種で見られるようになった。ホックシールドは、ライオネル・トリリングの「真正性」の議論（第2章参照）を踏まえ、「本来性や「自然な」感情に置かれる価値は、その反対のもの――管理された心――が完全な出現を遂げたときから、劇的に上昇しているのである」と指摘する。[*25] すなわち、「真正性」が他者に向けて演じられ、構築されたものにすぎないからこそ、「本当のその人自身」という幻想が際限なく追求され、消費されることとなる。相手に等身大で寄り添い、対話の場を紡ぎ出すために自分自身を曝け出す役割がジャーナリストに求められるのであれば、それはまさに「ジャーナリズムの感情労働化」であると言える。

こうした「感情労働」は、主に女性に割り当てられてきた「ケア労働」の範囲と重複することとなる。哲学者の品川哲彦が、その理想的状況を「どの特定のひともだれか特定のひとによってケアされ、後者の特定のひともまた誰か特定のひとによってケアされる」と説明するように、ケアは本来的には相互的で、かつ誰にとっても不可欠なものである。[*26] しかし、社会学者の上野千鶴子が指摘するように、「ケアをすることを強制されない権利」は軽視される反面、特に看護学や教育学を中心に発展した「ケア」をめぐる議論では、奉仕＝ケア労働が「よきもの」として賛美される傾向があり、逆にケアのジェンダー化を推し進める結果を招いている。[*27] この点で、『クィア・アイ』で、性的マイノリティに「ケア労働」が割り当てられている点は大いに批判の余地がある。ファブ5は自らの心を擦り減らし、あまり公にはしたくないことを自ら打ち明ける。そして、「ネットフリックス」はそれを商品として売り込んでいるのだとも言えるだろう。他にも「女性ならではの視点」や「障害者ならではの視点」を支配者層が自分たちの生産活動のために収奪するような光景は珍しくない。しかし、それはマイノリティに属する個人に責任主体であることを要求する点に問題を残す。たとえば、多くの女性記者が自らの私的な面を曝け出して問題提起をする時に、誹謗中傷などのリスクと向き合うことを余儀なくされている。だとすれば、「声なき声」を活性化するためとはいえ、弱い立場に置かれた人びとが自分自身を不特定多数に曝け出すことを余儀なくされる状況に問題がないとは言えず、そうした役回りを職業倫理に埋め込み、強制すべきではないとも考えられる。

しかし、本書で示唆してきたのは、「真正性」がますます正当性を獲得するうえで不可欠な要素となっており、それが政治やジャーナリズムのような領域にまで入り込んでいるからこそ、戦略的に考察しなければならないという現状だった。現代社会では、「感情労働」がもはや「労働」の枠を超えて収奪されている。たとえば、ソーシャルメディアでは裏表のないありのままの自己表現が高く評価される傾向があることが指摘されており、[*28]職業的・公式的な役割にとらわれず、自分自身の私的な側面を表現しなければ、関心を引くことは難しいと言える。誰もが情報発信の担い手となり、自己同一性がデジタル・アカウントと紐づけられる今日、私たちは誰もが、固有性のある代替不可能な、「真正」な存在であることを示すように強いられているのである。

メディアが引き起こす個人化の流れはそのまま政治に結びつくこととなる。たとえば、リアリティ番組『アプレンティス』[*29]の司会者を務めたドナルド・トランプが大統領に就任したことは印象深い。彼は「ツイッター」で、等身大の人間として（公共の場にあまり似つかわしくない）本音を開示し、反リベラル感情を動員することで大統領に就任した。これは「保守」に限らない。「リベラル」の側も同様である。たとえば、「媒介された真正性」の議論を展開したガン・エンリは、バラク・オバマ大統領がメディア出演を通じて自然性、親密性、首尾一貫性を示し、真正な政治家として評価されたことを明らかにしている。[*30]真正性はメディア環境を活用しながら組織的、戦略的に構築され、多くの注目を集め、信頼感を醸成するための資源となってきた。[*31] そして、ポピュリストがエリート、官僚、マスコミなどの従来の近代的諸制度に対する不満を糾合し、支持を集めるような状況がある。

したがって、「なんでもあり」になってしまったゲームのルールに異議を唱えるために、そのゲームで勝利を収めるしかないというのが、従来の報道記者が直面する困難なのである。自分自身を開示しなければ「真正」な存在として信頼を勝ち取ることはできないが、だからと言って自分自身を開示することによる精神的負荷は大きい。これまでのような大規模な組織に守られた匿名の状態では、ジャーナリストは世論を形成したり、問題提起をすることが困難になってしまった。この点については、第6章でさらに深掘りしていきたい。

以上のように、ジャーナリスト個人の役割の変容について考えるならば、こうした袋小路に行き着くこととなる。端的に言えば、人と人とを媒介するという象徴的な役割を「送り手」が一方的に引き受けるのには限度がある。そこで、考えてみる必要があるのは、相互に水平的な対話の場をどのように生み出すのかという問題である。繰り返しになるが、ジャーナリズムを「送り手」を担い手とし、「受け手」を対象とする実践として位置づけるのでは不十分である。だからと言って、それを相互依存的な関係として位置づけ、そのきっかけを生み出すには「自分自身」を開示することが重要となり、一筋縄ではいかない。その代わりに、「弱さ」を抱える個人のあいだで自然に生じる対話的な営みとしてジャーナリズムを捉えるとすれば、少し違った視点が見えてくるのではないか。次にその点を考察していきたい。

4　対話の場の共創としてのジャーナリズム

対話は人びとのあいだに自然と生じるものである。それは、専門的な知と裁量を独占し、「受け手」同士の合意形成を促す職業のあり方とはかなり異なり、ジャーナリズムとその他の文化実践を隔てる輪郭をぼかしてしまうかもしれない。「受け手」自身の選択的な消費や相互作用に身を任せるのが適切かは意見の分かれるところである。実際、誰もが共有できる大文字の「真実」は双方向的なオンライン空間を通じて衰退した。文芸評論家のミチコ・カクタニは、「すべての真実が不完全（および個人の視点の結果）だというポストモダニズムの主張」が悪用された結果、民主主義とジャーナリズムが毀損されたことを批判している。[*32] あらゆる他者の意見を正当なものとして尊重し、不完全さを受容する態度には、ポスト真実的な状況を正当化する恐れが確かにある。しかし、何が真実として、信用に足りるのかがわからないという不確実な状況と向き合うべく、各々の主観的な感覚を浮かび上がらせるには、やはり対話が必要となる。それでは、対話はどのような営みであるのか。オーレン・ソファーは、ジャーナリズムを対話的な営みとして理解し直す必要性を説く際に、「ポスト近代主義は、私が他者との遭遇により枠づけられるのだという基本的な対話の考え方に私達を引き戻した」と述べている。[*33] ここでは、自分自身の考え方や意見を、多様な他者との相互作用を通じて絶えず修正し、実り豊かなものにしていくプロセスを「対話」と呼ぶことにしたい。それは、どちらの主張がより普遍的に妥当であるのかを戦わせる営みではなく、あくまでも一人ひとりの考え方が揺れ動く状況に見出される。

「声なき声」の活性化という時に、それはどうしてもジャーナリストを主体とした一方的な働きかけのような印象を与えてしまうかもしれない。しかし、責任や主体といった近代的な理想が危機に曝されるなかで「声なき声」は問題となるのであり、ジャーナリスト自身の主体性も同様に問い直さなければならない。不確実で不安定な社会の動向に対し、それを説明する枠組みも失われるなかで、責任ある主体として情報を伝えることは時に困難に陥る。東日本大震災（二〇一一年）の時にＮＨＫ報道局長を務めた冷水仁彦は、震災報道について「分からないということを伝える勇気」が無かったと反省の弁を述べていた。[*34] 冷水のこの言葉から考えなければならないのは、「送り手」自身がわからないことや不安を素直に吐露し、「受け手」と共に考えていくような対話の構造としてのメディアのあり方だと言える。ジャーナリズム研究者の畑仲哲雄は、ＮＰＯ法人と協働して制作された地域紙『上越タイムス』を分析し、権力監視を行う「番犬」としてではなく、地域住民にとっての「善き隣人」としてジャーナリストを位置づける可能性を提起した。[*35] この事例では、報道機関の自律をめぐる葛藤を、地域社会と交渉しながら乗り越え、別様のジャーナリズムのかたちを提示している。いずれにせよ、不確実性が肥大化する状況においてこそ、「送り手－受け手」の垣根を超えた対話の場が必要であることがわかる。

ジャーナリズムは公共的な議論を呼び起こすべく、出来事や論評を送り出してきた。その規範は不特定多数に向けて情報を発信するマスメディアを前提として制度化されてきた。しかし、ソーシャルメディアが普及してからは、自然に、偶発的に対話が生じるような場を設計する役割も求められているのではないか。「受け手」として扱われてきた人びとは自らメディアの生産的活動に没入するようになり、ジャーナリズムの持っていた正当性は相対化されている。確実性が損なわれる時代において、その正当性は必ずしも専門性に見出されるだけではなく、対話を通じて構築されるものとなっている。たとえば、メディア研究者のグレアム・ターナーは、市民によるオープンな精査を通じて専門職の正当性を吟味する必要性を示唆した。[*36] こうした再帰性を突き詰めていくと、ジャーナリズムは専門家が主体として遂行するものではなく、相互作用を通じて生じるものになる。たとえば、マット・カールソンは、ジャーナリズムの権威性を普遍的なものではなく、オーディエンスとの関係を通じて構築されるものとして理解した。[*37] それは、ジャーナリズムが自らの専門性や権威性を強調するうちに見逃していた視点なのではないかと考えられる。すなわち、何気ない対話を通じて「真正」な経験が生み出され、「声なき声」が社会に届くという感覚が醸成されることの重要性である。

そのヒントは、(主流の)「ジャーナリズム」として扱われてこなかったメディア実践のなかに遍在する。本書で取り上げた事例以外にも、たとえば、新聞はたびたび読者の声を紹介し、視聴者(聴取者)参加型番組は、リアリティTVのような参加型文化の土台となった。パーソナリティとリスナーの葉書を介した掛け合いが番組内容に影響する構成はラジオ番組ではさほど珍しくない。「ユーチューブ」などの動画生配信のように、視聴者とチャットを介して話をする者も多く見られる。こうした参加は、責任や主体性という近代的な理想に基づくもの、たとえば、「知る権利」に奉仕する社会的責任のようなものとは異なる。これらは娯楽にすぎないと評されるかもしれないが、社会の土台となる「つながり」の感覚を提供するものだと言える。こうした「ジャーナリズムではない」とされてきたものに目を向けた時に、気づかされるのが、「受け手」として扱われてきた人びとが自ら当事者意識を持ち、参入できるようなメディア空間を設計しなおす必要性なのである。ここまで「送り手」の役割の変化を述べてきたが、同時に「受け手」であった人びともそうした場の形成に関心を寄せなければならない。「送り手」が「送り手」だけで責任を果たすべきだという固定観念が持続するうちは、「受け手」は正しい情報を与えられるだけの受動的な存在であり、「送り手」に対して一方的に不満を募らせたり、信頼を置いたりするだけになってしまう。たとえば、報道機関が誤報などの不祥事に対して社として謝罪する光景はよく目にするものの、その不祥事がどのような構造から生じたのかを、読者や視聴者とともに悩み、考えるという関係性はあまり目にしない。自分たちのメディアをどのように構築するのかという参加の論理が重要になるのである。

以上より、差し当たりの結論の一端を提示してみることとしたい。その一端とは、自分自身の抱えている葛藤を素直に共有し、互いに疑問を投げかける対話的な関係を構築する実践として、ジャーナリズムを再考する必要性である。そのためには、「ジャーナリズム」とは何であるのかを限定的な関心事から、より広範な当事者意識を備えた関心事に引き上げていく必要がある。平たく言えば、ごく一部に閉じた専門職的な活動ではなく、もっと気軽に誰でも参加できるような日常的で対話的な実践として、再定義していく必要がある。とはいえ、それをどのように可能にするのかという問いが残されている。実践は自助努力で何とかなるものではなく、社会的な構造に左右される。だとすれば、ジャーナリズムの担い手の意識の変革を期待するだけでなく、誰もが自分自身の想いや経験を安心して打ち明け、社会に働きかけることができる環境はどのように可能であるのかについて考察を深めなければならない。

第6章　「真正性」の政治を内側から攪乱する

――オルタナティヴなメディア環境はどのように可能か

「ポスト資本主義」には勝利が含意されている。これもうひとつの利点ではないでしょうか？　あなたがポスト資本主義について語るとき、そこでは資本主義を超えた何かが存在していることが含意されています。それはまた、方向性を暗示しています。それがポスト資本主義である以上、それは勝利である、すなわち資本主義を経由して現れるであろう勝利なのです。それは単に資本主義に対立するものではありません。それは資本主義が終了したときに起こるであろう何かです。それは今わたしたちがいる場所から始まります。どこか完全に離れた場所ではありません。そのことも含意されている、そうですよね？　ポスト資本主義の概念は、資本主義の中から外に出ることで発達するものです。それは資本主義から発展して、資本主義を超えて動いていきます。したがって、わたしたちは完全な他なるもの、純粋な外部を想像する必要はありません。これはポスト資本主義を考えるうえで強調しておきたいことのひとつです。

（マット・コフーン編『マーク・フィッシャー最終講義　ポスト資本主義の欲望』大橋完太郎訳、左右社、三七頁）

1　メディアに潜む権力を読み解く

ここまで、各事例の持つ「声なき声」の活性化の可能性と限界に着目し、自分自身の私的な語りを通じて相手に呼びかける対話の実践として「ジャーナリズム」を捉え直した（第5章参照）。繰り返しになるが、そのためには、「もっと自分自身を開示すべきだ」などのようなジャーナリスト個々人の意識の変革に留まらず、その背後にどのような権力構造があるのかを問い直さなければならない。すなわち、「真正性」という権力を読み解く必要がある。「真正性」はそれ自体が稀少であるために価値あるものとして追求され、それを提示できる個人が権力を誇示している。だが、そうした権力は双方向的なコミュニケーション・メディアの発展に支えられている。たとえば、『虎ノ門ニュース』のような、放送局では流せないコンテンツが多くの者に視聴されるためには、「ユーチューブ」のようなプラットフォームが欠かせない。

メディアのあり方はコミュニケーションに影響を及ぼす。これは、ジャーナリズムも同様である。花田達朗は「マスメディアがシステムであるのに対し、ジャーナリズムは意識活動である」とし、メディアとジャーナリズムを区別した。[*1] 林香里も同様の視座から、マスメディアというシステムの周縁に、ジャーナリズムという意識活動の核心を読み解いた。[*2] ここで言う「(マス)メディア」はたんにテクノロジーだけではなく、政治や社会や経済などさまざまな領域との関係で体系化された制度や機構であり、それは人間の行為であるジャーナリズムのあり方に制約を加えることもある。たとえば、記者クラブの慣習や会社内での指揮関係などは、情報を効率的に生産するシステムとなっている。しかし、それは多数者の共感を呼びそうもないような「声なき声」を活性化するというジャーナリズムの営みとは相反することもままある。また、マーシャル・マクルーハンの「メディアはメッセージである」という金言にあるように、[*3] メディアはメッセージを何の歪みもなく伝えているわけではなく、メディアの性質がメッセージに影響を与えている。メディアは日常生活の至るところに溶け込み、自らのもたらす意味や権力を不可視化する。そのため、ジャーナリズムを「ジャーナリズム」だけで考えるのではなく、それを取り巻くメディアの状況までを考慮に入れる必要がある。

私たちは日常生活においてそうしたメディアの権力作用を意識することはあまりないかもしれない。メディア研究者の小川明子が、自らの教育経験を踏まえて「その情報がどのような力学やテクノロジーによって手元に届いているかに対する関心が薄い」と所感を述べているように[*4]、メディアが自分自身の情報選択などの行為において、どのような力を行使しているのかは、ますますわかりづらいものになっている。このように書くと、私たちはメディアのような社会構造に一方的に揺さぶられるだけの存在であるかのように思われるかもしれないが、それだけでは極端に悲観的な見方である。反対に、私たちは政治的な行為を通じて硬直化した制度を作り替えたり、問いなおすこともできる。さらに、多種多様なメディアが登場するなかで、既存のメディアのあり方を問いなおす動きも、そう目新しいものではなくなってきた。重要なのは、構造に規定される私たちと、構造を規定する私たちのあいだに存在する緊張関係なのである。だとすれば、広い意味での「ジャーナリズム」は、どのような仕方でメディアのあり方を民主的に問い直し、より対話的なものに作り変えることができるのだろうか。本章では、「メディア」により力点を置いて、この点について考察を深めていきたい。

先に本章の簡単な見取り図を示す。まず、メディアの象徴的な権力はさまざまなアクターに分散すると同時に、特定のプラットフォームに集約されている。こうした複雑な状況のために、支配的構造に対する異議申し立ては困難なものとなる。マスメディアに対するオルタナティヴはさまざまな仕方で考案されてきた。しかし、「真正性」の政治を駆動させている巨大なプラットフォームに対する異議申し立ては、特定の巨大なプラットフォームに依存せざるをえないのである。そのため、対話を通じて「声なき声」を活性化する試みは、支配的なメディア環境の「外部」ではなく「内側」からそのあり方を問いなおす必要性に迫られることとなる。そこで、「真正性」を生み出すメディアの力学に抗うのではなく、それを上手く利用しながら、メディアのあり方について関心を寄せる公衆を生み出していく必要があるのではないか。こうした主張を展開していく。最後には、メディアそのもののあり方を公共的な関心事にしていくためには、メディアの共有感覚を深める必要があることを述べる。そのヒントは、公共サービスとは対極にあるように見える商業的・娯楽的な参加型の実践に見て取れるのである。

2　メディアを取り巻く新自由主義的な権力構造

メディアをめぐる共通認識とその喪失

メディアを通じて作用する権力が、不可視化された仕方で社会的常識（共通の感覚）を生み出していることは先に指摘した。それでは、今日、そうした権力はどのような仕方で行使され、私たちの価値観に影響を与えているのだろうか。この点について一度整理し、現代社会におけるメディアの権力の問題を提示するところから始めていきたい。

二〇世紀に全盛期を迎えるマスメディアは社会統合を促してきた。それは、同じ情報を複製し、不特定多数に拡散する特性を通じて、国民的な「われわれ」の共同性の感覚を根づかせてきたと言えるだろう。[*5] たとえば、「日本人」のようなナショナル・アイデンティティは新聞や放送が形作る「共通文化」に支えられてきた。[*6] 特に日本の場合、新聞販売店が新聞配達を受託する戸別宅配制度、キー局と地方局の放送ネットワーク形成などの中央集権的な情報伝達制度が定着している。日本語話者＝日本人という前提に基づく「言語の壁」も大きいために、マスメディアは強い位置を占めてきたと言える。そして、マスメディア自体が国民国家規模での出来事を生み出し、社会統合を推進する現象は「メディア・イベント」として分析されてきた。[*7] オリンピックや平和祈念式典などのナショナルな行事、東日本大震災などの巨大災害の記録などは、マスメディアで繰り返し報じられ、共通の目撃体験を生み出している。そうすることで、これらの出来事は国民的なものとして認識され、結果的に「われわれ」という集合的アイデンティティの感覚をより強固なものにしていく。

マスメディアのこうした性質は、たんに情報伝達の力が大きいという話には留まらない。マスメディアには「何が公共的（報道）であり、何が私的（娯楽）であるのか」を区別する論理（ロジック）が埋め込まれ、オーディエンスはそうした区別を常識として受け入れてきた。[*8] たとえば、「ジャンル」はそうした公／私の区分を正当化している。古くから政治面や経済面に掲載されないような低俗な記事を「三面記事」と呼ぶように、新聞ではどの面に掲載されるか自体が出来事の公共的価値を決めていた。[*9] 放送の場合には、たとえば、平日の昼には主婦（既婚女性）向けの番組を、夜間には帰宅したサラリーマン男性向けの番組を放送し、ジャンルで公／私を区別していた。このようにして、「何が報道するに値するのか」をめぐる評価基準（いわゆる「報道価値」）も画一的に定義されることとなる。より多くの人にとって「公共的」であると信じられるものが優先的に報道されることとなる。

すなわち、テレビや新聞などの技術には、社会的に構築され、習慣化された法則が埋め込まれ、情報伝達のあり方に影響する。このことは「メディア論理」[*10]と呼ばれており、マス・コミュニケーションにおいては、「送り手」と「受け手」のあいだの「お約束」として機能してきた。そうした「お約束」は、オーディエンスが日常生活においてメディアを利用する過程で共有されていく。たとえば、ソニア・リビングストンとピーター・ルントは、テレビ・オーディエンスが、ジャンルに応じて適切なコード（読み方）を参照し、番組からどのような視聴経験を得られるのかを予期していることを指摘している。[*11]一般的に、ＮＨＫの七時のニュースに芸能人の熱愛報道を期待する（報道／娯楽の混同）、あるいはテレビドラマに本当にあった出来事を期待する（事実／虚構の混同）のは、常識的な振る舞いではない。テレビの場合、新聞、映画、レコードなどの他の媒体からジャンルやフォーマットを流用し、複数のジャンルが脈絡なく切り替わることから、こうした習慣の習得は自然と生じた。[*12]こうした議論を踏まえると、公共性や客観性などの伝統的な価値を「報道」に認めることができたのは、「メディアをめぐる共通認識」を国民規模で醸成するマスメディアの支配的な構造に依るところが大きいと考えられる。日常生活における規律訓練を通じて、常識的な価値観を内面化していくこの権力は、まさにフーコーの「規律訓練型権力」やブルデューの「象徴権力」などに見られるようなものである（第1章参照）。

しかし、公／私を明確に区別し、何が重要であるのかを評価するマスメディアの体系は、少数者や弱い立場に置かれた人びととの関心事を特殊なもの、あるいは私的な事柄として周縁的な位置に追い込んでしまう。第4章で言及したとおり、NHK教育テレビは、総合テレビが汲み取ることの難しい多様なニーズを取り上げるようになったが、経営合理化において真っ先に切り捨てられる危険性を孕んでいた。「福祉」の枠組みで取り上げられてきた事柄が政治的に論じられるようになったのも、比較的最近の傾向であり、基本的にマイノリティの問題は「私」的な事柄として周縁化されてきたのである。

かつてのメディア環境には選択肢がほとんど存在せず、こうした「公／私」の区分はすんなり受け入れられてきた。それに対する別様の可能性を示す手段として論じられ、実践されてきたのが「オルタナティヴ・メディア」である。林香里は『マスメディアの周縁、ジャーナリズムの核心』において、「現代社会の〈マスメディア・ジャーナリズム〉の中心部分は、その活動全体が目的となって自己組織化が繰り返されるシステムとなっており、自由や平等を獲得するための市民による戦略的な言論活動をむしろ異質のものとして排除する方向に機能している」と指摘し、オルタナティヴ・ジャーナリズムの意義を示した。[*13] 実際、この本が書かれる前後の一九九〇年代～二〇〇〇年代にはこうした新たなメディアへの期待が高まっていた。たとえば、阪神・淡路大震災（一九九五年）において外国人向け放送を無許諾で開始し、後に正式に認可を得た多言語放送局「FMわぃわぃ」（一九九六年開局）、一般市民がビデオカメラを使って取材を行う市民ジャーナリズムの実践として「Our-Planet TV」（二〇〇一年発足）がある。さらに、市民による自由な記事投稿を目指したインターネット新聞「ジャンジャン」（二〇〇三年創刊）が話題になるなど、従来のマスメディア・ジャーナリズムが看過してきた問題や主観的な視点を積極的に取り入れる運動が盛り上がった。他方で、林香里の議論のポイントは、「マスメディアの周縁」に「ジャーナリズムの核心」を見出そうとする点にある。この議論から考える必要があるのは、マスメディアが依然として中心／周縁を同定する権力を保持しており、その外部で民主的な実践を試みても、経営的・制度的な行き詰まりなどの困難に曝されてしまうということである。

そして、こうした「市民メディア」や「市民ジャーナリズム」への着目から二〇年近くが経過している。現在のメディア環境を見るとある疑問が沸くように思われる。つまり、支配的なメディアは共通認識を生み出す力を相変わらず占有し、異議申し立ての宛先となるほどに「中心」的だと言えるのだろうか。もちろん、マスメディア産業には相変わらず多くの権力が集中しており、一般市民の発信力とのあいだには格差が存在することは過小評価すべきではない。しかし、もはや「オルタナティヴ」という言葉を使う必要がないほどに多様な言説やメディアが溢れ、「主流」としてのマスメディアの地位が相対化されたのも確かである。マスメディアは社会における共通認識を生み出す力を独占していたが、グローバル化の進む現代社会ではより効率的・合理的な消費活動が追求され、個々人の嗜好に応じて異なる情報環境を生み出すことも可能になっている。そうした情報環境の過度な多様化は、マスメディアに対する異議申し立てどころか、相互に対話が不可能になる状況をもたらしている。このようにして生じる世論の分断は、「島宇宙化」、「サイバーカスケード」、「フィルターバブル」、「エコーチェンバー」など、さまざまな概念から問題とされてきた。[*14] 端的に言えば、見たいものだけを見て、見たくないものは見ないで済むという情報環境は、他者との対話という社会的基盤やマスメディアが自認してきた近代的な公共性の理念を骨抜きにしてしまうのである。

こうした状況に対して正面から異議申し立ての実践を展開し、維持するのは、たびたび困難に陥る。

まず、マスメディアが備えていた中心性がぼやけてしまい、中心／周縁という区別さえあまり意識されなくなっている。それに加えて、あらゆるメディアがウェブを通じて相互に接続される現在、オルタナティヴなメディア実践も既存のプラットフォームに依存せざるをえず、本書が取り上げてきた「真正性」の政治のような、支配的な論理に従わざるをえなくなっている。「声なき声」を社会に届けるというジャーナリズムの営みにおいても、それを本物らしく、自然なものとして表象する工夫が戦略的に求められることとなるのである。異議申し立てを通じてマスメディアの生み出す常識や共通認識を相対化する必要があるどころか、「真実」に対する信頼やそれが支えてきた社会的なつながりの感覚さえ希薄なものとなっていく。このことを確認し、その対案を提示するためには、現代のメディア環境に通底する思想を読み解く必要がある。

新自由主義とメディアのハイブリッド化

「公／私」の区分はジャーナリズムを大衆文化から区別する拠り所だった。しかし、単純に技術的な変化がそれを骨抜きにしたのではなく、政治や経済などの領域における動向が深く関わってくる。ここでは、新自由主義（商業化・市場化）やポピュリズム（大衆化）のような、後期近代において問題とされてきた状況を踏まえて、メディアの権力構造を紐解く視座を整理しておきたい。新自由主義は、一般的に公共事業の民営化や福祉サービスの縮小、規制緩和による市場原理の導入などを通じて、経済の拡大を促す思想として知られる。これはたんに経済政策だけに留まらない。マーガレット・サッチャーが「社会などというものはない」と述べたように、福祉国家（社会）に依存するだけの個人に自助努力を求めるものだった。政治哲学者のウェンディ・ブラウンは、新自由主義について、「社会的なものや政治的なもの」を悪魔化し、[*15]「伝統的な道徳や市場」に価値を付与する「道徳＝政治的なプロジェクト」であると説明している。[*16] すなわち、新自由主義は、民主主義の意思決定プロセスのような「政治的なもの」を市場競争で置き換え、公的制度による自由や平等の保障のような「社会的なもの」を伝統的な道徳（たとえば、血縁・地縁に基づく地域共同体や家庭が助け合うべし、といったもの）に置き換えていく。たとえば、市民運動や公的支援を無駄なものとして切り捨てるように求め、かわりにビジネスによる社会変革や自律の価値が賞賛される。社会の分配機能が廃れ、競争に集約されることから、階層のあいだの格差が拡大してしまう。

そして、新自由主義のこうした側面とポピュリズムの反エリート感情が結合していく。こうした社会では、エリートの既成特権を告発し、その不満を糾合していくポピュリズムの戦略がたびたび用いられる。ヤン＝ヴェルナー・ミュラーによれば、ポピュリズムとは、「人民」を同質的なものとして思い描き、「私たち」こそが本当の意味での「人民」を代表していると主張する「反多元主義」的な言説や運動である。[*17] たとえば、自由競争が苛烈になる状況において、安定した制度の下で地位と給与を得ている公務員やマスコミは「特権的なエリート」としてたびたび攻撃されることとなる。ポピュリストは、こうした「特権」に対する大衆の不満を糾合し、代議制民主主義や政党政治といった伝統的な政治システムに挑戦する自分を演じてみせる。また、「声なき声」との関連で注視しなければならないのは、福祉サービスを利用したり、政治的な行動を通じて異議申し立てを行う社会的弱者さえも「特権的」な存在として描き出す主張が存在することである。これは無視できないほどの勢力になっている。さらに、マスメディア組織は市民社会に寄り添いながら世論を構築する公共的な役割を自認してきたが、こうしたポピュリズム的な戦略においては、「真実」を構築する権力を備えた既得権益層として悪魔化されることとなる。

ポピュリズムは新自由主義の特徴である規制緩和とも相性が良い。事実や公共性などの価値は、市場経済における価値から分離されてきた。特に放送業界は自らが定めた倫理に則り、「報道は報道、娯楽は娯楽」のように番組を区別し、自らの制作活動を自主規制してきた。ところが、メディアの性質は次第に「ハイブリッド化」していく。[*18] 言い換えれば、事実と虚構、公共と私、報道と娯楽などの相反する性質が掛け合わされ、新たなジャンルや論理が生み出されていく。たとえば、『虎ノ門ニュース』は、放送の制約から逃れるべく、オンライン空間に拠点を構え、事実と虚構を織り交ぜながら、マスコミや官僚に対する反発を束ねていく（第2章参照）。事実は視聴者の興味を引く仕方で脚色され、政治的な事柄は娯楽的に消費されることとなる。そうして生み出されるコンテンツは、事実かどうかという水準ではなく、「何が自然で、本当で、等身大に感じられるのか」という「真正性」の基準で評価される。これはもはや『虎ノ門ニュース』のみならず、ハイブリッド化するメディア環境全体において見られる現象だと言える。たとえば、「ツイッター」における「いいね！」は個人の共感を数量化し、その数はいかに多くの人がそれを「真正」だと感じているのかを示している。そして、こうした「真正性」は、事実とは違い、より場当たり的な主観に左右される不確実なものである。それは、マスメディアが担ってきたような国家規模での共通認識とは裏腹に、人や状況に応じて何にでもなりうる、多元的なものであり、価値あるものとして流通している。

もちろん、これまで見てきたとおり、「真正性」を構築しながら「声なき声」を活性化する試みも存在している。たとえば、公共放送における制度的な公共性が説得力を失うなかで、オンライン空間との連携を通じて公共的な議論や対話の場を構築する公共サービスメディア（ＰＳＭ）の考え方が注目されてきた（第3章参照）。公共放送事業者は放送事業だけに専念し、市場を圧迫すべきではないという従来の規制を見直す必要も生じていると言えるだろう。また、リアリティＴＶが英米圏で栄えた背景には、放送事業の規制緩和や多チャンネル化など、視聴率競争の激化や製作コスト削減による経営合理化の要請があった。伝統的なドキュメンタリーに見られる事実的要素と、ドラマのような虚構的要素を掛け合わせるその手法は、商業的に視聴者を魅了するだけでなく、参加や相互作用などの民主的な要素を番組に取り込むきっかけとなっている（第4章参照）。確かに、マスメディアの中心性が失われ、中心／周縁や包摂／排除のような同心円的なモデルでは説明できないほどにメディア環境は複雑化している。たとえば、ニック・クドリーは、象徴権力を「単なる秩序でも単なる無秩序でもなく、複雑で決して完全には安定しえない秩序と無秩序の相互作用」の帰結として理解する、より動態的な視座を提示している。*[19] しかし、こうした揺れ動く権力構造においてこそ、さまざまな実践が生み出されてきた。それが民主主義の多元性の理念に資するものであるか、民主主義の多元性を損ねるものであるのかは、一様に結論づけられるものではないが、本書で取り上げた事例からわかることは、「送り手」自身が自分自身をありのままに開示することが「真正性」を構築するうえで有用な戦略になっており、「声なき声」を活性化する活力ともなりうるということである（第5章参照）。

ここで、コンテンツの評価だけではなく、その背後にある構造における権力関係をもう少し読み解く必要が生じる。すなわち、こうしたハイブリッドなメディア環境において、どのような生産基盤が「真正性」の構築に影響し、新たに問題となっているのか。それを考えないことには、「真正性」の政治の枠組みのなかで、「真正性」を生み出す努力を「送り手」側に要求するだけに留まるからだ。

コンテンツの生成能力の分散、プラットフォームの占有

インターネットの普及と発展は、「同質的で集権的な『中心』があり、それに対するカウンターが『周縁』から立ち現れる」という見取り図をより複雑なものにしてきた。「中心」とされてきた構造が「周縁」に散在する実践を飲み込む仕方で膨張し、そのなかで多種多様な実践が展開され、相互に競合するようになった。そして、その背景にある新自由主義の覇権(ヘゲモニー)は、民主主義の基盤となる社会を不安定化しつつ、市場競争を激化させてきた。そうした事情から生じるハイブリッドなメディア環境において、「真正性」は正当性を帯びてくる。次に考えたいのは、そうした状況に対してどのように向き合うことが可能なのかである。

そのためには、コンテンツを生産する力が分散される反面、それらが流通するプラットフォームを運営する権力が特定少数に集約されていることを考える必要がある。マスメディア産業が優位な時代には、情報を生産し、発信するための資源を有する組織が、情報を流通させるプラットフォームを所有し、運営していた。新聞の場合には販売代理店とのパイプや印刷設備などを保有している。放送のプラットフォームについて言えば、それは「公共の電波」だが、実際には放送免許を取得した事業者が独占的に利用できていた。かつては、個人が映像を制作したり、大がかりな取材活動を行うために

は莫大な出費が必要だったし、それができたとしても、こうした生産基盤を利用しなければ、不特定多数の公衆に届けることはできなかったのである。ところが、デジタル化により、コンテンツを生産する設備が誰でも入手可能になり、「ユーチューブ」や「ツイッター」など、利用者生成コンテンツ（UGC）を流通させるグローバルなプラットフォームが定着すると、こうした前提は覆されていく。そして、新聞も放送のような事業者もこうした外部のプラットフォームを頼らなければ、情報を届けることが難しいところまで来ている。日本新聞協会が公表している調査によれば、新聞の発行部数は一九九七年には約五三七六万部でピークを迎え、二〇二二年には三〇八五万部にまで減少している。NHK放送文化研究所が実施している「国民生活時間調査」でも、テレビ視聴の平日の行為者率は二〇一五年から二〇二〇年のあいだに、全体で八五％から七九％、一六歳〜一九歳に限れば七一％から四七％に低下している。少なくとも、若者に向けて情報を発信するためには、オンライン化への対応を余儀なくされる。

UGCの普及は、マスコミ産業が独占してきたコンテンツを生成する力を多様な人びとに分配するものだった。これは第5章で論じた「送り手−受け手」の関係の再編にも寄与するものである。たとえば、ヘンリー・ジェンキンズが論じたように、ボトムアップなメディア実践と企業のトップダウンなメディア実践が相互作用する「参加型文化」が頻繁に見られる。*20 番組の感想を投稿したり、ファンアートを作成して発信するなど、「受け手」は企業が生産するコンテンツを消費するだけでなく、新たな解釈を加えて流通させていくなど、ソーシャルメディアと連携しながら、場を生み出している。「#MeToo」運動に見られるように、公式的な法の手続きでは疎外されてきた異議申し立てがSNSを通じて可視化されるようになったのも確かであり、たとえば、『ハートネットTV』もコンテンツを生み出す裁量を視聴者に委ねることで、より真正な言説を生み出す試みであった。しかし、ハイブリッド化を通じて権力が平等に解き放たれたという理解はあまりに素朴かもしれない。ジェンキンズも、「参加型文化」に前向きな可能性を見出してはいるものの、オンライン空間に見られる能動的な大衆参加が権力の平等を前提としているわけではないことに注意を促している。[*21] 最初に指摘したとおり、誰もが自由に「声」を上げられるわけではなく、「声」が聞き入れられるわけではない。なぜならば、あらゆる情報やコミュニケーションがプラットフォームに集約され、一様に評価されているからである。

自由な言論空間に見えるプラットフォームのほとんどが、グローバルな大企業により運営されている。そして、情報発信の担い手はこれらに依拠せざるをえなくなっている。地域に根差したローカルなSNSを打ち立てる試みも存在したが、結局のところ、「ツイッター」や「フェイスブック」などの主流SNSが覇権を握っている。[*22] そして、こうしたデジタル・プラットフォームは「ネットワーク効果」を生み出すことで、利用者を独占している。[*23] すなわち、プラットフォームは人と人とを媒介することから価値を生み出しており、参加者が多ければ多いほど、さらに多くのアクセスを獲得することができる。たとえば、日本で「ライン」に代わる新たなチャットツールを開発したところで、誰も利用していないサービスには価値がないため、誰も利用しない。このことは、先に見た事例にも深く影響を及ぼす。『虎ノ門ニュース』は地上波放送を使用するかわりに、「ユーチューブ・ライブ」や「ニコニコ生放送」などの既存の動画配信プラットフォームに依存している。『ハートネットTV』にしても、独自の電子掲示板（ＢＢＳ）を設置していたが、現在ではより多くの人に利用されている「ツイッター」を活用している。『クィア・アイ』は映画作品の配信サービスである「ネットフリックス」を拠り所として世界的な訴求力を得た。

これらのプラットフォームは、営利企業が収益を得るために運営する拠点であり、「真正性」のある、稼げるコンテンツにより大きな影響力を割り当てている。この「他に選択肢がない」という感覚は、広く問題とされてきた。批評家のマーク・フィッシャーは、「資本主義が唯一の存続可能な政治・経済的制度であるのみならず、今やそれに対する論理一貫した代替物を想像することすら不可能だ」という意識が蔓延する状況を「資本主義リアリズム」と名づけた。[24] 本書の関心に当てはめると、市場の論理から自律した非営利のメディア・プラットフォームを打ち立てることはほとんど不可能な状態にあるように思われる。コンテンツは多元化しているが、プラットフォームには選択肢がない。このような感覚は「資本主義リアリズム」そのものだと言える。

あらゆるコミュニケーションが「真正性」の政治に放り込まれる背景には、営利企業によるプラットフォームの寡占がある。ジョディ・ディーンが提唱し、伊藤守が紹介している「コミュニケーション資本主義」は、このことを端的に描き出す概念である。[25] すなわち、こうしたオンライン・プラットフォームでは、公共的な情報も私的な情報も区別なく流通され、あらゆる情報が「いいね！」のような量的に測定可能な指標で評価されることとなる。[26] ＳＮＳでは、ハードな話題もソフトな話題も、政治に関する公人の発言も私生活をめぐる匿名の個人の発言も、同一のタイムライン上に並べられ、大衆的な気分に即した同一の評価軸で評価されることとなる。そして、私たちは無意識に「いいね！」

を得られるようなテクストや画像、動画を投稿してしまう。このように、プラットフォームには「真正性」を可視化するような動態的な社会秩序が生じている。こうした秩序では、発信する情報の意味内容が論理的に妥当であるかではなく、自然に感じられるか、親密に感じられるのかというつながりの側面が重要視される。こうした構造に「声なき声」の活性化の営みは制約されるが、それはプラットフォームの運営者が収益を得るうえで都合が良いものとなっている。先に指摘したとおり、人びとを相互に繋ぎ止めることができればできるほど「ネットワーク効果」を高められるためである。プラットフォームの所有者には、コミュニケーションの内容が対話的かどうか、あるいは社会に対して負の影響を及ぼしてはいないかについて、興味や責任を持つ動機がない。彼らの主たる関心は、自発的な相互作用を量的に拡張し続け、自発的に情報を生産し、提供する利用者を増やすことで、コストをかけずに収益を得ることにあると考えられる。

ここまで、「真正性」の政治を支えるメディアの資本主義的な構造について概観した。商業的な論理は、ハイブリッド化やプラットフォームの独占を通じて、メディア空間の隅々にまで浸透している。それは「政治的なもの」や「社会的なもの」といった民主主義社会において必要不可欠な領域を生産活動のために削り取ってしまっている。その結果、公共的な議論を通じた意思決定でさえ、消費者的な選択の論理に飲み込まれてしまうことが危惧される。「集団極性化」の議論で知られる法哲学者のキャス・サンスティーンは、商品を購入するのと同じ消費者的な選好で、有権者が投票行動を行う状況に警鐘を鳴らしている。[*27] 政治学者のベンジャミン・R・バーバーも「公共的な介入がないと、『新しい』ネット技術はこれまでの技術と非常に似た道を辿る。すなわち受動的で、商業的で、独占的となる」と述べ、政治活動が消費活動に、市民が消費者に矮小化されることを懸念していた。[*28] これはまっとうな批判ではあるものの、それに抗う手立てが存在するのかは不確実である。むしろ、こうした「真正性」の政治の現状を前提としたうえで、「声なき声」の活性化の基盤を築くために何が求められるのかを考えてみる必要があるのではないか。次に、「真正性」に対する欲望を経済的な生産活動のために利用するのではなく、それを原動力に「社会的なもの」を再生していくことは可能かを検討してみることとしたい。

3　対話のための居場所をどのように蘇らせるか

「真正性」の共創を通じた「社会的なもの」の再編という課題

第5章で、「声なき声」を活性化するために必要な対話の基盤を打ち立てる必要性を示唆した。ジャーナリズムには、対話や議論に個人として関与するだけでなく、そうした対話や議論の場をどのように設計するのかが問われているのだった。ここでは、それに対し、テレビなどの伝統的なマスメディアが保持してきた力を利用しながら、私たちが普段利用しているメディアの性質を公共的な関心事とする方策を提示していく。より具体的に言えば、伝統的なメディア組織は、自分たちの依存するメディア環境を問いに開かれたものにし、従来の「受け手」との相互作用を通じてそのあり方を紡ぎ出すことで、極限まで市場化されたメディア以外のオルタナティヴが存在しないという閉塞感を突破し、より多様な実践を展開できるのではないか。

そもそも、「真正性」は市場経済において取引される際に問題になる。しかしながら、それは必ずしも生産や消費といった経済的活動のためだけにあるわけではない。他者との社会的なつながりの感覚が欠乏する状況において、私たちは「真正」な経験を得ることで欠乏状態を満たそうとしている。このことは、「社会的なもの」の構築に寄与するとも考えられる。ジジ・パパチャリッシは、従来の市民的な公共圏のモデルが機能不全に陥るかわりに、「私的な公衆」が「公と私、消費的な関心と公共的な関心、政治的活動と社会的活動の双方」を横断しながら、「半分は公的で半分は私的な社会的ニーズ」から「社会的なもの」を構築していると論じる。[*29] だとすれば、より自然で本物らしく感じられるものに触れたいという欲望は、私的で消費者的なものである反面、同時に公共的なものとしても理解ができるのではないか。「真実」や「常識」のような国民を基礎とする社会統合のあり方とは異なり、「真正性」は偶発的な相互作用において、ミクロな範囲で共同性を打ち立て、その都度の共感の連鎖を紡ぎ出すことで、複数的なあり方で「社会的なもの」を生み出していく。

前述したとおり、新聞やテレビのオーディエンスは以前に比べて限定的なものである。公／私の区別を打ち立てる力も失われてきた。しかしながら、人と人とを媒介することで「真正性」を構築する性質は依然として保持しているのではないだろうか。メディア研究者のニック・クドリーは、「聖／俗」を区別する境界線を引き、社会秩序を生み出す「儀礼的空間」としてメディアを理解している。[*30] すなわち、マスメディアは、日常生活から区別される「聖なるもの」を構築し、社会的な集合意識を生み出していく。[*31] クドリーは、メディアが「社会的なもの」の中心にあるという感覚を「媒介された中心の神話」と呼び、批判的に検討する必要性を論じている。[*32] たとえば、テレビ出演者は一躍有名になり、非日常的な存在として一般人から区別されることとなる。こうした有名人に憧れたり、実際に会って感嘆するという感覚は、以前ほどではないにせよ、持続していると考えられる。たとえば、『クィア・アイ』は「日常生活にカメラと有名人が入り込む」というテレビ的な出来事を通じて、特別な体験を提示していた（第4章参照）。また、ドラマの舞台や撮影地は、「聖地巡礼」に値する特別な場所となる。メディアは、ありふれた人や時間や空間を特別なものに変えることで、他者との結合感覚や居場所といった「社会的なもの」を生み出す力を行使し続けているのである。他にも、『ハートネットTV』は全体的にソーシャルメディアを活用することで「声なき声」が活性化される空間を生み出しているが、そのなかでも「生きるためのテレビ」に着目すると、テレビ番組が特定の象徴的な時間に放送されることで「居場所」が生み出されることが理解できる（第3章参照）。オンライン空間に散らばった「声」を、テレビを結節点として表象するメディアの相互連関は、支配的なメディア・プラットフォームの市場的な原理から疎外された人びとを包摂し、より広い公共に接続するポテンシャルを秘めていた。

このように考えるならば、「真正性」の政治は批判の対象ともなるが、山腰修三の言う「『ポスト新自由主義』をめぐる新たな「社会的なもの」の構築のために「声」をどのように価値づけるかという問い」[*33]にも開かれていると言えるだろう。端的に言えば、「真正性」の構築は、それを単純に営利的な目的で利用した時に敵対的な関係を煽る「毒」となることがあるが、「私」と「われわれ」を繋ぎ止め、連帯の拠点を築き上げる「薬」ともなる。

メディアを共通関心にするための再帰性と環境の設計

以上より、公共的な役割を自認するジャーナリズム実践には、自らが打ち立てたメディアのあり方を絶えず問いなおすことも期待される。それはどのようなものなのだろうか。

フィッシャーは「資本主義リアリズムを揺るがすことができる唯一の方法は、それを一種の矛盾を孕む擁護不可能なものとして示すこと」であると指摘している。[*34] すなわち、資本主義社会の生み出した歪みを修正可能な問題として描き直す必要がある。「真正性」に対する欲望には、資本主義社会のなかで市場的な価値が見出され、それが公共的な領域に及ぶまで、際限なく拡大していることを説明してきた。さらに、「真正性」は決して完全なものにはならないがために、「より本物らしいものを見たい」と無限に欲望され続ける。そうした欲望自体はごくありふれたものかもしれない。問題なのは、それが生産のために収奪され、政治の足掛かりとなる社会的なものを不安定にしている点にある。ポスト真実や政治的分断、陰謀論などは、メディアの過剰な商業化の帰結の一端であるとも考えられる。本書では、それに対し、「真正性」そのものを否定するのではなく、「真正性」の価値を「声なき声」の活性化のために利用する可能性を論じてきた。フィッシャーはまさに、「新自由主義が生み出しておきながら満たせないでいる欲望」を足掛かりに、「「当たり前」とされているものを「誰もが勝手に変えられるもの」へと変えていくことのできる政治的な行為主体」を構築する必要性を説いていた。[*35]

それでは、どのような方策を講じることができるのだろうか。ここでは、メディア環境を問いなおす集合的な「主体」と、それを可能にする社会の「構造」の関係に着目してみる。生活世界の内側から生じるフラットな相互作用を通じて、「真正性」を共に構築していく。そのような環境を考える必要がある。メディア研究者の飯田豊が、社会工学について「いったい誰が社会設計を担うのか」という問いが残されていることを指摘したように、[*36] そもそも「メディアを誰が設計するのか」は重要な論点である。最新技術ともなると、特定少数の起業家、あるいはエンジニアやデザイナーのような技術的な専門性を備えた一部の人びとに、それを用いた社会の設計を委ねがちである。しかし、より幅広い市民のあいだに社会の設計者としての参加の感覚をもたらすことが民主主義社会を志向するうえでは重要である。平たく言えば、「私たちのメディア」であるという関与や共同所有の感覚が対話的なメディアには必要なのである。

そのためには、公共的な意思決定の場から疎外された「声なき声」を包摂するための対話の空間をどのように設計するのか。このことを公共的な意思決定を通じて探り寄せなければならない。まさに堂々めぐりになってしまう。こうした反復的な実践を引き起こすフックを、主に二つの方向性から検討してみることとしたい。

第一に、ジャーナリストやメディアの設計者が積極的に自分自身の直面する困難を共有し、対話の関係を築くこと（第5章参照）は、メディアのあり方を問いなおすきっかけともなる。こうした自己開示のあり方についてはその問題点も含めてすでに述べたとおりだが、自分たちのメディアがどのようなものであるべきかについて、「送り手」が明快な答えを提示し、固定化するのではなく、相互作用を通じて絶えず作り変えていく態度が重要なものとなっているのである。このことは、事例のなかにも見て取れる。たとえば、『ハートネットＴＶ』は、優生思想や自殺など、取り扱いの難しい事件をめぐり、当事者に対する呼びかけと応答を反復しながら、番組の作り方を変え、「声なき声」のより複雑な様相を表象しようと試みていた（第3章参照）。メディアそのものに関する市井の関心を惹起しなければ、こうした再帰的なコミュニケーションは難しい。しかし、第2章と第3章では、番組の視聴者の投稿も取り上げたが、メディアにおけるメッセージではなく、メディアそのものについての言及が多く見られた。メタな視点からメディアの構造に関心を寄せることは、すでにそれほど珍しいことではなくなっているようである。

しかし、積極的に読解に耽り、メッセージを発する人びとの大きな声ばかりが轟き、消費者として「送り手」に注文を付ける態度ばかりが評価されれば、「声なき声」の活性化からは程遠いものとなる。たとえば、ＮＨＫを例に挙げるならば、全国の地方局に設置される「ＮＨＫハートプラザ」や電話やメールなどの受付先となる「ＮＨＫふれあいセンター」などで、年間三〇〇万件以上の意見を受け、サービス改善に活用している。[*37] しかし、業務改善やサービス向上のために「声」に耳を傾けることは、視聴者を受益者、いわば「お客様」として扱う経営的な論理に終始する。そうではなく、公共サービスの担い手として視聴者を位置づけ、自分たちのメディアをどのように設計するのかを共に考える公衆を立ち上げる必要がある。

そこで、第二に、メディアの設計をめぐる対話を、魅力的なものにするために、メディアの有する儀礼的な性質を活用する必要がある。第4章で提唱した「裏側の物語」は、この点を深めるうえで役立つ。『クィア・アイ』に限らず、「表向きの物語」の裏側を同時に提示することで、コンテンツの真正性を強調する「送り手」の戦略はよく見られる。ところが、「受け手」はそれを素朴に受け入れているわけではない。むしろ、アネット・ヒルが聞き取り調査から明らかにするように、リアリティ番組の視聴者は、出演者による自己演技に対し、疑いの眼差しを向けることを娯楽としている。[*38] 本当はもっと「裏」があるのではないかと穿ち読み、他者と会話を交わすことが娯楽として人気を博し、メディアの性質への関心を高め、リテラシーの習得を促している。ヒルはここにある種の教育的な効果を見て取るのである。しかも、こうした番組のなかには、メディアに関する「世論」を実際にメディアのあり方に反映させることで、参加意識を持たせるものが多く見られる。自分の投票行動次第で翌週の番組の内容が変わるというワクワク感を、テレビは演出できるのである。メディアを、情報を伝達する、あるいは「声」を集めるための道具として用いるのではなく、相手の主体化を促し、絶えず作り変えられるものとして位置づけることが重要な意味を持つ。

このように発想を転換すれば、メディアを通じて対話が活性化され、対話がそのメディアのあり方を作り変えるような循環関係を思い描くことも可能である。そのためには、従来の「送り手」は自分が呼びかける相手を、共にジャーナリズムを実践する市民として扱い、意見を求めるべきであり、そうした状況を生み出すためにメディアをデザインしていく必要がある。とはいえ、ここにも問題はある。このように生じる「メディアをめぐる対話」もメディアの設計を通じて仕掛けられ、枠付けられたものであり、特定の方向づけを伴う影響を受けることとなる。本章の冒頭でも指摘したように、メディアの構造は、「声なき声」の活性化のようなジャーナリズムのあり方にも制約を加える。だとすれば、本当にメディアの設計を通じて人びとに働きかけることが望ましいのだろうか。

この点で参考になるのが、行動経済学者のリチャード・セイラーと前述したサンスティーンが提唱した「ナッジ」という考え方である。「ナッジ」は「選択を禁じることも、経済的なインセンティブを大きく変えることもなく、人びとの行動を予測可能な形で変える選択アーキテクチャのあらゆる要素」であると説明される。[*39] たとえば、階段の段差に一段当たりの消費カロリーを記して利用を促す。男性用の小便器の真ん中にシールを貼り、トイレを清潔に保つ。このように、意識の変革を通じて行動変容を促すのではなく、人が生理的・社会的に有するバイアスに働きかけることで、行動や反応を誘発していく試みが挙げられる。「ナッジ」の背景には、選択の自由を温存しながら、設計者が望ましいと考える行動を促す「リバタリアン・パターナリズム」という思想がある。[*40] もちろん、このような環境設計の力は用途によっては危ういものである。たとえば、選挙で特定の候補者に投票したり、特定の主張を支持するように誘導するなどの目的で使われれば、自由に行動しているつもりが、気づけば認知が歪められていた、という話になりかねない。そのため、こうした力がどのように作用しているのかについてのリテラシーは欠かすことができないだろう。しかし、市民を公共的な対話や議論の場に引き込むために、「ナッジ」を利用することも可能なのではないか。このような考え方の下で、政治学者の田村哲樹は、「熟議民主主義のためのナッジ」の可能性を提案している。[*41] つまり、異質な考え方を持つ人びとと偶然出会い、何気なく熟議に参加するきっかけはデザインできるのではないか、ということを示唆している。たとえば、公園や街頭のような「公共フォーラム」は、自分自身とは接点のない意見や議論に何気なく触れることのできる場所として機能しているという。[*42]

この「ナッジ」の考え方を参照するならば、メディア・プラットフォームが独占する、空間や時間を再編し、場所を生み出す力を用いて、安心して対話のできる「私たちの居場所」を生み出す可能性を模索することが課題となる。社会学者の鈴木謙介は、仮想空間による現実空間の意味の上書きを通じて共同体を再構築する可能性を指摘していた。[*43] そして、「聖地巡礼」を取り上げ、「人びとの振る舞いが聖地を作り、聖地が人びとのアイデンティティを支え、それが現実の地域を変化させるという過程において見いだされる『空間の意味』こそが、多孔化によって分断された社会を上書きする要素となりうるのである」と論じている。[*44] このことは、テレビ的な手法で、現実空間の「分断」を「連帯」で上書きしようと試みる『クィア・アイ』の狙いを思い起こさせる。以上の議論から述べたいのは、伝統的なメディアにおけるジャーナリズムこそ、メディアを透明な情報伝達装置として扱うのではなく、社会に積極的に働きかけ「真正性」を構成する手段として活用する必要があるのではないかということである。最後にその点に言及し、章を締め括ることとしたい。

4　メディア＝場所を問題にしていくこと

少し議論の流れを振り返りたい。まず、同じ時間に異なる場所に暮らす人びとが同じものを見聞きするという、マスメディアの社会統合の機能はもはや自明なものではない。公共的な意思決定も、それを安定化する社会的基盤も解体されつつある。公／私の裂け目において、「真正性」の政治のような市場的な論理が幅を利かせている。だからこそ、「真正性」を構築するメディアの力を活用し、対話に必要な共通認識を育む必要が生じている。そのためには、メディアをめぐる民主的な議論や世論形成が必要であり、伝統的なメディア組織には、自分たちが用いているメディアに関する関心を呼び起こすための工夫が求められる。すなわち、大衆化や市場化の進む現代社会において、公共的な意思決定の場を形成するためには、「真正性」を競うゲームから距離を置くのではなく、「真正性」を生み出すメディアの力に便乗し、ポピュラーな正当性を獲得する必要がある。これは、たとえば、非営利の市民メディアのような市場経済から自律した実践とは異なるし、中立や客観性を重視してきた伝統的なマスメディア・ジャーナリズムとも異なる。また、専門職と一般市民の区別のない集合的な実践を「ジャーナリズム」として理解すること自体、多くの人にとっては依然として憚られるかもしれない。しかし、市民同士の議論を促し、世論を形成するという民主主義的基盤には、こうした実践が求められているのである。

そして、新聞社や放送局のような伝統的なアクターは、こうした力を依然として保持している。確かに、マスコミに対する不信が際限なく表出し、ポピュリストがそこから政治的正当性を得ていることについては、何回か言及した。特に新聞社や放送局はしばしば槍玉に上がり、もはや不必要なものとして悪魔化され、対立が煽られることも多い。マスメディアが捨象してきた「声なき声」はこうした反動にも結びつく。しかし、本書ではテレビの産業・文化から発展してきた事例に着目し、「テレビ的なもの」の持つ儀礼的な力を評価してきた。だとすれば、マスメディアを非難する「受け手」にせよ、不信に悩まされる「送り手」にせよ、本当に考える必要があるのは、マスメディアが保持する力をネットワークとの関連でどのように発展させ、より「公共」的な仕方で利用するのかではないだろうか。

近年では、こうした実践に着手する新聞社もあり、より娯楽的な参加の感覚を活用している点が興味深い。たとえば、西日本新聞が二〇一八年から開始した「あなたの特命取材班」（あな特）は、記者が「ライン」や「グーグルアンケート」を通じて読者から「調査依頼」を受け、その内容を実際に調査するコーナーである。全国の地方紙・地方局三五社三八媒体がＪＯＤ（ジャーナリズム・オンデマンド）パートナーシップを締結し、同様の企画を実施し、社の垣根を超えて相互に連携している。二〇二一年には、大村秀章愛知県知事の解任を求めるリコール運動で署名が偽造されていたことを、中日新聞と西日本新聞の両社が合同でスクープし、新聞協会賞を受賞している。そのきっかけは、佐賀県内で署名偽造のアルバイトをしたという「あな特」への読者投稿だった。ところで、この企画の発案者である社会部遊軍キャップの坂本信博は、一九八八年から主に関西圏で放送されているバラエティ番組『探偵！ ナイトスクープ』を参考にこの企画を提案したという。[*45] 同番組は百田尚樹が長らく構成を担当し、視聴者からの「調査依頼」をタレントが実際に検証する内容でヒットした。こうした参加型文化の面白さは報道のあり方を変えるうえでも有用なのである。また、「ＯＳＩＮＴ」（オープンソース・インテリジェンス）と呼ばれるオンライン空間に散らばる膨大な情報の収集と分析を行う報道の取り組みも着目を集めた。たとえば、二〇二一年に、海外での現地取材がコロナ禍で困難になったＮＨＫの国際記者たちは、現地住民の撮影した動画だけを用いて、ミャンマーのクーデターに関する特集番組を制作した。読者・視聴者のあいだでのメディア制作への参加感覚の高まりは組み合わせ方次第で実直な調査報道にも結びつくし、ジャーナリズムの担い手のあり方を変えていく。そして、こうした対抗的な実践は、支配的なメディア・プラットフォームのなかで、さまざまな工夫をこらしながら進められてきたのだった。

補論　対話のためのメディア・デザインに向けた試論
——メディア・ワークショップの設計と批判的考察から

「差別をしてはいけません」「するを許さず、されるを責めず、傍観者なし」「他人事ではなく、自分の事として差別を考えよう」等々。他にも人権問題をめぐる決まったフレーズがある。毎年のように、人権週間あたりでこうした啓発のメッセージが増殖されていく。もちろん、人権啓発メッセージが標語として街角に貼ってあることは、意味があるだろう。しかし、学校での人権教育や市民対象の啓発講座や研修で、いろいろな具体的な問題を説明された後で、最後の決め台詞として、こうしたメッセージが反復されるとしたら、どうだろうか。それもできるだけ多くの人びとにわかりやすいように、誰でもが納得し否定できない言葉で平易に語られるとすれば、どうだろうか。

（好井裕明『差別言論——〈わたし〉のなかの権力とつきあう』平凡社新書、二七頁）

1　対話のためのメディア環境をＤＩＹする——批判と創造の往還に向けて

本書では、ジャーナリズムにおける「声なき声の活性化」と「真正性の政治」をめぐる構造的な葛藤と可能性を描き出し、その条件を手繰り寄せた。あらためて要約するならば、以下のポイントが重要である。

①対話を紡ぎ出すための自己演技。真正性（本物らしさの感覚）を構築するために、ジャーナリストは職業的な役割のみならず、対話の相手になるような等身大の存在を演じることが要求される。ただし、それはジャーナリストに「感情労働」を要求するものであり、個人の尊厳を尊重できるような環境が必要である。

②メディア環境の共創。「マスメディアの支配的原理に外から抵抗するオルタナティヴ・メディア」のあり方が力を失う状況では、支配的なメディア・プラットフォームの内部に独自のメディア環境を構築することで、支配的な論理を揺さぶる場所を作る必要がある。しかし、それは資本主義の経済的論理に大幅に制約されるという根本的矛盾をはらむ。

これらの課題はあくまでも構造的な葛藤の所在を示すものであり、ただちに実践に結びつく実用的なものではない。とはいえ、「送り手－受け手」の垣根を超えて、誰でも自由にメディア環境を設計することの重要性は指摘したとおりである。筆者は、本書の元となる博士論文を提出した後、九州大学大学院芸術工学研究院の「社会包摂デザイン・イニシアティブ」という、包摂型社会の実現に向けたデザインのあり方を研究する拠点で、メディア・ワークショップ（以下、WS）を企画・実施する機会を得た。とはいえ、筆者はそもそもデザインの専門家ではなく、この実践も学術的な普遍性を持つものではない。自分が教育実践のなかで実際に「やってみた」ことを振り返り、その考察を記述するに留まるものであるため、本論からは独立した「補論」として付け加えることとした。以下で展開される議論は、筆者個人の視点に基づく分析を示すものであり、組織としての見解を示すものではないことはあらかじめ断っておく。

ジャーナリズムを取り巻く大衆化・脱専門職化と同様の視点から、アートやデザインの領域でも「専門知」の持つ抑圧性を自覚し、市民との協働が目指されている。たとえば、利用者のニーズに応えるために、多くのデザイナーが聞き取り調査を重視してきたし、芸術の分野でも、作家性に依存した表現ではなく、市民との協働を志向し始めている。「対話」の重要性はさらに他の専門領域でも指摘されてきた。たとえば、精神医療の分野では、患者の訴えに応じて専門家チームが集まり、患者とともに対話をする「オープンダイアローグ」が、回復に寄与する実践として着目されている。[*1] 教育分野では教員が話し、生徒が聞くだけの一方的な講義ではなく、生徒が主体的に授業に携わる「能動的な学修（アクティブ・ラーニング）」が推奨されており、日常的な問題を共に考える「哲学対話」がそのために利用されている。それでは、本書で展開してきた「真正性の政治」というメディア・ジャーナリズムを軸に発展させてきた議論や視座を、こうした「対話（ダイアローグ）」の実践に応用することはどのようにして可能なのか。

2　メディアを用いたワークショップの意義

メディアは「私たち」の問題である

このメディアWSは大掛かりなものではない。特殊な機材も知識も必要ないし、ファシリテーターなどの長期的な訓練を受けた専門家（エキスパート）でなくても実践できるようなものとした。必要なのは自分自身の経験の奥底に沈澱している「モヤモヤ」した経験、「わからない」という経験だけである。こうした実践は、誰でも自分で試行錯誤し、手軽にできるという意味で、「ＤＩＹ」と呼んでもよいのかもしれない。それでは、「ＤＩＹ」としてＷＳを設計してみたのはなぜなのか。

誰でも自由に情報を発信し、メディア・コンテンツを生み出せる時代であり、誰でも動画投稿サイトに動画を掲載したり、ＳＮＳにテクストや画像を発信できるようにはなった。しかし、第６章で示唆したとおり、その流通基盤となるメディア・プラットフォームの構築に関与するのは一握りの人間だけであり、自分自身の目的に即した動画投稿サイトやＳＮＳを作るためには膨大な資本――費用、時間、人員など――を要する。重要なのは、メディア利用者は以前よりも自由に情報発信しているように見えるが、実際には多くの制約を被っているということである。たとえば、テレビ制作者が視聴率を気にしながら番組を作るのと同様に、ＳＮＳ利用者の多くは「いいね！」がもらえるかを気にかけながら自己表現を行うのではないだろうか。そうでなくとも、どのような投稿をするのか、どのように見られるのか、どういう人とどのようなコミュニケーションを取るのかが、市場化・商業化されたメディア環境を通じて制約されていることには変わりがない。短く、わかりやすく、手軽に注目を集めることのできる投稿ばかりが拡散するために、自分自身の主観的な世界を言葉にし、他者と対話を重ねることは難しくなっている。こうした状況に抗い、小さな範囲で「自分たちのメディア」を生み出す可能性を手探りで検討するために、メディアＷＳを企画することになった。

本格的に新たなコミュニケーションの拠点をサイバー空間に生み出し、運営していくには、専門家と市民の垣根を越えてメディアを設計する必要がある。そのためには、教育を通じた情報技術の民主化が前提となるが、それを上回る速度でプラットフォームは囲い込まれ、特定の者が覇権を握る。機能が良いから使われるのではなく、誰もが利用しているから利用するという点で、ＳＮＳには強力な「ネットワーク効果」がある（第6章参照）。そのために、巨大なプラットフォーマーは、利用者同士のつながりや自己開示を積極的に促すし、いまや「ライン」、「インスタグラム」、「ツイッター」、「フェイスブック」が無ければ他者とつながることが難しい。しかも、そのような経済的目的で構築されるデジタル・アイデンティティは非常に平板なものである。マーク・ザッカーバーグは「二種類のアイデンティティを持つことは、不誠実さの見本だ」という理念の下で「フェイスブック」を開発しており、首尾一貫したデジタル・アイデンティティを生み出すことこそが「現代社会の透明性」なのだと考えている。[*2] しかし、デジタル環境に不自然に埋め込まれた「透明性」と「有名性」の論理は、第5章で描き出したような自己演技のジレンマを増殖させている。実際には私たちの生はもっと複雑だし、家族や地域や学校や職場などのさまざまな関係に依拠して、アイデンティティは複雑に作られる。にもかかわらず、誰もが有名人のように自分自身をオープンにするように促されるならば、多くの者が沈黙してしまう。ソーシャルメディアに現れる「声」は不和や葛藤や矛盾は切り捨てられ、単純化されたものばかりになってしまう。

本書では、こうした背景に対し、支配的な構造の内側に小さな抵抗の拠点を築き、攪乱することの重要性を指摘した（第6章参照）。この考え方をもう少し具体的に応用すると、「オルタナティヴ・メディア」のような新しく独立したメディア実践をゼロから作るのではなく、すでにあるメディアを組み合わせながら「対話」の場を生み出すことが重要なのではないかと考えられる。その根本にあるのがまさに「ＤＩＹ」の考え方である。一般的に、ＤＩＹとは「自分でする（ドゥ・イット・ユアセルフ）」という意味で、廃屋の改修や車の修理など、専門的な知識を持つ業者（企業）に依頼したり、既製品を購入すれば済む作業を、あえて自分自身の手で行うことを指す。ＤＩＹの背景には、自分自身の生活を大企業によって標準化された価値観や規格に委ねず、自分自身でモノを生み出すプロセスに快楽を見出すというある種の思想が見られる。たとえば、毛利嘉孝は、ＤＩＹ文化を資本主義に抗い、自分自身の生活を取り戻すための思想として語る。[*3] ここでＤＩＹは、資本主義経済により損なわれた、自分自身の「真正」な生の喜びを、余暇時間における自らの消費活動において希求する試みとして理解される。ＤＩＹは実際には経済的な消費活動である。たとえば、廃屋の改修に必要な木材や塗料はホームセンターで買い揃える必要がある。これらの製品はある程度規格化され、大量生産・大量販売を通じて誰でも気軽に入手できるし、市場化されている。結局のところ、ＤＩＹの流行は、構築された経験の「真正性」に商業的な価値が見出された結果にすぎないとも考えられる。しかし、同時に「与えられた選択肢から選ぶしかない」という消費者の受動性から逃れる手段としても有用なのではないか。つまり、まったく新しいアイデアに基づく素材や道具自体を用意しなくても、その使い方を工夫し、コミュニケーションを変容させられることが、重要なポイントとなる。私たちはほとんどの時間を支配的なメディア環境に奪われ、新たなオルタナティヴが入り込む余地は無いかもしれない。しかし、これらの「素材」をどのように用いて、対話のための小さな「居場所」を生み出すことができるのかを、「受け手」＝消費者の側から考えていく機会として「メディアのＤＩＹ」を位置づけられるように思われる。

自分たちのメディアを生み出す知恵を共に生み出す

以上の関心から、メディアＷＳを実施してみることにした。近年、耳にする機会の多い「ワークショップ」という言葉だが、メディア研究者の水越伸は、その意味を「身体を動かしたり、対話をしたり、ものをつくったりと、人間の生活にとってとても基本的なんだけれど、普段の仕事や勉強、生活のなかではあまり経験しないようなことを、小集団のなかで何らかのゲーム感覚で行うということ。そしてそのような活動を通じて、本を読んで知識を蓄えたり、頭の中で概念操作することでは得られないタイプの理解や了解を体感していく、ということだ」と説明している。[*4]すなわち、非日常的な状況を生み出すことで、日常的な行為についての自己・他者への理解を促し、主体性の獲得を促す教育的な試みであると理解できる。そして、メディアＷＳの主な目的とは、メディアを作るプロセスに参加しながら、「メディア・リテラシー」を習得することにある。この言葉は世間的に浸透し、情報を正しく読み解き、真実を見抜く力のように考えられがちだが、本来は情報を主体的に読み解き、そのコミュニケーションにどのような権力が働いているのかを理解する力だと言える。スチュアート・ホールの「意味をめぐる闘争」の話を再度取り上げるならば、オーディエンスにはメディアをさまざまな仕方で読み解き、多様な解釈を示すことで、対立や差異を顕在化し、議論を豊かにすることが期待される。そのため、こうしたメディア・リテラシーの教育的実践も、「送り手」が形成するテクストやイメージの背景にある権力構造を考え、自分自身の立場から見解や論点を見出し、他者と対話や議論を交わす「市民」としての力を涵養することに主眼を置くものが多い。

そして、誰もが情報発信の担い手となり、「送り手」と「受け手」の関係がよりフラットになった現在、メディア・テクストをどのように読むかだけでなく、どのようにメディアを主体的に用いるのかも課題に含まれる。たとえば、小川明子はデジタルメディアを用いたコンテンツの制作経験を通じて自己表現と相互理解を促す「デジタル・ストーリーテリング」を実施している。[*5] また、宇田川敦史は、「思考実験として設計者・企画者の視点に立ってみるような体験」を通じて、「固定化しがちな消費者目線を相対化し、あらたな気づきとともにメディアの深い理解を促すことの重要性」を強調している。[*6] 水越伸、宇田川敦史、勝野正博、神谷説子は「メディア・インフラ・リテラシー」という言葉を提唱し、[*7] コンテンツの受容や創造だけでなく、それが流通するメディア・プラットフォームについてのリテラシー教育も必要だと投げかけ、実践を進めている。どのような構造的権力がプラットフォームに埋め込まれ、どのような仕方でプラットフォームを主体的に利用したり、生み出したりできるのかを考える機会を生み出すことが重要になるのである。

ここで教育の根底にある「啓発」のような考え方も見直す必要がある。人権や差別などの問題をめぐり、「啓発が必要だ」という言葉はよく耳にする。しかしながら、科学技術コミュニケーションでは、「知識の欠如を埋めれば、一般の人びとは科学者のいうことを受け入れたり、政策に敵対的態度をとらなくなったりするだろう」とする「欠如モデル」は、有効なものではないと批判されてきた。[*8] むしろ、専門家に疑問を投げかけたり、専門家自身が問いを発するような双方向的なコミュニケーションの重要性が科学技術の正当性・信頼性を高めるうえで増している。これはメディアや教育のあり方を考えるうえでも重要な視点となる。

3　設計の背景——どのように呼びかけ、どのような場を作るのか

匿名性の空間と可視化——メディアの環境をデザインする

それでは、どのようにメディア空間を設計できるのだろうか。メディアは時間と空間を制御することで「私たち」の意識を組み替えていく。メディアが発達する以前には、時間と空間はほぼ均一に対応していた。すなわち、移動にかかる時間は移動距離とほぼ比例しており、距離が離れれば離れるほど情報伝達には時間がかかる。しかし、メディアはそうした物理的、時間的な制約を乗り越え、同じ時間と空間を共有するというローカルな「場所」の感覚を解体してきた。たとえば、筆者自身、九州に身を置きながら関東や関西の人間と連絡を取るが、マンションのすぐ隣の部屋の住人のことをまったく知らない。それほどまでに、メディアは地縁に基づくローカルな「場所」の感覚を失わせている。しかし、同時に、同じ出来事を目撃したり、交流する経験を生み出すことで新たな共同性(コモナリティ)を生み出してきた。たとえば、深夜のラジオ番組のリスナーは、一日で最も孤独な時間に、異なる空間にいる人びとに思いを馳せる。ミュージアムは同じ空間にさまざまな時間の光景を重ねることで、世代を超えた集合的記憶を紡いでいく。このように、メディアは「私たち」の居場所を生み出す試みと深く関連している。そこで考えてみる必要があるのは、「対話に必要なのはどのような居場所であるのか」である。

まずは、対話に最適化されたメディアの構成要件を考えてみる必要がある。たとえば、リアルタイムで集まれる場所の方が良いのか、それとも時間を気にせず使える場所が良いのか。お互いの顔が見える方が良いのか、顔出しはしない方が安心できるのか。音声での会話は誰かが話している間は残りの人たちは聞いたままになるから、テクストチャットの方が良いかもしれない。だけど、チャットを読まなければならない立場から見ると、それでは情報量が多すぎるかもしれない。大学の「ズーム」の講義では、学生が全員カメラとマイクをオフにした状態で参加し、教員だけがカメラやマイクをオンにして話す光景を目にする。聞き流すだけで良いので「受け手」にとっては都合が良いと感じるかもしれないが、能動的で対話的な反応はあまり期待できなさそうである。このように具体的な思考を続けてみた。もちろん、設定した要件が最適か否かはその都度の関係や環境、目的に応じて変化する。さらに、このWSがコミュニケーションという不確実で多様な帰結が得られるプロセスを扱う以上は、それを完全に手続き化（マニュアル化）することは難しい。しかし、どのメディアに埋め込まれた論理を利用するのか、どのように組み合わせるのかによって、普段のメディア利用のなかで不可視化されているさまざまな選択肢を想像し、コミュニケーションを活性化できるという点はより広く共有できる知恵だと言える。

このメディアWSでは、参加者が相互に個人を特定できない状態、すなわち匿名で書き込んでもらうことにした。「ここでは何を言ってもよい」という心理的安全性を担保し、自分自身が何を思い、考えるのかを発言するように促すうえで、実名よりも有効だからである。これは『ハートネットTV』における電子掲示板の活用も参考にしている（第3章参照）。ただし、「匿名性」は自由な発言を促すが、「毒」にも「薬」にもなる点は注意しなければならない。特定の個人や集団に対する差別、憎悪、誹謗中傷などについては、他者の言論の自由の基盤となる尊厳を害するものであるため、事前に禁止した。他方で、「言いにくいこと」と「言いやすいこと」の社会的な不均等も考慮すべきだろう。特にスティグマをめぐるリスク（たとえば、自宅の住所や実名を暴露されたり、報復される恐れ）を軽減するための配慮として、匿名性が同じ経験を備えた少人数の閉鎖的な環境とともに用いられることはある。たとえば、アルコール依存症の当事者が自分自身の経験を独白するアルコホーリクス・アノニマス（AA）などの「自助グループ」のように、本名を名乗らず、発言を外に漏らさず秘密にする、相手の発言を評価したり、否定したりしないというルールを設け、本音を共有しやすい環境を構築する事例がある。他の番組の事例も挙げると、NHKのバラエティ番組『ねほりんぱほりん』（NHK Eテレ、二〇一六年〜）も、「元薬物中毒者」、「地下アイドル」、「養子」、「パパ活女子」、「介護士」、「震災で家族が行方不明の人」など、顔出しNGのゲスト出演者が偽名で、動物（豚）の人形に扮して、自分自身の異質な経験を打ち明ける番組内容で話題を呼んでいる。

これらの取り組みが「匿名」である必要性は、その「親密性」や「秘密性」を公共的なものへと開く過程で生じる。哲学者のジャック・デリダは、西洋における公開性の原則には「秘密を否定し、取り消し、禁止する傾向」や「秘密を守ることを私的領域に制限する傾向」が見られ、そのために「プライバシーの文化」を打ち立ててきたのだと批判する。[*9] 公的領域では自らの責任において包み隠さず発言することが求められ、それが不可能であれば沈黙せざるをえない。しかし、こうした「プライバシーの文化」において、さまざまなトラブルは生じている。たとえば、いじめ、体罰、家庭内暴力、性暴力などはそれが法律に反するものであっても、私生活圏の人目につかない場所で行われ、暗に正当化され、不可視化されてきたのだった。被害者自身も「恥」として秘匿するし、目撃者や証言者がいないので立証も困難になるなど、「プライバシーの文化」には実名では告発不可能な経験が多く含まれることとなる。結果として、私秘的な領域は公共的な領域から切り離されてしまう。このように公／私の横断を考えると、たんに匿名／実名という選択だけではなく、心理的安全性を高めるための「制御された匿名性」をどのように生み出すのかを考える必要が生じていると見ることができる。

呼びかけと自己開示——ファシリテーター自身の役回りを考える

基本的に、コミュニケーションは人－対－人の偶発的な相互行為であり、メディアのような環境を操作するだけで制御できるものではない（また、制御しすぎるべきではない）。すなわち、対話の担い手の意識やパフォーマンス、関係性が対話の質に影響を及ぼす。そのために、自ら対話に参加して対話を促す進行役、いわゆる「ファシリテーター」を設けることにした。とはいえ、ここでも注意しなければならない点がある。ファシリテーターは特権的な位置から介在するために、参加者の「本音」を押し潰したり、参加者を自分の意見に誘導してしまうリスクもあるということである。小川明子は「特にワークショップを仕掛け、実践していく人間やファシリテーターたちの立ち位置が孕む権力性の問題は、いくら配慮を重ねたとしても、批判を受け入れざるをえない部分がある」と注意を促している。[*10]たとえば、対話の舵取りを行う際に、無自覚に自分自身に馴染みのない意見を封殺してしまうかもしれない。あるいは、相手に問いかける際に特定の回答に誘導するようなメタメッセージを含めてしまうこともある。大学の授業で、教員と学生の関係において行われたこのＷＳも、参加者側がその意図を汲み取り、「聞き分けの良い生徒」を演じてしまう恐れがある。

とはいえ、権力性を伴わない呼びかけの主体はありえないのであり、聞き役の第三者に徹するよりも、この権力性を自覚したうえでどのように活用すべきなのかを考える方が望ましい。そのために、本書での議論に立ち返りながら、ファシリテーションの方向性を考えてみたい。まず、合意形成を試みる議論は、意見の違いから生じる対立や差異を意思決定のプロセスから排除する恐れがある。ファシリテーターが対立の表出を恐れ、焦って合意や相互理解を促せば、「教師が正解を知り、生徒がその正解を察する」などの非対称的な関係を正当化してしまう。たとえば、「ジェンダー平等が望ましいのはなぜでしょうか」と問いかけ、「素直に意見を述べてください」と言っても、議論は上手くいかないと考えられる。そこには「送り手」側が期待する落としどころが暗に存在するためである。合意＝メッセージの形成を前提とした時に、「真正性」の構築が上手くいかないことは、第3章において指摘した。こうした「啓発型」の呼びかけ方では、自分自身の心情を素直に吐露できる環境からは遠ざかってしまう。

それでは、わかりやすい合意＝結論に至り、参加者間の価値観の差異が隠蔽されるのを避けるために、差異や対立を強調するディベート的な手法はうまく機能するのだろうか。たとえば、女性専用車両は必要か、廃止すべきかのような議題を設定し、相互に批判を繰り返す。『朝から生テレビ！』などの討論番組ではこうした光景がよく見られる（第2章参照）。しかしながら、日常生活で抱いている主観を互いの立場から理解するのには向いていないように思われる。こうした「討論型」の呼びかけでは、より多くの共感を手早く動員した方が「勝ち」になり、敗れた側はやはり沈黙させられることになりかねないからだ。

すなわち、差異や対立が表面化しないように議論を穏便に進める「啓発型」にせよ、相互の意見の妥当性を競い合う「討論型」にせよ、最終的に「私たち」が納得できる共通の意見を追求するために、自分自身について相互に打ち明ける対話のあり方を疎外する恐れがある。これは、ファシリテーターが自らの私的な側面を覆い隠し、中立な第三者や権威ある者として参加者のコミュニケーションを補助する役割に徹しようとする時に陥る状況であるとも考えられる。それは、相手との関係をフラットにするどころか、「送り手」が「受け手」に対して行使する権力を不可視化してしまう恐れがある。そこで、あらゆる物事には一つの結論が存在し、相手がその結論に至るまでの道筋をコントロールすべきだという固定観念は払拭しておかなければならない。他方で、自分自身を「真正」な存在として示すことは、共感を以て特定の方向に相手の思考を誘導する恐れもある。この点については「送り手」が持つ権力を自覚するしかない。

そこで有効なのは、『クィア・アイ』のファブ5のように、自分自身の不安定性や曖昧さを開示し、異質に見える相手が隠している弱さを理解し、承認しようとする姿勢である（第4章参照）。だからこそ、このWSでは、進行役自身が呼びかけ、呼びかけられるアクターの一人として参加し、対立や差異を表出させながらも、相互理解を推し進め、自分自身の価値観も揺さぶられるような弱い存在であることが求められる。これは「対話」を促すうえで重要な姿勢である。劇作家の平田オリザは「「対話的な精神」とは、異なる価値観を持った人と出会うことで、自分の意見が変わっていくことを潔しとする態度のことである」と説明し、「異なる価値観と出くわしたときに、物怖じせず、卑屈にも尊大にもならず、粘り強く共有できる部分を見つけ出していくこと」が求められると書き記す。[*11] また、対話には「同情（シンパシー）」ではなく「共感（エンパシー）」が必要であることを論じ、共感は「『わかりあえないこと』を前提に、わかりあえる部分を探っていく営み」であると敷衍している。[*12]

以上より、具体的に進行役に求められるのは、自分自身の持つ権力を意識しながらも、自分自身を等身大の対話の相手として演じる姿勢である。ここで取り上げるWSの個別具体的な状況を説明すると、進行役は筆者自身が務め、授業を受講している大学院生に参加してもらった。その際に、自らの公式的な役割や立場——大学教員や社会学者——から見解を述べるのではなく、なるべく参加者＝大学院生と地続きの立場から語りかけるために、自分自身の私的な側面を開示しながら問題を提起した。第5章で指摘したとおり、多数の眼前で自分自身を曝け出すことには両義性がある。それは「真正性」の構築において重要な要素ではあるが、個人に応じて得手不得手があるし、「仕事上の立場とプライベートは分けたい」と思う者も少なくはない。たとえば、公務員の場合、合理性と無謬性が絶えず要請され、仕事に私情を持ち込まないことが美徳となっている。これは中立な立場に徹する報道記者も同様である。仕事と生活の区別が緩やかな大学教員も、学生の前で自分自身の「わからないこと」、「戸惑うこと」を開示するのに抵抗感がないわけではない。相互が弱さを抱える人間であることを認識し、それを打ち明ける関係を日常生活のなかで生み出していく必要もある。

自分自身の立場に応じたテーマの設定も重要になる。今回のWSを行う前に別の学生たちの協力の下でシミュレーションを行った際に、私は「SNS上での人間関係についてのモヤモヤ」を尋ねてみることにしたが、積極的な反応は得られにくいように感じられた。なぜならば、メディアを専門分野とする研究者という立場である以上、ＳＮＳに関する「正しい」解釈や「正解」を保持しているという印象を与えてしまうからだ。このことを踏まえるならば、本当に自分自身が割り切れずにいる問題について尋ねた方が効果的であり、また、自分自身の私的な経験からこの問題を投げかける必要がある。「困りごと」と言ってもよいかもしれない。以上よりわかるのは、進行役の立場や属性、普段の人柄、参加者との信頼関係といった属人的な要素に対話の結果が大きく左右されてしまうということである。だからこそ、実行者の目的や状況に応じて試行錯誤を繰り返しながら洗練させ、進行役と参加者が互いの公式的な立場を抜きにして発話できる環境を考えていく必要がある。また、人－対－人の関係を手続き的に操作可能なものとしてデザインすることが、設計者と参加者のあいだに隠された不均等を生み出すリスクについても考慮に入れておく必要がある。ここで取り上げる内容は、その一つのイメージとしてもらえればと思う。

多元的なコミュニケーション空間を構成する

以上の考え方を踏まえて、メディアＷＳを設計した。ここでは、限定された小さな範囲で、進行役による参加者に呼びかけるというマスメディア的な要素と、匿名で自分自身の考えや経験を投稿し、相互にリプライをつけるソーシャルメディア的な要素を掛け合わせていく。そして、「ＤＩＹ」的な発想に基づき、すでに提供されていて誰でも利用できるサービスを利用することとした。一般的に、「ツイッター」や「ライン」、「5ちゃんねる」などのソーシャルメディアでは、投稿が時系列順に、

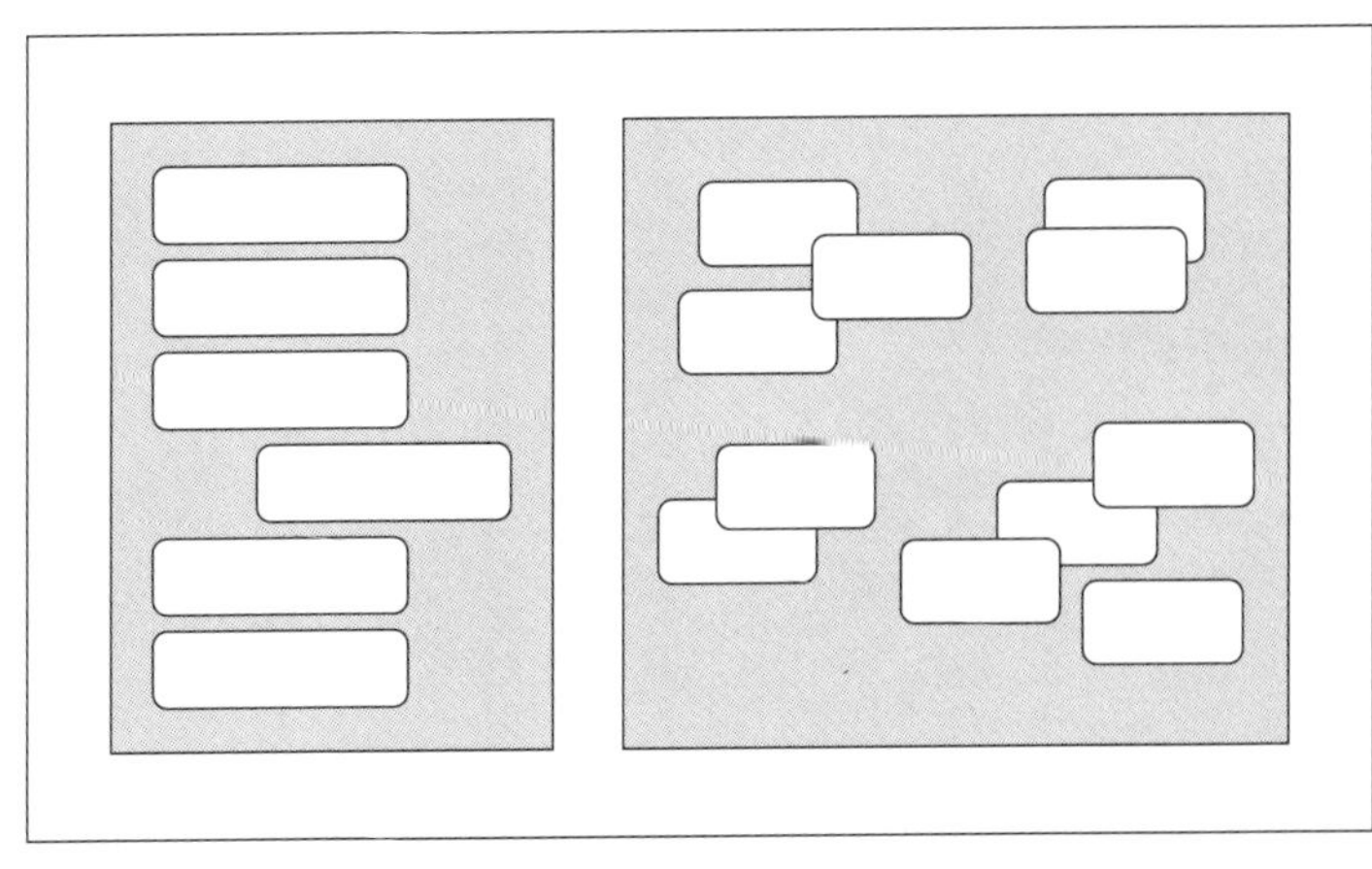

図５　オンライン空間の投稿のイメージ

縦方向のタイムライン（ＴＬ）に並べられる。そのため、上から下へ、あるいは下から上へと単線的に生じる文脈を汲み取りながらリプライを連鎖させていくこととなる。しかし、現実の空間では、一〇人以上で談笑する際に、一〇人が同じ話題に参加する光景はあまり見かけないのではないか。その場合、会話の中心にいる人と、会話の輪に入れず黙って聞くだけの人のあいだに発言量の差が生じてしまうし、複数の話題を挙げたり、話を広げることが難しい。このＷＳでは、参加者間の会話に広がりを持たせるために、こうした縦方向のＴＬではなく、平面的なＴＬが必要だと考えた（図５）。そこで、「ミロ」というオンラインホワイトボードを利用し、参加者にはラップトップＰＣから書き込んでもらった。「ミロ」はウェブブラウザ上で共有でき、参加者が文字やオブジェクトを書き込んだり、付箋を貼ることができる。[*13] 線ではなく面で空間が構成されているので、複数の文脈に基づく会話が同時進行し、会話から会話への移動も自由になる利点がある。

また、外部サービスのアカウントと紐付けずにログインすれば、匿名での参加・投稿も可能となる。[*14] これに限らず、すでにあるサービスを利用しながら、特定少数でありながらも匿名であるような、閉じた社会的状況を生み出せる。

もちろん、その都度の状況、たとえば、議題の内容や参加者の関係性、人数などに応じてこうしたツールの選択は柔軟に考えられる。たとえば、PCを利用できない状況においては、「ライン」の「オープンチャット」を利用すれば、TLは単方向的になるものの、手っ取り早く実施できる利点がある。総務省が二〇二一年度に実施した「情報通信メディアの利用時間と情報行動に関する調査」によれば、「ライン」は日本において九二・五%の人びとが利用しており、未使用者がほとんどいない。そして、二〇一九年に搭載された「オープンチャット」という機能は、「ライン」のアプリをそのまま利用しつつも、自分の使用しているアカウントとは別にアカウントを設定できるため、個人が特定される心配がない。あるいは、デジタルメディアに不慣れな人びとが主な参加者であれば、紙などのアナログなメディアを用いて、同様の環境を生み出す工夫も可能かもしれない。最終的に重要になるのは、企画者の目的と、その場の参加者のニーズや特性を擦り合わせながら、どのようにメディアを組み合わせるかを手探りで考えることだ。

また、匿名であるがゆえに「不特定多数」となる参加者に対して、どのような手段で呼びかけるのかも重要な点である。今回は非言語的な情報が最も伝わりやすいことから、対面での呼び掛けとしたが、遠隔での交流を目的にする場合には、テレビ・動画のような視聴覚的情報、ラジオ・音声のような聴覚的情報、新聞・活字のような視覚的情報の性質を鑑みながら、どのような媒体が適切であるのかを考えておく必要がある。今回のＷＳで重視しているのは、聴覚的な情報である。この場合、視覚的な情報が占有されていても、聴覚から情報を受け取れるという点で、同期性を保ちやすい。このように、マスメディア的な論理とソーシャルメディア的な論理を掛け合わせることで、対話が「送り手」の意志によってのみ秩序化されるわけでも、多様な「受け手」が無秩序に、一方的に自分の言いたいことを言うだけでもない状況を生み出せるのではないか。以上が今回のメディアＷＳの背景にある考え方である。

4　メディア・ワークショップの実施と省察——デジタル・ネイティヴの対話感覚の考察

以上より対話型のメディアＷＳを設計し、二〇二二年六月二三日に、福岡県内の大学に通う大学院生（男性一〇名・女性四名）を対象として実施した。参加者は主に芸術・工学系の学術領域を専攻する大学院生であり、進行役は筆者、メディア研究を専門とする大学教員（二九歳男性）が務めた。進行役は参加者の投稿に応じて、自分自身の経験や感想を述べる。参加者は進行役のトークを聞きながら自分自身の経験談や考え方を「ミロ」に投稿し、以下の手順を想定しながら呼びかけを行った。①自分自身が実際に経験し認識している個人的経験を投稿してもらう→②その社会的な原因は何であるのかを抽象的に解釈してもらう→③原因を改めるためのアイデアを提案する、という流れである。

特に本書では①の部分に着目しながら、ＷＳから得られた知見を自己評価していくこととしたい。

このＷＳは、自分自身の経験の開示を促しながら、ジェンダーに関する他者の視点を自らのうちに取り込み、相互理解を深めることを目的としている。他方で、このＷＳは、参加者のあいだに漂う社会問題やコミュニケーションをめぐる「気分」を浮き彫りにする手段としても有用なものだった。ここでは、これらの両側面から対話に何が求められるのかを省察していくこととしたい。

対話のテーマは「大学生活においてジェンダー不平等を感じた経験」とした。これは参加者全員が自分自身の経験に即して語ることのできるテーマである。また、「大学生活」を共通項とすることで、進行役自身を参加者にとって等身大の存在（大学生・大学院生の立場）に近づけ、親密な関係を築くことができる。特に進行役自身が私的生活で感じ、当事者意識を持つような問題意識を最初に提示することが、呼びかけにおいて重要であると考えられる。このＷＳで、進行役は、自分自身が大学生の頃に男女間の不平等をそれほど深刻に理解できていなかったことや、男性同士の親密的な会話で女性やＬＧＢＴＱを疎外するような発言に触れた時の後悔など、自分自身が戸惑いや後悔を覚えた個別具体的な経験を述べた。ここでは、ジェンダーに関する「正しい知識」を提示するのではなく、自分自身がわからないこと、戸惑っていることを積極的に共有し、相手に投げかけることとした。繰り返しになるが、それが上手く機能するかは、参加者の意識、関係、文脈などの偶発的で具体的な要素に左右されることとなる。進行役と参加者の関係性にも親子、上司と部下、ケアワーカーと当事者、同僚同士、先輩と後輩などの多様な権力関係があり、進行役自身の社会的立場、あるいは参加者との関係に応じて自己演技のあり方は変わる。

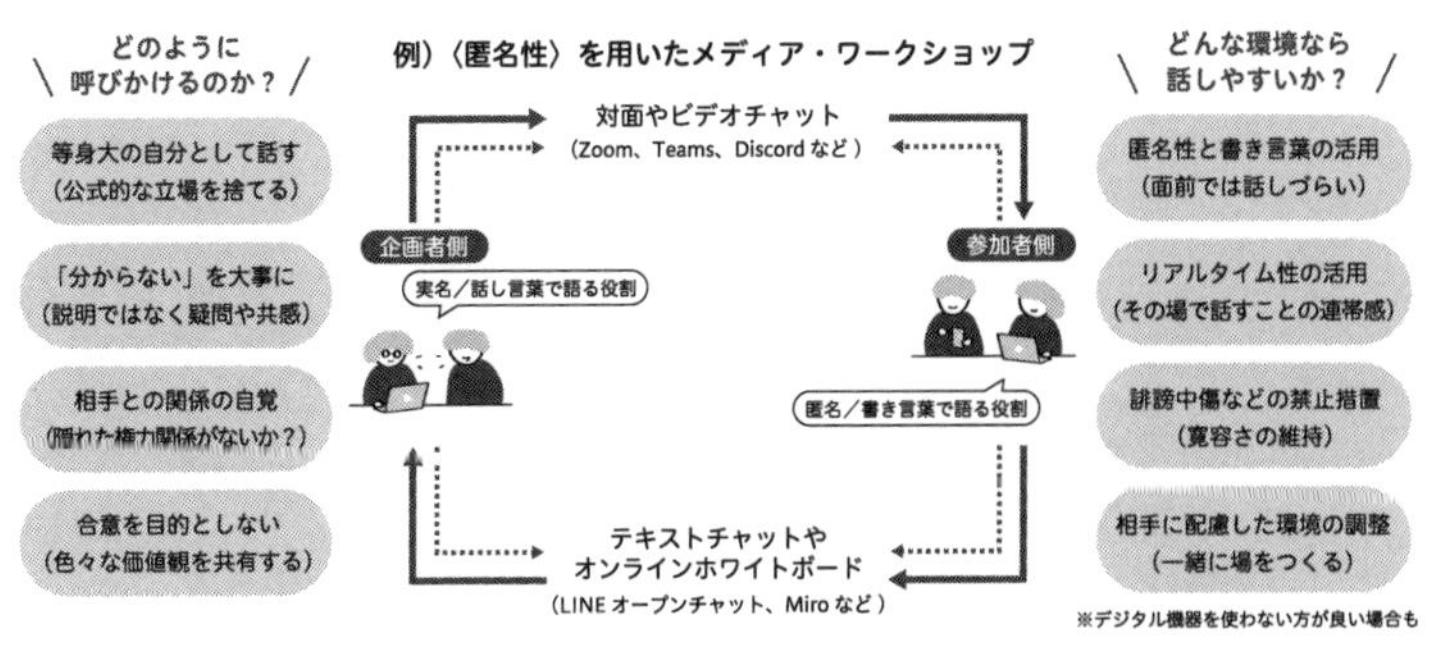

図6　メディアWSの見取り図（出典：九州大学大学院社会包摂デザイン・イニシアティブ「表現と対話でつくる！　行政のためのデザイン研修」）

より主観的な語りの方に価値を与える

そして、どのような意見や経験にも耳を傾ける姿勢を示すことが重要となる。このイントロダクションの後、各参加者に対して自分自身がジェンダーについてモヤモヤした経験を投稿してもらう。ただし、個人が特定できる投稿や誹謗中傷はしないという注意を促し、一般論ではなく自分自身の経験に根づいて投稿するように促した。進行役はそのなかから目についたものを読み上げながら、自分自身の経験に基づく疑問や共感を述べていく。ここで合意形成に誘導することも可能であるが、先に述べたとおり、結論を急がず、対話を持続させていく必要がある。

たとえば、男性の立場からは、デートで「男子が多く払う風習も差別ではないか」という投稿が見られた。それに対し、抽象的な議論を持ち出すことは確かに可能である。男性が女性に奢るというのは「男性稼ぎ主モデル」を前提とした過去の常識として見直されるだろうし、その都度の相談を経てどうするのかを決めていくのが望ましいというのが、良識的な結論だとも言える。しかし、このWSでは他者の経験に基づく意見に触れ、「こういう物事の見方もあるのか」と自分自身の考え方を内省的に刷新していくことが重要となる。そのため、進行役は、自分自身の経験を振り返りながら、割り勘で良いかどうかを聞く男性を野暮だと感じる女性もいるかもしれないと悩むことが多いと体験談を述べ、共感を示しつつ、問い掛けた。これに対しては、「男性の方が多く払う、女性が払うと考えるのは良くないという気持ち」と「男性である自分が払わないと格好悪いなと思う気持ち」のあいだで葛藤することがあるという投稿が寄せられたり、幼少期から見てきたサブカルチャー作品に影響されて見栄を張ってしまうのではないかとの指摘も寄せられた。

とはいえ、自分自身の経験に即して投稿する参加者ばかりではなく、むしろ自分自身の位置取りを避ける傾向は強く見られた。進行役が男性として掲げた「モヤモヤ」の例は自らが経験した個別の潜在的な加害者性を含むものだったが、参加者のあいだではそうしたリスクへの言及を避け、被害者的な位置取りに徹する傾向が見られた。すなわち、自らの潜在的な加害者性への恐れや、加害者性／被害者性に還元されない葛藤に関する言及は少なかった。アンコンシャス・バイアスについては、前述した投稿に加え、「男女平等だとは思っているけど人の特徴を聞くときに男？　女？　って聞いてしまう」、「性別に縛られている窮屈感もある一方で、性別に帰属する安心感を感じるときもある」の三件に留まる。このことを鑑みるに、男女を問わず、自分自身が性差別の加害者の側になりうるリスクは意識に上りにくく、「自分が被害者になってしまうのではないか」という不安の方がより表出しやすいようである。

これらを読み解くと、どのような意見や経験も尊重する寛容な姿勢は重要ではあるが、同時に「より主観的な語りの方に価値を与える」必要性もあると考えられる。まず、女性側の視点に即した投稿は、一人称視点での体験談が付記されているものが比較的多く見られた。たとえば、学部生の頃に教員に自分の専門分野が「男の世界」だから理系的な考え方のない女性には無理だと言われた経験を綴る者、伝統を理由に地元の祭りの神輿に乗せてもらえなかった経験を語る者もいた。友人から間接的に聞いた経験談として、就職先の会社の女性同僚に「お茶くみ」を要求されたという話もあった。男性側の視点からも一件だけ、体育の授業で男子だけ長袖の着用が認められなかった経験が、性的役割を強要される被差別経験として挙げられている。これらは男女間で生じる不平等や不公平に対する違和感を述べる具体的なエピソードである。また、大学事務や教務系の教員、部活動のマネージャー、飲食店における接客などを女性が担いがちであること、サークル活動のリーダーなどは男性がほとんどを占めるなどの性別役割分業の問題も指摘されていた。

他方で、こうした投稿よりも、抽象的な一般論など、一人称視点での経験を交えないものも多くを占めていた。たとえば、いわゆる「逆差別」の典型的な例として、女性専用車両、娯楽施設におけるレディース・デーなどが挙げられた。ところが、これらの事例について、自分自身がどのように困ったり、被害を受けたのかについては説明がほとんど見られなかった。個人的な経験を欠き、発言者が「誰として語るのか」が曖昧なままでは、なかなか対話が進まない。ところが、主に男性側の立場からの投稿は積極的な位置取りを避けるものが多く見られたと言える。これらは短く抽象的なものに留まるものが多い。たとえば、「男の人は自分の特権に無自覚では？」、「女子には女子の特権がある」、「自分が優遇されていることって、気がつきにくい」といった一連のやりとりが見られたものの、やはり主観的な位置取りは覆い隠されてしまっている。こうした場合、進行役は自分自身がそれに対して経験した具体的なエピソードを挙げながら、参加者に具体的な経験を追記し、共有可能な仕方で表現するように呼び掛けていく必要がある。

以上のように、このＷＳでは、抽象化された「一般論」の方が、参加者に自分自身の身の回りの経験をめぐる「自分語り」よりも目立つ結果となった。もちろん、主観的な位置取りを避ける心情は自然なものであり、それを否定するのは悪手である。むしろ、「自分語り」の方に積極的に関心を寄せ、耳を傾けながら、呼びかけることで、間接的な仕方で対話に繋がるように働きかけていく。そうすることで、自分自身について語ってもよいという安心感を醸成することが重要なのだと考えられる。また、参加者がどれほど積極的に参加したのかは、匿名であるためわからないが、他の参加者の投稿を眺めるだけでも意義があるのではないかとも考えられる。というのも、他者の考え方や視点に触れることでエンパシーを拡張し、自らの内面にある価値を見直すのが対話のプロセスだからである。

「不和」に対する恐れを払拭する

これと関連して、記述が極端に短い投稿、特に連想した単語だけを綴り、価値判断を留保する投稿も多く見られた。具体的には「男子寮」、「女子校、男子校」、「Lady First」、「『家事のできる男は優しい』と」、「『女子は数学が苦手で当たり前』」、「『男だから、泣くな』」といった投稿（原文ママ）が挙げられる。どれも単語や短いフレーズであり、それらに関する自分自身の価値判断を明示していない。たとえば、「自分の高校は男子校だったけれども、異性がいない環境だからこそ良いと思うところもあった」、「『女子は数学が苦手で当たり前』と言う人がいるけれども、周りがそう思い込むからそうなるんじゃないの?」などの言葉であれば応答可能だが、そうはならない場合もある。これは平田オリザの「他者と出会い、単語だけでは通じないという経験を繰り返し、「文」というものを手に入れていく、この言語習得の過程が崩れているのではないか」、「言語は、『言わなくて済むことは、言わないように言わないように変化する』」という指摘とも通じるかもしれない。[*15] あるいは、「ミロ」の付箋の仕様上、長文よりも短文の方が入力しやすいため、技術的な面での問題もありそうだ。

少しデジタル・ネイティヴ世代を取り巻く背景に着目するならば、いくつかの改善点が挙げられる。第一に、たとえば、「私は○○だと思う。なぜならば~」といった文章表現を詰め込むような「長文」が、普段使いのSNSで避けられていることが大きく影響しているのではないかと考えられる。第二に、自らの価値判断をぼかすことで不和を避ける傾向があるのではないかとも考えられる。文化人類学者の木村忠正は、日本の若者のあいだで、匿名性への志向が高く、自己開示が低く、不確実性を避ける傾向が見られることを明らかにしている。[*16] また、鈴木謙介は婉曲的な仕方で自分自身を伝えようとするオンライン上のコミュニケーションを「ほのめかしコミュニケーション」と呼び、「それが先読みした他者の反応を試すのに有効」であり、「またうまくいかなかった場合にも、もともと書いていることが具体的でないだけに、自分に対して抱いているイメージへのダメージが少ないから」用いられると分析している。[*17] すなわち、SNSでは自分自身が自分自身の思ったとおりに伝わるかどうかを気に懸ける情報発信が常套化しており、特に若者世代ほどこうした自己開示の忌避感を内在化しているようである。こうした省察を踏まえると、「自分自身の意見+個人的経験による根拠づけ」という文章構成による表現を促し、「名詞」や「短文」を弾くようなアーキテクチャを検討してみてもよいかもしれないが、それは発言の自由度を引き下げるパターナルなものに転じる恐れもある。いずれにせよ、意見の相違や不確実性や不和が対話に結びつくという感覚が希薄な状況にあるようである。

こうした「不和」に対する忌避感は、ジェンダーやセクシュアリティの問題のどの要素に着目するのかという点にも如実に現れていた。進行役が問いかけたのは主に男女間の不平等や差別にどのように向き合うのかという問題だった。ところが、男女間で現に現れる格差や差別、不平等を問題視する「不和」を孕む言説を、ジェンダーの選択の自由を求める「ポジティヴ」な言説が上書きする仕方で対話が進む傾向も見られた。両者は共にジェンダーの問題だが、前者は男女の二分法の下で社会的な格差が存在していることを問題視する。たとえば、「大学事務のパートの人はみんな女の人」など、労働の待遇における男女間格差が提示された。それに対し、後者は、男女二元論により個人の選択が制約されていることを問題視する議論である。たとえば、「ピンク色が好きな男は変？　ピンク＝女の色？」といったような不自由が問題視されている。この二つの論点が混在している投稿は、「男性同士の特有の会話で、『男ばっかりでむさくるしくて嫌だ、女の子呼びたい』みたいな会話があるが、それがよくわからない。性別関係なくない？」の一件に限られる。

参加者のあいだでは、社会的不平等の構造を問題視する前者の視点よりも、個人の選択肢の制約を問題視する後者の視点からの方が発言の障壁が低かったのかもしれない。男女二元論に基づく差別を論点とする投稿は女性側／男性側という自分自身の位置取りを強く意識せざるをえない。他方で、端から女性／男性という二分法に異議を申し立てる方が、男女間の対立や不和が顕在化するリスクは少ない。また、集合的なアイデンティティ（男性／女性）を拠り所とした自己表現や対立に辟易とする気分が存在しているのではないかとも考えられる。[*18] もちろん、参加者の世代やジェンダーなどに応じてこうした傾向は変わるとも考えられる。たとえば、同じWSを女子大学や人文社会系の学部で実施した場合にも同じ傾向が見られるのかはわからない。一般化はできないものの、不和が対立に発展することを避ける傾向は根強いのではないかと考えられる。

5　「声なき声」の活性化の実践のネットワーク化に向けて

以上は絶えず試行錯誤の只中にある不完全な試みであり、当然ながら課題も山積みである。たとえば、進行役の呼びかけ方やアーキテクチャなど、環境を操作することはできるものの、日常的に身体化されたコミュニケーションの作法が顕著に現れる場面も見られた。また、対話のための空間は、参加者同士の関係などのさまざまな要因に左右されるため、この具体的な手続きを一般原則としてマニュアル化したり、制度化するのは不可能である。しかし、ここではその一端を「補論」として示すことで、メディアのＤＩＹを通じた場の共創の可能性を示唆してきた。その意義について最後に述べて、締め括ることとしたい。

グローバル化を通じてコミュニケーションのあり方は均質化し、結論や決断、エビデンスなどの、計測可能で、確実で、手早いものばかりが追求されがちである。他者の視点を知り、自分自身の経験を他者の目を通じて解釈し、他者に向けて説明するという対話の営みがますます困難な現代の社会的状況が確かにある。それに対し、異なる価値体系を持つ多様な「場所」を生み出すことが、「声なき声」の活性化において重要である。そして、ＤＩＹは、プロとアマ、生産者と消費者、送り手と受け手のような非対称的な区分を曖昧にし、より協働的な仕方で真正な「生」のあり方を追求する実践だと言える。そして、それは、折り合いのつかない問題を共有し、ゆっくり咀嚼していく空間を生み出すポテンシャルを秘めているのではないかとも考えられる。

この点についてのＤＩＹの利点は、不完全であるがゆえに模倣され、拡散していく点にある。すなわち、専門職が効率的な仕方でメディアを設計したり、自然な仕方で自分自身を演じきるのでは、「モヤモヤして割り切れないこと＝不和」は予定調和的なものに転じてしまうように思われる。そして、メディアを設計するということを「敷居の高い」取り組みにしてしまえば、メディアの設計をめぐる世論を興すこともまた困難に陥る。だからこそ、肩肘張らずに、誰でも気軽に試せるような仕方でＷＳを設計し、試行錯誤できることが重要になる。模倣を通じて、この気軽さの感覚が広がるとともに、より多様な仕方で変化していくことが望まれる。これはその小さな試みにすぎないが、そうしたネットワークのきっかけになれば幸いである。

結論　今後のメディア・ジャーナリズム研究に向けて

本書では「ジャーナリズムは「声なき声」をどのように活性化すべきか、どのように活性化できるのか」という問いを提起し、「真正性」に着目しながらそれを紐解いてきた。「真正性」の政治では、何が自然で、代替不可能で、親しみやすく感じられるのかが競われている。もちろん、ジャーナリズムが重視してきた中立公平や客観性、自律性などの職業倫理やメッセージ性に重きを置く制作者としての姿勢を否定するわけではない。それらは持続可能な民主主義社会を模索するうえで重要な一面ではあるが、現代のメディア環境において相対化され、危機に瀕しているのも事実である。こうした状況では、どれほど緻密な取材を行い、真摯に真実を追求しても、魅力的な要素を取り込まなければ、正当性を得ることができない。言説分析の限界を「享楽」の観点から批判的に読み解いたヤニス・スタヴラカキスの言葉を借りるならば、「同一化の過程を焚きつけるものは何であり、言説の固定性を創りだすものが何であるのか」[*1]、まさしくどのような言説の何を「真正」だと感じるのかを問わなければならない。そして、そうした「真正性」を構築する過程において、「声なき声」を公共的な領域に繋ぎ止めるきっかけを見出せるのではないか。これが全体に通じる問題関心だった。

それでは、本書全体の流れを振り返ってみよう。

まず、「声なき声」の活性化の観点から「ジャーナリズム」を捉え直す必要性を提起し、現代のメディア空間において「真正性」の構築が重要視される状況も併せて論じた（第1章参照）。それは、ジャーナリズムを従来の報道だけではなく、より広いメディアに見られる文化実践として位置づけなおす必要性を提起するものだった。たとえば、メディア研究者の李美淑は、「ジャーナリズムなるもの」をめぐる多様な認識を拡張することがジャーナリズム研究の急務であると論じている。[*2] その際に、「真実」の正当性を解体するポストモダン的な潮流に対し、近代化の過程で発展を遂げてきたジャーナリズムがどう向き合うのかは重要な問題だと言える。公と私、事実と虚構、報道と娯楽の区別を欠いたハイブリッドな状況を、ジャーナリズムの問題として捉えなおす。このことは、二〇一六年に「ポスト真実」が問題とされて以降、ようやく真剣に吟味されるようになったと言える。そこで、本書ではあえて「ジャーナリズム」として評価されてこなかった文化実践を取り上げ、「ジャーナリズム」のあり方を再考するという方針を採った。

「真正性」は「送り手／受け手」の非対称的な関係性においては、出演者のパーソナリティに左右される属人的なものだが、他方では「送り手」と「受け手」が対等な関係を築き上げ、対話を行う経験からも生じると考えられる。「わかりやすさ」を売りに視聴者の「読解」の機会や力を軽視し、肩代わりをするのではなく、自らの経験を自らの言葉で紡ぎ出すための相互扶助的な関係が「声なき声」の活性化において重要なものとなるのである。そのことを考えるうえで、「何が言われているのか」

という意味内容よりも、「誰が言っているのか」が強い説得力を帯びていることは注目に値する。自分自身をありのままに示す個人のパフォーマンスは、百田尚樹のような存在にも、ファブ5のような存在にも見受けられた。これは異質な他者との対話を阻むこともあるが、対話的な関係を構築するトリガーとしても機能しうるのである。

このことは、ジャーナリズムの担い手自身の等身大の個人としての側面がますます重要になってきたことを示唆する。報道機関に属する匿名の専門職の一員として、相手に対して「解説」や「啓発」に徹するのでは正当性を得るには不十分になった。「私」として思い悩む問題について不特定多数に呼びかけながら、そうした対話のための場所を共に構築する集合的な主体が育む必要が生じているのである。もちろん、それは「送り手」側だけに一方的に強いるべき役割ではない。これまで「受け手」とされてきた人びとが、自分自身が担い手となる公共的な関心事としてメディアのあり方を捉え、その参加意識を楽しむことが重要になる。端的に言えば、自分と他者との関わりがメディアを変えていくという手応えが得られた時に、現在よく見られる不信感は払拭されていくのではないかと考えられる。

こうした相互作用の可能性はハイブリッドなメディア環境に見出される。グローバルなメディア・プラットフォームが覇権を握り、あらゆるコミュニケーションが商業的な論理に基づき操作される時代に、「声」を上げる力は歪な仕方で配分されてしまう。オルタナティヴ・メディアを構想するのはますます困難になり、伝統的なマスメディア・ジャーナリズムも苦境に曝されているように思われる。しかし、新しいメディアが古いメディアを作り変えるのではなく、複数のメディアが相互に連携し、公と私の区別を曖昧化している点に着目するならば、さまざまなメディア実践に見られる「テレビ的なもの」はむしろ重要性を増している。オンライン空間との相互作用を推進し、多元的な公共を生み出すＰＳＭの考え方や、現実を構築するテレビの力を活用し、人びとを魅了するリアリティＴＶからは、時間と空間の感覚を操作しながら場を生み出す重要性を学ぶことができる。

かくして、既存の支配的構造の外側から異議申し立てをするのではなく、むしろそうした構造の内側からオルタナティヴを生み出していく戦略が、ジャーナリズム実践にも求められるのである。そして、メディアをめぐる支配的な常識を批判的に問いなおすために、「メディアに関する世論」を生み出すことが求められる。[*3] その出発点になるのは、ジャーナリズムの担い手自身が自らを取り巻く環境を内省し、それを語るための場を設けることなのではないかと考えられる。その力は、情報がオンライン空間に集積され、利用される時代にますます重要性を帯びていく。たとえば、ニュースルームにおける人工知能（ＡＩ）の活用について論じるフランチェスコ・マルコーニは、ニュースルームがますます外部に開かれた透明な空間になることの重要性を指摘している。[*4]

ここで本書の結論を端的に示すならば、「声なき声」を活性化するためには、「真正性」を共に構築するメディア実践を通じて、集合的な主体と場を再生していく必要があり、それこそがジャーナリズムに新たに求められる実践であるということである。「私たちのメディア」のあり方を一人ひとりの直面する主観的な現実から考える。そのためには、自律し、安定した責任ある個人ではなく、より環境依存的で、不確実で迷いを抱える「弱い主体」であることの持つ積極的な意義も考えなければならない。例外も増えているが、通俗的な「ジャーナリズム論」は、構造に制約されず、強い意思から構造に抗う専門職や市民としてその担い手を位置づけがちであるように思われる。しかし、私たちは不確実な時代においてますます確固たる主体性を持つことが困難になっているのであり、もっと気軽に、何気なく参加できるような実践のあり方を追求することが求められるのである。

ここで、本書では十分に論じられなかった課題もいくつかあるため、これを示して締め括ることとしたい。まず、時間と空間のゆとりをめぐる問題である。対話的で参加的なメディア文化が重要であり、それには時間をかけた再帰的な関係の構築が、あるいは気軽に集まれる空間が必要である。にもかかわらず、メディア技術の発展が対話に必要な時間や空間の枯渇という問題を解決することはなく、相変わらず時間や空間は収奪され続けている。[*5] 政治参加に必要な活動的な時間、あるいは人が生きていくうえで必要なケアに割く時間までもが、生産や消費といった経済的な活動に充当されている。社会の維持のために必要な全体の労働量は時代とともに減っているはずが、本人ですら社会的な存在意義を感じられないような仕事に時間を割かれる事態がある。[*6] さらに、医療や教育などの社会に必要不可欠とされる職に就く人びとは過重労働に苛まれている。「ワンオペ育児」で自分の時間を確保するのが難しい親がいる。生産活動を絶えず拡張させる資本主義社会の原則は、自分自身とじっくり向き合い、言葉を紡いでいく余裕を失わせている。長時間、職場や家庭に拘束されるような社会では、対話や議論に割くことのできる時間が乏しくなったり、政治への参加意欲が減衰したりするのは無理もないことである。[*7]

空間についても同様のことが生じている。都市社会学者のレイ・オルデンバーグは、かつて、空間が職場（生産）と自宅（消費）の領域に分割され、共同体的な生活の拠点である「第三の場所（サード・プレイス）」が失われていることを問題視した。*8 常連の居酒屋や喫茶店などは、公式的な役割（職業や家庭内地位）を超えたインフォーマルな対話の拠点となる場所だったが、それも失われていく。たとえば、東京のような大都市において顕著だが、ちょっとした会話を楽しむような「余白」にまで商業施設が建設されるような光景を目にする。オンライン空間はこうした物理的な空間の障壁を超え、際限なく広がっているように見えるものの、私たちはそれを自由な空間として保持することができるのか。この点は注視しなければならない。

そして、これと関連する課題が、メディアの共同所有の可能性である。メディア実践における「送り手－受け手」関係を問いなおす時に、その基盤を誰が所有するのかも重要な問題となる。たとえば、「プラットフォーム協同組合」のように、構成員が共同で社会に必要な基盤を保有し、その生産活動から得られる利潤を分配していく提案も存在する。*9 現在、「ツイッター」は「ペイパル」や「テスラ」で成功を収めた実業家のイーロン・マスクが買収し、「X」と名を変え、トップダウンで設計が変更されている。しかし、それ以前に、「ツイッター」を多数で共同買収する「#BuyTwitter」運動が盛り上がりを見せたように、私的に所有されている重要なサービスを、みんなのものにしていく可能性もそれほど夢物語ではなくなってきている。すなわち、メディアにおける対抗政治のあり方を考える際に、言説などの記号論的な側面に目を向けるだけではなく、生産基盤の所有権から問いなおす必要も生じている。

このようにあらためて社会をめぐる状況を眺める際に、「真正性」のような資本主義社会の生み出した欲望を、生活において必要不可欠な要素として満たすことは、それ以外の社会のあり方（ポスト資本主義）を構想し、公共的なものを再生させるという見取り図にも結びつくように思われる。ジャーナリズムを多種多様な文化実践として位置づけなおす時に、メディアが技術的に持つ時間感覚や空間感覚の操作、それから当事者意識の醸成の力をどのように活用し、どのような「真正性」の感覚をもたらすのか。これはメディア・ジャーナリズム論を跨ぐ課題であり、筆者自身も精力的に取り組み続けたいと考える。

あとがき

本書は私にとって初めての単著である。現代のジャーナリズムが直面する構造的矛盾と課題を掘り下げながら、その可能性を模索した本書は、どこか摑みどころのない結論に行き着いたように思われるかもしれない。「「声なき声」を社会に繋ぎ止めるには何が必要なのか」という問いに二〇代の六年間を費やした。明快で堅牢な議論を展開しようと試みたものの、掘り下げれば掘り下げるほど、それが複雑な問いであることに気づかされた。私は報道機関での実務経験があるわけではない。本書は自分自身の「送り手」としての経験に基づきメッセージを打ち出すものではないし、具体的なノウハウとして役立つものではないかもしれない。しかしながら、この本自体が、不確実で、モヤモヤすることについて共に考え続けるきっかけをもたらすメディアとなるならば、これに尽きる喜びはない。

本書がどのような個人的背景から書かれたものなのかが気になる読者もいるかもしれない。私自身も学術書（特に博論本）を読む際に、ついつい気になるのが「あとがき」である。本編だけではなく「裏側の物語」が気にかかるのは人間の性なのだろう。その人がどのような性格で、どのような経験をし、どのような人と関わりながらその本を書き上げたのか。私自身もそれを少しだけ開陳してみることとしたい。

実際、ジャーナリズム、それから「声なき声」に関心を抱いた理由をよく尋ねられる。具体的な言及は避けたいが、端的に述べると、自分自身も周囲の理解が得られにくく、認知すらされていない問題に直面した経験があるためである。私はわかりにくい問題を可視化する仕事がしたいと記者を志し、マスコミへの就職で定評のある慶應義塾大学メディア・コミュニケーション研究所（メディアコム）に入所した。しかし、インターンシップも終えた大学三年生（二〇一四年）の秋頃、たまたま『ハートネットTV』の「生きるためのテレビ」が目に留まった。オンライン空間との相互作用を通じ、自殺というタブー視されがちな問題に切り込む同番組は、福祉番組に対する固定観念を覆すものだった。大学内向けのミニコミ誌を制作するサークル活動に没頭するあまり、学業に無頓着だった私だが、こうした番組に見られる公共性を分析し、研究することに関心を寄せるようになり、東京大学大学院学際情報学府に進学した。こうして仕上げた修士論文は、さらに分析を精緻化して本書の第3章に組み込んだ。

そして、そのまま博士課程に進学し、一年が過ぎた頃、もう少しジャーナリズムらしい題材で、「ジャーナリズム研究」をしようと思いながらも気になったのは、リアリティTVやインフルエンサーのようなジャーナリズムとは対極にあるように見えるポピュラーな文化だった。私自身はどちらかと言えば恋愛リアリティショーを見る趣味もないし、推しの有名人がいるわけでもないので、実に「私らしくはない」着眼点だった。しかし、同世代の私的な友人との会話のなかで、他者とのつながりや「もっともらしさ」のようなものの方が説得力を帯びているのではないかと思い当たった。「若者の新聞離れ、ニュース離れ」という時に、こうした事情は無視できないように思われた。本書全体を通底する「真正性」に対する問題意識は、実に私生活における何気ない感覚に端を発するものだった。

本書は博士論文「「真正性」の政治としてのジャーナリズム――メディアの異種混淆は「声なき声」をいかに活性化するか？」（二〇二二年一月提出）を大幅に改稿したものである。初出については次のとおりである。

第1章　①「「声なき声」の表象のポリティクス：ジャーナリズムは「尊厳ある生」に貢献できるか？」加藤泰史・小島毅編『尊厳と社会（下）』法政大学出版局、二〇二〇年。②「真正性の政治とジャーナリズム――ポピュラーな正当化の可能性と矛盾の考察」『メディア研究』第一〇二号、二〇二三年。

第2章　書き下ろし。

第3章　「公共放送における「声なき声」の包摂の葛藤――NHKの福祉番組『ハートネットTV』のソーシャルメディア活用を事例として」『マス・コミュニケーション研究』第九五号、二〇一九年。

第4章～第6章、補論、結論　書き下ろし。

博士論文については、指導教員の林香里先生（東京大学大学院情報学環教授）が主査となり、学内から丹羽美之先生（同教授）、板津木綿子先生（同教授）、学外からは伊藤守先生（早稲田大学教育・総合科学学術院教授）、そして、学部時代の恩師である山腰修三先生（慶應義塾大学法学部政治学科教授）に審査していただいた。また、一次予備審査では、水越伸先生（関西大学社会学部教授）にも見ていただいた。当然、執筆の責任は私にあるが、先生方の助言や激励がなければ、ここまで来ることはできなかった。お忙しい時間を割いて審査していただいたことをここに感謝申し上げたい。

林先生には本当に熱心にご指導をいただいた。膨大な業務に追われているにもかかわらず、メールで草稿をお送りするとすぐに返信が来て、研究室で時間をかけて話を聞いてくださった。本書を書く際に当然ながらいろいろな迷いが生じたが、そのたびに「それは面白いんじゃない」、「もっと自信を持ちなさい」と背中を押してくださった。私が林先生から学んだのは、白黒割り切れない問題について限界まで留まりつつも、決めるところでは腹を決めて自分の主要を提示していくという姿勢だった。先生からの支えが無ければ、この短い期間で本を仕上げることは難しかっただろう。あらためて感謝申し上げたい。林先生から見ればまだまだ青臭い議論かもしれないが、本書を出発点として、今後も研究活動を続け、成熟したものにしていきたい。

山腰先生は私を大学院に送り出し、暖かく見守ってくださった。決して真面目な学生ではなかった私に、学問の面白さを伝えてくださった恩師であり、この時の読書経験はその後の研究生活の支えになった。大学院に行きたいと打ち明けたときには、厳しい業界だよと覚悟を促しつつも、実際に研究者の道を歩み出すと、たびたび面倒を見てくださった。私もメディアコムで初めて出会った時の先生の年齢に近づき、大学教員になった。先生にそうしていただいたとおり、社会において当たり前とされているものを批判的に問いなおすことの面白さを伝えていきたい。

丹羽先生には「社会情報学研究法」という授業でテレビ番組の分析についてご指導いただいた後、いろいろと気にかけていただいた。特に、博論の審査では「真正性」についてのトリリングの議論を紹介してくださり、理論を精緻化することができた。板津先生にはＲＡならびに客員研究員として東京大学B'AIグローバル・フォーラムでお世話になった。大学院を修了した後も国際研究などにお声がけいただき、撹乱的に読解することの持つ意義についてご助言いただいた。伊藤先生には東京オリンピックの報道分析のプロジェクトにお誘いいただき、博論については各事例における概念を精緻化するようにご助言いただいた。

審査していただいた先生方に限らず、実に多くの方々のお世話になった。特に博士課程教育リーディングプログラム「多文化共生・統合人間学プログラム」（ＩＨＳ）では、社会における多様性について考える仲間が多くできた。特に同期の水上拓哉氏（新潟大学創生学部助教）と、毎週互いの博論の進捗状況を報告し、談笑したおかげで、なんとか新型コロナ禍を乗り越えて博論を提出することができた。彼には書籍化に際しての校正も手伝っていただいた。ＩＨＳの研修で一緒に「浦河べてるの家」を訪れ、仲良くなった田邊裕子氏との雑談は、「声なき声」を説明する手掛かりとなったように思われる。林研究室のゼミ生は、ジェンダーも国籍も年齢も多種多様であり、男性で、ヘテロセクシュアルで、日本人で、二〇代の大学院生である私が見過ごしがちだった多くの問題に気づかせてくれた。特にカテリナ・カシヤネンコ氏が、障害者を主人公とするお見合いリアリティ番組を紹介してくださったことが、リアリティTVへの注目のきっかけとなった。博士課程のあいだはNHK放送文化研究所でデータの整理の研究補助業務をさせていただいた。放送と通信の融合という論点の最新の動向を知る機会を下さった村上圭子氏（研究主幹）にもお礼を申し上げたい。

　そして、博士論文を提出した後、二〇二二年二月から二年間を、九州大学大学院芸術工学研究院社会包摂デザイン・イニシアティブで過ごした。ここでは、特に補論に関する試行錯誤の機会をいただき、同プロジェクトの運営委員の尾方義人先生、中村美亜先生、長津結一郎先生、朝廣和夫先生、白水佑樹氏にお世話になった。ここで過ごした二年間では、デザインなどの他の分野においても「送り手」（設計者）と「受け手」（利用者）の垣根を超えた対話の必要性が課題となることに気づかされた。ここに感謝申し上げたい。

　本書を成す研究は、日本学術振興会特別研究員研究奨励費「NHKの総合福祉番組におけるオルタナティヴな公共性規範に関する考察」（課題番号18J20652）、科研費研究活動スタート支援「真正性の共創実践としてのジャーナリズムの考察」（課題番号22K20184）の支援を受けた。そして、本書の出版に際しては二〇二三年度前期の慶應義塾学術出版基金の支援を受けた。慶應義塾大学出版会の上村和馬氏には『日本は「右傾化」したのか』への執筆参加でお世話になったのを機にお声がけいただき、本書を学術論文から幅広く読まれるものに発展させていくために構成を見直す提案をしていただいた。なかなか筆が進まず二年近くお待たせしてしまったが、ご期待いただいたとおり、幅広い読者の方々にとって、自分自身の経験から、自分ごととしてメディアやジャーナリズムについて考える機会となれば幸いである。

最後に、家族と過ごした時間が本書を執筆するうえでの原動力となっている。放送局記者時代の話をときおり聞かせてくれた母と、自分とは異なる不安定な道を行く子の選択を二つ返事で認めてくれた父に感謝したい。

二〇二四年一月　福岡県筑紫野市の自宅にて

田中　瑛

註

序論　「声なき声」をどのように活性化すべきか

＊1　「アイデンティティの政治」は集合的アイデンティティを同一的なものとして確立し、差異として承認することを要求するものだった。以下、参照。齋藤純一『公共性』岩波書店、二〇〇〇年、一六頁。

＊2　「無敵の人」とは、実務家の西村博之（ひろゆき）が自身のブログ記事で二〇〇八年六月三〇日に用いた言葉とされており、失うものがなく、刑罰や失業、社会的信用の低下をリスクと感じないような人びとを指して用いられるネット用語である。以下、参照。「無敵の人の増加。：ひろゆき＠オープンＳＮＳ」（web.archive.org/web/20210204181514/http://hiro.asks.jp/46756.html）（二〇二三年七月五日閲覧）。二〇一〇年代頃から相模原障害者施設殺傷事件（二〇一六年）や川崎市登戸通り魔事件（二〇一九年）、京都アニメーション放火殺人事件（二〇一九年）などの凶悪犯罪の加害者の動機を説明する言葉として広く流通するようになった。

＊3　「交差性」の概念については、以下を参照。パトリシア・ヒル・コリンズ、スルマ・ビルゲ『インターセクショナリティ』（下地ローレンス吉孝監訳、小原理乃訳）人文書院、二〇二一年。

＊4　Nick Couldry, *Why Voice Matters: Culture and Politics After Neoliberalism*, Sage, 2010.

＊5　政治学者の山本圭が人民の意志について、「いかにして特定の政治的コンテクストにおける「善い意志」を「悪い意志」から規範的に区別できるのだろうか」と投げかけたように、それは必ずしも規範的ではない。山本圭「デ

モクラシーと規範――現代民主主義理論のジレンマについての一考察」『社会と倫理』二九号、二〇一四年、六七頁。

＊6　宇野重規『〈私〉時代のデモクラシー』岩波新書、二〇一〇年、九八頁。

＊7　メディア史学者の佐藤卓己が論じるように、戦前の日本では「大衆的な気分」を指す「世論」と「公共的な意見」を指す「輿論」は異なる言葉だったが、敗戦後の占領下で「輿」という漢字が常用漢字から外されたことで両者は区別されなくなってしまった。米国の政治学者であるJ・S・フィシュキンも「討議型世論調査」という市民参加型の政策形成のあり方を提唱した際に、議論を交わす前の「生の世論」と議論を交わして「洗練された世論」を区別しており、「洗練された世論」の方が合理的だと説明している。いずれにせよ、ジャーナリズムが志向する「世論」とは、投票や世論調査で集計・数値化可能な気分というよりは、公衆による議論を経て洗練された意見を指すと言える。以下、参照。佐藤卓己『輿論と世論――日本的民意の系譜学』、新潮社、二〇〇八年、二五頁。ジェイムズ・S・フィシュキン『人々の声が響き合うとき――熟議空間と民主主義』（曽根泰教監修、岩木貴子訳）早川書房、二〇一一年。

＊8　鶴見俊輔編『現代日本思想大系一二ジャーナリズムの思想』筑摩書房、一九六五年、四一頁。

＊9　原寿雄『ジャーナリズムの思想』岩波新書、一九九七年、i頁。

＊10　玉木明は「ニュー・ジャーナリズム」は「ジャーナリズムの言語が物語の語り手をもった」という点において従来のジャーナリズムとは区別されると論じている。以下を参照。玉木明『言語としてのニュー・ジャーナリズム』學藝書林、一九九二年、六九頁。

＊11　畑仲哲雄『地域ジャーナリズム――コミュニティとメディアを結びなおす』勁草書房、二〇一四年。

＊12　日本新聞協会の「新聞倫理綱領」では、「新聞は歴史の記録者であり、記者の任務は真実の追究である」と記載されている。NHKと日本民間放送連盟が制定している「放送倫理基本綱領」でも「報道は、事実を客観的かつ正確、公平に伝え、真実に迫るために最善の努力を傾けなければならない」とされている。

＊13　ジャーナリズムの評価軸を「権力監視」に据える文献は多く見られ、一般的には日本の報道機関が公権力による圧力に曝される状況が、ジャーナリズムの批判における中核的な問題として論じられてきた。たとえば、原寿雄『ジャーナリズムの可能性』岩波新書、二〇〇九年。上出義樹『報道の自己規制――メディアを蝕む不都合な真実』

リベルタ出版、二〇一六年。これは重要な問題である反面、林香里のように、事実を生み出すために公権力に接近する営為が、公権力との癒合を後押しすることの矛盾を指摘する者もいる。以下を参照。林香里『〈オンナ・コドモ〉のジャーナリズム――ケアの倫理とともに』岩波書店、二〇一一年、九頁。

＊14 林香里『メディア不信――何が問われているのか』岩波新書、二〇一七年、一四〇頁。

＊15 『メディア不信――何が問われているのか』一五〇頁。

＊16 "Oxford Word of the Year 2016" (languages.oup.com/word-of-the-year/2016/)（二〇二二年七月一三日閲覧）。

＊17 authenticity の他の訳語として、「信憑性」だけでなく、ライオネル・トリリング『「誠実」と「ほんもの」――近代自我の確立と崩壊』（野島秀勝訳）、法政大学出版局、一九八九年では「ほんもの」、アンソニー・ギデンズ『モダニティと自己アイデンティティ――後期近代における自己と社会』（秋吉美都＋安藤太郎＋筒井淳也訳）ちくま学芸文庫、二〇二一年では「信実性」と訳されている。しかし、類似している他の概念（genuineness, reliability, credibility など）と区別すべく、本書では「真正性」と訳した。また、言語学者のマーティン・モンゴメリーによれば、「真正性」は、古代ギリシャ語の「原初的な権威」や「主人」に由来する言葉とされる。以下、参照。Martin Montgomery, "Defining 'Authentic Talk'", *Discourse Studies*, 2001, Volume 3, Issue 4, p.398.

＊18 田中瑛「『公正』主張するためにオーディエンスとの信頼を結び直す」『Journalism』二〇二一年四月号。

第1章 「声なき声」の活性化、「真正性」の政治

＊1 ピーター・L・バーガー、トーマス・ルックマン『現実の社会的構成――知識社会学論考』（山口節郎訳）新曜社、二〇〇三年、二九頁。

＊2 ニュースルームの参与観察については以下を参照。ゲイ・タックマン『ニュース社会学』（鶴木真＋桜内篤子訳）三嶺書房、一九九一年。

＊3 以下、参照。ウォルター・リップマン『世論（上・下）』（掛川トミ子訳）岩波文庫、一九八七年。

＊4 同様の指摘については以下を参照。大石裕『批判する／批判されるジャーナリズム』慶應義塾大学出版会、二〇一七年、九頁以下。山口仁『メディアがつくる現実、メディアをめぐる現実――ジャーナリズムと社会問題の構築』勁草書房、二〇一八年、五七頁以下。

＊5　清水幾太郎『ジャーナリズム』岩波新書、一九四九年、一頁〜二頁。

＊6　イーライ・パリサー『閉じこもるインターネット――グーグル・パーソナライズ・民主主義』（井口耕二訳）早川書房、二〇一二年。

＊7　ジュディス・バトラー『自分自身を説明すること――倫理的暴力の批判』（佐藤嘉幸＋清水知子訳）月曜社、二〇〇八年、二一頁以下。

＊8　ジュディス・バトラー『新版 権力の心的な生――主体化＝服従化に関する諸理論』（佐藤嘉幸＋清水知子訳）月曜社、二〇一九年、一〇頁。

＊9　宮地尚子『環状島＝トラウマの地政学』みすず書房、二〇〇七年、一五頁。

＊10　ジュディス・バトラー『ジェンダートラブル――フェミニズムとアイデンティティの攪乱』（竹村和子訳）青土社、一九九九年、二〇頁。

＊11　*Why Voice Matters: Culture and Politics After Neoliberalism*, p.113。山腰修三「批判的コミュニケーション論における「政治的なもの」の再検討――N. Couldry のメディア理論を手がかりとして」『メディア・コミュニケーション――慶應義塾大学メディア・コミュニケーション研究所紀要』第六四号、二〇一四年、四七頁。

＊12　ユルゲン・ハーバーマス『公共性の構造転換』第二版（細谷貞雄＋山田正行訳）未來社、一九九四年、三四頁。

＊13　花田達朗『公共圏という社会空間――公共圏、メディア、市民社会』木鐸社、一九九六年、三四頁。佐藤卓己『ファシスト的公共性――総力戦体制のメディア学』岩波書店、二〇一八年、三四頁。

＊14　ハンナ・アーレント『人間の条件』志水速雄訳、ちくま学芸文庫、一九九四年、五三頁。

＊15　『人間の条件』、六〇頁。アーレントは、古代の人びとが私的（private）という言葉に対して「なにものかを奪われている（deprived）」という意味を付与していたのに対して、「近代の個人主義によって私的領域が著しく豊かになった」ことが要因となってその含意が失われたことを記述している。

＊16　『人間の条件』、八六頁。

＊17　ハーバーマスは、資本主義的原理に基づく自律性を獲得したマスメディアが、親密な領域を拡張することで「公共圏の再封建化」を招いたと指摘する。『公共性の構造転換――市民社会の一カテゴリーについての探究』、二二八頁。

＊18　大衆の典型的な定義と批判については、以下を参照。オルテガ・イ・ガセット『大衆の反逆』（神吉敬三訳）ちくま学芸文庫、一九九五年。

＊19　『人間の条件』、四九頁。

＊20　レイモンド・ウィリアムズ『テレビジョン――テクノロジーと文化の形成』（木村茂雄＋山田雄三訳）ミネルヴァ書房、二〇二〇年、二七頁。

＊21　『テレビジョン――テクノロジーと文化の形成』、二九頁。

＊22　ナンシー・フレイザー『中断された正義――「ポスト社会主義的」条件をめぐる批判的省察』（仲正昌樹訳）御茶の水書房、二〇〇三年、一二二頁。

＊23　ジャック・ランシエール『民主主義への憎悪』（松葉祥一訳）インスクリプト、二〇〇八年、七七頁。

＊24　シャンタル・ムフ『政治的なるものの再興』（千葉眞＋土井美徳＋田中智彦＋山田竜作訳）日本経済評論社、一九九三年、二七頁。

＊25　ムフは「たとえば政治的なものを、自由と公共的な討議の空間と考えるハンナ・アーレントのような理論家もいれば、それを権力、対立、敵対性の空間と捉える理論家たちもいる。「政治的なもの」について、私ははっきりと後者の立場に属している」と明示しており、合意の不可能性を強調する立場を取る。シャンタル・ムフ『政治的なものについて――闘技的民主主義と多元主義的グローバル秩序の構築』（酒井隆史＋篠原雅武訳）明石書店、二〇〇八年、二二頁。ところが、山本圭が指摘するように、「敵対性の肯定から出発したはずの闘技モデルが逆にそれを「克服すべきもの」として看破してしまう」ために、「あれほど執拗に攻撃を加えたはずの熟議モデルに闘技モデルがいともたやすく呑み込まれてしまう」。山本圭『不審者のデモクラシー――ラクラウの政治思想』岩波書店、二〇一六年、一八三頁。

＊26　山腰修三『ニュースの政治社会学――メディアと「政治的なもの」の批判的研究』勁草書房、二〇二二年、第四章。

＊27　二〇一九年三月一一日に「在日特権を許さない市民の会」（在特会）の桜井誠元会長が街頭演説で行った発言。福岡法務局によりヘイトスピーチと認定された。

＊28　山田竜作「包摂／排除をめぐる現代デモクラシー理論――『闘技』モデルと『熟議』モデルのあいだ」『年報政

治学』第五八巻一号、二〇〇七年。Iris Marion Young, *Inclusion and Democracy*, Oxford University Press, 2000.

＊29 『不審者のデモクラシー――ラクラウの政治思想』、一八八頁〜一八九頁。

＊30 「ネット右翼」（ネトウヨ）という言葉はインターネットスラングであり、社会学者の伊藤昌晃は二〇〇〇年代半ば以降に「ネット上で保守的・右翼的な言動を繰り広げる人びと」という意味で拡がったと説明する。伊藤昌晃『ネット右派の歴史社会学――アンダーグラウンド平成史一九九〇‐二〇〇〇年代』青弓社、二〇一九年、一五頁。また、社会心理学者の辻大介は「a）中国・韓国への否定的態度（いわゆる「嫌韓嫌中」感情）、b）保守的政治志向、c）政治・社会問題に関するネット上での意見発信や議論」をそろえた者と操作的に定義している。以下、参照。辻大介「計量調査から見る「ネット右翼」のプロファイル――二〇〇七年／二〇一四年ウェブ調査の分析結果をもとに」『年報人間科学』第三八号、二〇一七年。樋口直人＋永吉希久子＋松谷満＋倉橋耕平＋ファビアン・シェーファー＋山口智美『ネット右翼とは何か』、青弓社、二〇一九年。

＊31 佐藤卓己『輿論と世論――日本的民意の系譜学』、二〇〇八年、新潮社、一六二頁。

＊32 新嶋良恵「声を上げるマジョリティ――広く共有されたバックラッシュ現象としてのトランプ躍進」『メディア・コミュニケーション――慶應義塾大学メディア・コミュニケーション研究所紀要』第六四号、二〇一七年、五三頁。

＊33 小林トミ『「声なき声」を聞け――反戦市民運動の原点』、同時代社、二〇〇三年、一二頁。「声なき声の会」は「ベトナムに平和を！　市民連合」（べ平連）に結実し、こうした政治運動に親しみを持たない普通の人びとを主体とする点が引き継がれた点は、九二頁以下を参照。吉見俊哉は、べ平連では小田実が掲げた「ふつうの市民がやるふつうの運動」が重視され、このことが新たなネットワーク型の市民運動の確立に結びついたと指摘する。吉見俊哉『ポスト戦後社会――シリーズ日本近現代史⑨』、岩波新書、二〇〇九年、二八頁以下。

＊34 日本社会における中間集団の解体をめぐる議論は以下のとおり。貴戸理恵は、日本社会では、個人を中間集団に埋め込む「メンバーシップ主義」の形骸化により、誰もがリスクに曝されるようになったと分析する。貴戸理恵「教育　子ども・若者と「社会」とのつながりの変容」、小熊英二編『平成史【増補新版】』河出書房新社、二〇一四年。教育社会学者の本田由紀は、政府の手厚い財政政策の下、終身雇用と年功賃金による世帯稼ぎ主モデル、新卒一括採用による労働力供給、専業主婦による熱心な教育投資により、家庭、教育、仕事が相互に強く結び付く「戦

後日本型循環モデル」が破綻し、社会の構成員は「ジョブなきメンバーシップ」と「メンバーシップなきジョブ」へと「垂直的多様化」していると分析する。以下を参照。本田由紀『もじれる社会――戦後日本型循環モデルを超えて』ちくま新書、二〇一四年。

＊35　「社会的なもの」には多様な概念定義があるが、エミール・デュルケームは、個人と個人の相互作用から生じ、外部から個人を拘束する法則や価値規範として位置づけている。エミール・デュルケーム『社会学的方法の規準』（宮島喬訳）岩波書店、一九七八年。福祉国家の発展に応じて「社会的なもの」が網羅的な事象となり、政治的生活の複雑性が失われたことも批判的に受け止められてきた。たとえば、アーレントは「社会というものは、いつでも、その成員がたった一つの意見と一つの利害しかもたないような、単一の巨大家族の成員であるかのように振舞うよう要求する」と述べ、複数性を与件とする「政治的なるもの」を侵食していることを批判する。『人間の条件』、六二頁。

＊36　社会学者のアンソニー・ギデンズは、ポスト伝統社会では、グローバル化によって時間と空間が場所から切り離されていくなかで、アイデンティティもローカルな社会関係から切り離されるようになり、個人の生が政治的な問題になると指摘している。アンソニー・ギデンズ『モダニティと自己アイデンティティ――後期近代における自己と社会』（秋吉美都＋安藤太郎＋筒井淳也訳）ハーベスト社、二〇〇五年、二四三頁。

＊37　草柳千早『「曖昧な生きづらさ」と社会――クレイム申し立ての社会学』世界思想社、二〇〇四年、八三頁。

＊38　ジョック・ヤング『後期近代の眩暈――排除から過剰包摂へ』（木下ちがや＋中村好孝＋丸山真央訳）青土社、二〇〇八年、三二八頁。

＊39　エルネスト・ラクラウ『現代革命の新たな考察』（山本圭訳）法政大学出版局、二〇一四年、三六頁－三七頁。

＊40　吉見俊哉『アフター・カルチュラル・スタディーズ』青土社、二〇一九年、二八頁。

＊41　社会的なものに対して疑いが投げかける政治的契機は偶発的に生じるものであり、その偶発的に生じた抗争を経て、社会は書き換えられるという考え方が根底にある。『現代革命の新たな考察』、六一頁－六二頁。エルネスト・ラクラウ＋シャンタル・ムフ『民主主義の革命――ヘゲモニーとポスト・マルクス主義』（西永亮＋千葉眞訳）筑摩書房、二〇一二年、一一頁－一二頁。

＊42　Ernesto Laclau, *Emancipation(s)*, Verso, 1996, p.36ff.

＊43　貴戸理恵『「コミュ障」の社会学』青土社、二〇一八年、四四頁以下。

＊44　多賀太「日本における男性学の成立と展開」『現代思想』二〇一九年二月号、二二頁－三三頁。

＊45　特に米国では一九八七年一月、日本の放送法第四条に該当するフェアネス・ドクトリンが合衆国憲法修正一条に反するものとして廃止されたため、分極化はより深刻な問題となっている。前嶋和弘は、収益を得るためにアドボカシーを強調するメディアが台頭してきたことが、こうした集団分極化の背景にあり、リアリティ番組で培った共感を呼びやすい言動を通じて支持を集めたと説明する。前嶋和弘＋山脇岳志＋津山恵子編『現代アメリカ政治とメディア』東洋経済新報社、二〇一九年、三五頁以下。

＊46　たとえば、哲学者の齋藤純一は「共感可能な者とそうでない者を友－敵の集合的な実体としてつくりだす「憐れみの政治」は、一人ひとりの自らによる現われを奪う点で現われの政治とは相容れない」と綴っている。齋藤純一『政治と複数性――民主的な公共性にむけて』岩波書店、二〇〇八年、七三頁。ここで言う「現われ」とはアーレントの言葉で、「万人によって見られ、聞かれ、可能な限り広く公示されるということ」である。『人間の条件』、七五頁。これらを踏まえると、自分自身の苦痛を手っ取り早く同一化可能な集合的アイデンティティに委ねるのではなく、自分自身の言葉で表現することが、「声なき声」の活性化の条件だと考えられる。

＊47　ＮＨＫ放送文化研究所世論調査部は、ニュース接触に関する調査結果を二〇一八年に公表した。「自分の好きなものに対する情報や他人の意見は好意的なものだけ知りたい」（選択的接触）と「否定的なものでも知りたい」（両論接触）を選ばせた結果、全体で四〇％、一六歳～一九歳に限定すると六一％が「選択的接触」を選んだ。また、二〇代以下は「政治・経済・社会の情報」よりも「個人的な趣味に関する情報」を好む傾向があるなど、全体的に若年層の「ニュース離れ」を裏付ける印象の結果となった。

＊48　林香里＋田中瑛「マスメディア政治システムとの強いリンクがもたらした構造的「右傾化」」小熊英二・樋口直人編『日本は「右傾化」したのか』慶應義塾大学出版会、二〇二〇年、一四〇頁以下。

＊49　ここでは言説に基づく権力に焦点を置くため、フーコーの「規律訓練型権力」の議論を紹介するに留めるが、その後の福祉国家から新自由主義への転換、そしてローレンス・レッシグが「アーキテクチャ」として取り上げ、東浩紀が「環境管理型権力」と呼んだような、より身体的、無意識的な次元で作動する権力にも注目が集まっている。この点は第６章で詳述する。以下、参照。東浩紀『情報環境論集 東浩紀コレクションＳ』四八－五〇頁

＊50　以下、参照。ミシェル・フーコー『狂気の歴史――古典主義時代における』（田村俶訳）新潮社、一九七五年。

＊51　以下、参照。ミシェル・フーコー『性の歴史Ⅰ 知への意志』（渡辺守章訳）新潮社、一九八六年。

＊52　ここでの「象徴権力」（象徴暴力）は、「それを行使している人と被っている人の双方が、自分がそれを行使していることあるいは自分がそれを被っていることを意識化していないという意味で、それを被る人びとのあいだにその作用の前提の明示化されていない共有があるがゆえに、またほとんどの場合は、その前提がそれを行使している人びとのあいだにも共有されているがゆえに、それゆえに作用する暴力」を指す。ピエール・ブルデュー『メディア批判』（桜本陽一訳）藤原書店、二〇〇〇年、二四頁。

＊53　パトリック・シャンパーニュ『世論を作る――象徴闘争と民主主義』（宮島喬訳）藤原書店、二〇〇四年、三三頁。

＊54　以下、参照。Zizi Papacharissi, *A Private Sphere: Democracy in a Digital Age*, Polity, 2010; Andrew Chadwick, *The Hybrid Media System: Politics and Power*, 2nd edition, Oxford University Press, 2017.

＊55　Gunn Enli, *Mediated Authenticity: How the Media Constructs Reality*, Peter Lang, 2015.

＊56　ヴァルター・ベンヤミン『複製技術時代の芸術』（佐々木基一訳）晶文社、一九九九年、一三頁。

＊57　ベンヤミンは、二〇世紀の複製技術の普及という技術的な変化によって、芸術作品に宿っていた伝統的な「真正性」が凋落したことを論じているが、「真正性」によって担保されてきた宗教的権威性を擁護するというよりは、「真正性」が凋落したことで、「リアリティの照準を大衆にあわせ、逆にまた大衆をリアリティの照準にあわせることが、思考面でも、視覚面でも、無限の射程距離をもつ動きとなっている」と主張している。『複製技術時代の芸術』、一八頁。ここでの「真正性」の凋落は、権威が独占してきた正当性の審級としての「真正性」の消滅であり、権力のより平等な分配を示唆している。

＊58　チャールズ・テイラー『〈ほんもの〉という倫理――近代とその不安』（田中智彦訳）産業図書、二〇〇四年、二〇頁。

＊59　Marshall Berman, *The Politics of Authenticity: Radical Individualism and the Emergence of Modern Society*, New Edition, Verso, 2009, p.33.

＊60　ライオネル・トリリング『〈誠実〉と〈ほんもの〉――近代自我の確立と崩壊』（野島秀勝訳）法政大学出版局、

一九八九年、一四頁。

*61 『〈誠実〉と〈ほんもの〉』、二二一頁。

*62 『〈誠実〉と〈ほんもの〉』、一三九頁。

*63 この点は、他者の存在を無視し、自分自身の自由や幸福の最大化にしか関心を寄せない個人主義的な真正性の理解を逸脱的な形態とし、自我が他者との相互承認を通じて形成されるとするテイラーの見解よりも、自己疎外の問題をさらに強調している点がラディカルである。『〈ほんもの〉という倫理』、八〇頁。

*64 ボードリヤールは、現代社会を「ハイパーリアリティ」、「単に複製可能なものではなく、いつでもすでに複製されてしまったもの」が氾濫する状況であると形容している。ジャン・ボードリヤール『象徴交換と死』（今村仁司＋塚原史訳）筑摩書房、一九九二年、一七五頁。

*65 ダニエル・J・ブーアスティン『幻影の時代——マスコミが製造する事実』（星野郁美＋後藤和彦訳）東京創元社、一九六四年、二一四頁。

*66 Paddy Scannell, "Authenticity and Experience," *Discourse Studies*, 2001, Vol.3 Issue 4.

*67 ディーン・マキャーネル『ザ・ツーリスト——高度近代社会の構造分析』（安村克己＋須藤廣＋高橋雄一郎＋堀野正人＋遠藤英樹＋寺岡伸悟訳）学文社、二〇一二年、一二五頁。同じく観光学者のダニエル・C・クヌーセンらは、さらにラカン派精神分析における「対象ａ」などの議論を参照しながら、疎外された欲望を満たすために構築される「幻想」として真正性を理解する視座を提案している。以下、参照。Daniel C. Knudsen, Jillian M. Rickly, and Elizabeth S. Vidon, "The Fantasy of Authenticity: Touring with Lacan," *Annals of Tourism Research*, vol.58, 2016.

*68 文化社会学者のサラ・ソーントンは、疎外感と偽装を解消し、共同体意識とリアルな感覚を享受するために音楽経験が真正なものとして消費されていることを指摘していたのだった。Sarah Thornton, *Club Cultures: Music, Media and Subcultural Capital*, 1995, Polity, p.49.

*69 Dean MacCannell, "Staged Authenticity: Arrangements of Social Space in Tourist Settings," *American Journal of Sociology*, vol.79 No.3, 1973, p.591-2.

*70 米国の政治哲学者のウェンディ・ブラウンは、欧米の右派ポピュリズムのあいだで「米国をふたたび偉大な国に」、「フランスをフランス人の手に」、「支配権を取り戻そう」、「われわれの文化、われわれの祖国、われわれのド

イツ」、「純粋なポーランド、白人のポーランド」、「スウェーデンをスウェーデン人のものに」など、過去に訴えかけるスローガンが用いられていることを指摘している。以下、参照。ウェンディ・ブラウン『新自由主義の廃墟で――真実の終わりと民主主義の未来』（河野真太郎訳）人文書院、二〇二二年、一二頁。

＊71 リチャード・ローティ『偶然性・アイロニー・連帯』（齋藤純一＋山岡龍一＋大川正彦訳）岩波書店、二〇〇〇年、四〇一頁。

＊72 Lilie Chouliaraki, *The Ironic Spectator: Solidarity in the Age of Post-Humanitarianism*, Polity, 2013.

＊73 『偶然性・アイロニー・連帯』、七頁。

＊74 カリン・ウォール＝ヨルゲンセン『メディアと感情の政治学』（三谷文栄＋山腰修三訳）勁草書房、二〇二〇年、一一八頁。

第2章 「声なき声」と娯楽化する政治

＊1 前嶋和弘＋山脇岳志＋津山恵子編著『現代アメリカ政治とメディア』東洋経済新報社、二〇一九年。

＊2 Chris Atton, "What is 'Alternative' Journalism?," *Journalism*, Vol.4 No.3, 2003, p.267.

＊3 André Haller, Kristoffer Holt, and Renaud de La Brosse, "The 'Other' Alternatives: Political Right-wing Alternative Media," *Journal of Alternative & Community Media* Vol.4 No.1, 2019, p.2.

＊4 伊藤守『情動の権力――メディアと共振する身体』せりか書房、二〇一三年、第六章。

＊5 白石草『メディアをつくる――「小さな声」を伝えるために』岩波書店、二〇一一年。

＊6 Chris Atton, "Far-right Media on the Internet: Culture, Discourse and Power," *New Media & Society*, 2006, Vol.8 No.4, p.574.

＊7 リベラルや左派が見落としている「声なき声」の実情を描き出す試みとして、以下が挙げられる。アーリー・ラッセル・ホックシールド『壁の向こうの住人たち――アメリカの右派を覆う怒りと嘆き』（布施由紀子訳）岩波書店、二〇一八年。石戸諭『ルポ百田尚樹現象――愛国ポピュリズムの現在地』小学館、二〇二〇年。

＊8 辻大介「計量調査から見る『ネット右翼』のプロファイル――二〇〇七年／二〇一四年ウェブ調査の分析結果をもとに」『年報人間科学』第三八号、二〇一七年、二一五頁。

＊9 田中達雄＋山口真一『ネット炎上の研究――誰があおり、どう対処するのか』勁草書房、二〇一六年、一〇一頁

―一〇三頁。

*10 木村忠正「『ネット世論』で保守に叩かれる理由――実証的調査データから」『中央公論』二〇一八年一月号。

*11 辻大介+齋藤僚介「ネットは日本社会に排外主義を広げるか――計量調査による実証分析」、公益財団法人電気通信普及財団研究調査助成報告書、二〇一八年、四頁。

*12 小熊英二+上野陽子『〈癒し〉のナショナリズム――草の根保守運動の実証研究』慶應義塾大学出版会、二〇〇三年、一九七頁。

*13 樋口直人+永吉希久子+松谷満+倉橋耕平+ファビアン・シェーファー+山口智美『ネット右翼とは何か』青弓社、二〇一九年、九頁―一〇頁。

*14 古谷経衡『ネット右翼の終わり――ヘイトスピーチはなぜ無くならないのか』晶文社、二〇一五年、二一頁。『ネット右翼とは何か』、二四頁。

*15 「計量調査から見る『ネット右翼』のプロファイル」二一六頁。『ネット右翼とは何か』二六頁。

*16 ハンナ・アーレントが述べるように、ナチス・ドイツの全体主義は、国民国家が危機的状況に曝され、階級社会が解体され、その裂け目から浮遊してくる中産階級=暴徒を「反ユダヤ主義」が糾合することで台頭してきたハンナ・アーレント『新版 全体主義の起原』全三部(大久保和郎+大島かおり訳)、二〇一七年、みすず書房。

*17 『ネット右翼とは何か』七八頁。

*18 Michael Schudson, "Why Conversation is not the Soul of Democracy," *Critical Studies in Media Communication* Vol.14 No.4, 1997, p.298.

*19 Bart Cammaerts, "The Mainstreaming of Extreme Right-wing Populism in the Low Countries: What is to be done?," *Communication, Culture and Critique*, Vol.11 No.1, p.2.

*20 内藤千珠子『愛国的無関心――「見えない他者」と物語の暴力』新曜社、二〇一五年、二一頁。山崎望編『奇妙なナショナリズムの時代――排外主義に抗して』岩波書店、二〇一五年、一一頁。橘玲『朝日ぎらい――よりよい世界のためのリベラル進化論』朝日新書、二〇一八年、一一一頁。

*21 塩原良和「ヘイトスピーチと『傷つきやすさ』の社会学」『SYNODOS』(synodos.jp/opinion/society/5846/)(二〇一三年七月一三日閲覧)。

＊22　ヤン＝ヴェルナー・ミュラー『ポピュリズムとは何か』（板橋拓己訳）岩波書店、二〇一七年、二七頁－二九頁。

＊23　倉橋耕平『歴史修正主義とサブカルチャー――九〇年代保守言説のメディア文化』青弓社、二〇一八年。伊藤昌亮『ネット右派の歴史社会学――アンダーグラウンド平成史一九九〇－二〇〇〇年代』青弓社、二〇一九年。

＊24　『ネット右派の歴史社会学』一七頁。

＊25　ヘンリー・ジェンキンズ『コンヴァージェンス・カルチャー――ファンとメディアがつくる参加型文化』（渡部宏樹＋北村紗衣＋阿部康人訳）晶文社、二〇二一年。

＊26　『歴史修正主義とサブカルチャー』二三三頁。

＊27　中野収『都市の「私物語」――メディア社会を解読する』有信堂、一九九三年、一四五頁。

＊28　毛利義孝『ストリートの思想――転換期としての一九九〇年代』ＮＨＫ出版、二〇〇九年、一〇五頁以下。

＊29　ＤＨＣテレビ公式サイトの「ＤＨＣテレビとは」（dhctv.jp/about_dhctv/）を参照（二〇二一年七月二九日閲覧、二〇二三年七月一三日現在削除済み）。

＊30　問題の差別的文章はＤＨＣテレビ公式サイトの「ヤケクソくじについて」（top.dhc.co.jp/contents/other/kuji_about/）に二〇二〇年一一月付で掲載され、その後も不定期に文章が追加されていたが（二〇二〇年一二月二二日閲覧、二〇二三年六月一三日現在削除済み）、高知県南国市、熊本県合志市などの各自治体がＤＨＣとの災害時連携協定を解消する方針を示し、平和堂やイオンなどの取引先企業が批判的な対応を行った結果、二〇二一年五月三一日に文章は削除された（『朝日新聞』二〇二一年六月二日）。各自治体には非公開文書で謝罪したが、公式な謝罪は行われていない（『毎日新聞』二〇二一年七月二二日）。

＊31　石戸諭『ルポ百田尚樹現象――愛国ポピュリズムの現在地』小学館、二〇二〇年。

＊32　以下の『ニュース女子』問題の記述については、放送倫理・番組向上機構（ＢＰＯ）放送倫理検証委員会が二〇一七年一二月一四日に決定した「東京メトロポリタンテレビジョン『ニュース女子』沖縄基地問題の特集に関する意見」（www.bpo.gr.jp/wordpress/wp-content/themes/codex/pdf/kensyo/determination/2017/27/dec/0.pdf）を参照（二〇二三年七月一三日閲覧）。

＊33　「東京メトロポリタンテレビジョン『ニュース女子』沖縄基地問題の特集に関する意見」一〇頁。

＊34　「【DHC】2020/11/30（月）田北真樹子×竹田恒泰×居島一平【虎ノ門ニュース】」（dhctv.jp/movie/103793/）を参

照（二〇二一年七月二九日閲覧、二〇二三年六月一三日現在削除済み）。

＊35　ノーマン・フェアクラフ『ディスコースを分析する――社会研究のためのテクスト分析』（日本メディア英語学会談話分析研究分科会訳）くろしお出版、二〇一二年、二九四頁。

＊36　たとえば、坂東忠信が駐日中国大使館が新型コロナウイルスを「日本肺炎」と名付けたと発言したが（二〇二〇年二月二八日放送回）、『ハフポスト』が二〇二〇年三月四日に検証しているように、正しくは、日本での新型コロナウイルス感染症の流行状況を意味する「日本新型冠状病毒肺炎疫情」を誤読する初歩的な間違いであった。「〝中国が新型コロナ感染症を『日本肺炎』と呼んだ〟はデマ。初歩的な読み間違い、大使館も注意喚起」（『ハフポスト』二〇二〇年三月四日、www.huffingtonpost.jp/entry/wudu_jp_5e5f0300c5b6732f50e9db2a）を参照（二〇二三年七月一三日閲覧）。また、武田が、PCRの発見者であるキャリー・マリスがPCR検査がウイルス特定には不適切だと発言したと紹介したが（二〇二〇年七月二四日放送回）、これもファクトチェックを実施する認定NPO法人インファクトなどが根拠がないとする検証結果を示している。「［コロナの時代］ファクトチェック：「PCR法を開発してノーベル賞を取った人が『ウイルスの特定にはふさわしくない』と言った」は本当か？」（infact.press/2020/08/post-7398/）を参照（二〇二三年七月一三日閲覧）。

＊37　マックスウェル・マコームズ『アジェンダセッティング――マスメディアの議題設定力と世論』（竹下俊郎訳）学文社、二〇一八年。あるいは、マスメディアは議題設定能力を以て視聴者の現実認識に影響を与えると考えられてきたし、「扱われるトピックの解釈に変化をもたらすようなレトリック上、文体上の選択」である「ニュースフレーム」が問題とされてきた。J・N・カペラ＋K・H・ジェイミソン『政治報道とシニシズム――戦略型フレーミングの影響過程』（平林紀子＋山田一成訳）ミネルヴァ書房、二〇〇五年、六一頁。

＊38　北田暁大『嗤う日本の「ナショナリズム」』NHK出版、二〇〇五年、一一五頁。

＊39　ネット右翼の言説は、一九八九年に創刊した『サピオ』（小学館）などの国際情報誌に源流を持っており、伊藤昌亮は、湾岸戦争を機に「日本人が外国人にどう思われているのかという点、つまり日本人の自意識に関わるもの」が顕在化してきたことを指摘している。『ネット右派の歴史社会学』四六頁。

＊40　「GoToキャンペーン」とは二〇二〇年七月二二日に日本政府が開始した一連の観光業・飲食業・イベント業など向けの振興政策。新型コロナウイルス感染症による経済低迷に対する臨時的措置で、これらの料金の一部を政

府が国費で負担するという内容だった。その後、感染拡大を受け、その一つである「ＧｏＴｏトラベル」は二〇二〇年一二月二八日から中断している。

＊41　同学会は二歳未満の乳幼児が窒息する可能性があるため、マスクを利用することはかえって危険であるとする提言を発表しているが、発達への影響に関する言及は見られない。公益社団法人日本小児科学会が二〇二〇年六月一一日に公開した「乳幼児のマスク着用の考え方」（www.jpeds.or.jp/modules/guidelines/index.php?content_id=117）を閲覧（二〇二三年七月一三日閲覧）。

＊42　ルート・ヴォダック『右派ポピュリズムのディスコース――恐怖をあおる政治はどのようにつくられるのか』（石部尚登＋野呂香代子＋神田靖子訳）明石書店、二〇一九年、五四頁。

＊43　山口仁『メディアがつくる現実、メディアをめぐる現実――ジャーナリズムと社会問題の構築』勁草書房、二〇一八年、一六六頁。

＊44　林香里『メディア不信――何が問われているのか』岩波新書、二〇一七年、一三九頁。

＊45　朝日新聞社が設置した慰安婦報道検証第三者委員会（委員長：中込秀樹）の報告書（www.asahi.com/shimbun/3rd/2014122201.pdf）（二〇二三年七月一三日閲覧）によれば、「吉田証言が大きな役割を果たしたとは言えないだろうし、朝日新聞がこうしたイメージの形成に大きな影響を及ぼした証拠も決定的ではない」と結論づけつつも、朝日新聞の影響が皆無であったとは断定していない。それに対して、産経新聞は、二〇一四年四月から特集記事シリーズ「歴史戦」を組み、朝日新聞の慰安婦報道が反日感情を煽る国際認識を形成したと主張しており、ここで取り上げられている主張も原則として後者の立場に基づく。以下、参照。産経新聞社『歴史戦――朝日新聞が世界にまいた「慰安婦」の嘘を討つ』産経新聞出版、二〇一四年。

＊46　津田正太郎『ナショナリズムとマスメディア：連帯と排除の相克』勁草書房、二〇一六年、一七七頁－一七九頁。

＊47　『虎ノ門ニュース』二〇二〇年六月二四日放送分で、同番組が過去のヘイトスピーチや差別発言を理由に桜井誠の発言を取り上げてこなかったと説明したことを機に、桜井は同番組のスタジオ近辺で抗議街宣を繰り返している。

＊48　Stuart Hall, "Encoding and Decoding," In: Stuart Hall, and Dorothy Hobson, Andrew. Lowe, and Paul Willis (eds.), *Culture, Media, Language*, Routledge, 1980.

＊49　Peter Dahlgren and Colin Sparks (eds.), *Journalism and Popular Culture*, Sage, 1992, p.35.

＊50　『ネット右派の歴史社会学』四八九頁。

＊51　なお、こうしたネット右翼のあいだでの分化は多くの研究者が指摘しており、前者の急進的な愛国活動と後者の冷笑的な愛国活動のあいだには距離がある。たとえば、愛国コミュニティの参加者に聞き取り調査を行った久木山一進は、「現在、「愛国に魅せられる人」の多くは、「在特会」のような団体に対し、「引いている」もしくは「嘲笑う」というリアクションを取っているといえるだろう」と分析している。以下、参照。久木山一進「『愛国コミュニティ』に集う人びとのライフストーリー——その場がもつ意味と危うさ」『日本オーラル・ヒストリー研究』第一一号、二〇一五年、二四六頁。

＊52　『ストリートの思想』、一〇七頁－一〇八頁。

第3章　公共サービスメディアの葛藤

＊1　武田徹『ＮＨＫ問題』ちくま新書、二〇〇六年、一九八頁。

＊2　松田浩『ＮＨＫ新版——危機に立つ公共放送』岩波新書、二〇一四年、二四頁。

＊3　「社説：ＭＸテレビ 電波の公共性 自覚せよ」『毎日新聞』二〇一七年二月二二日、東京朝刊、五頁、内政面。

＊4　「(社説) 番組か広告か 視聴者惑わせぬ放送を」『朝日新聞』二〇二〇年七月二九日、朝刊、一〇頁、オピニオン二面。

＊5　ＮＨＫ公式サイトの「放送法と公共放送」(https://www.nhk.or.jp/info/about/broadcast-law.html) を参照（二〇二三年六月一五日閲覧）。

＊6　Peter Goodwin, "An Impossible Challenge for Public Service Media?: The Intellectual Context of the Networked Society," In: Gregory Ferrell Lowe, Hilde Van den Bulck, and Karen Donders (eds.) , *Public Service Media in the Networked Society*, Nordicom, 2018, p.29.

＊7　Stuart Hall, "Which Public, Whose Service?," In: Wilf Stevenson (ed.) *All Our Futures: The Changing Role and Purpose of the BBC*, BFI Publishing, 1993, p.26.

＊8　"Which Public, Whose Service?," p.35.

＊9　ＮＨＫの公共性の認識に対する批判は以下の文献を参照。花田達朗＋林香里「公共放送のリアリティとジレン

マ」『世界』二〇〇五年四月号。

＊10　『ＥＴＶ２００１』のシリーズ「戦争をどう裁くか」第二回「問われる戦時性暴力」（二〇〇一年一月三〇日）は、民間団体である「戦争と女性への暴力」リサーチ・アクション・センター（バウネット・ジャパン）が開催した、慰安婦問題を裁く模擬法廷を取材し、紹介する内容だったが、放送直前に番組内容が改変され、取材源である（バウネットジャパン）による訴訟に発展した。この訴訟は二〇〇八年六月一二日に原告が敗訴となったが、その間、朝日新聞が、二〇〇五年一月一二日に「中川昭一・現経産省、安倍晋三・現自民党幹事長代理が放送前日にＮＨＫ幹部を呼んで「偏った内容だ」などと指摘していたことが分かった」と報じた。「中川昭・安倍氏「内容偏り」指摘ＮＨＫ「慰安婦」番組改変」『朝日新聞』二〇〇五年一月一二日、朝刊、一面（総合面）。その後、番組制作者である長井暁チーフプロデューサーが記者会見で政治介入を告発したが、朝日新聞は証拠の不十分さを指摘され、これを認めた。以下も参照。『ＮＨＫ新版』第四章、永田浩三『ＮＨＫ、鉄の沈黙はだれのために——番組改変事件一〇年目の告白』柏書房、二〇一〇年。

＊11　「ＮＨＫ新生プラン（平成一七年九月二〇日）」（www.nhk.or.jp/pr/keiei/plan/plan18-20/plan-002.html）を参照（二〇二三年六月一五日閲覧）。

＊12　Peter Dahlgren, *Television and the Public Sphere: Citizenship, Democracy and the Media*, Sage, 1995, p.46-50.

＊13　Hallvard Moe, "Dissemination and Dialogue in the Public Sphere: A Case for Public Service Media Online," *Media, Culture & Society*, Vol.30 Issue 3, 2008, p.319

＊14　「ＮＨＫ経営計画二〇一五－二〇一七年度——信頼をより確かに、未来へつなぐ創造の力」（www.nhk.or.jp/pr/keiei/plan/pdf/25-27keikaku.pdf）、六頁を参照（二〇二三年六月一五日参照）。

＊15　遠藤薫『インターネットと〈世論〉形成——間メディア的言説の連鎖と抗争』、二〇〇四年、六一頁－六二頁。

＊16　Dustin Harp, Josh Grimm, and Jaime Loke, "Rape, Storytelling and Social Media: How Twitter Interrupted the News Media's Ability to Construct Collective Memory," *Feminist Media Studies*, Vol.18 Issue 6.

＊17　Josef Trappel, "Online Media within the Public Service Realm?: Reasons to Include Online into the Public Service Mission," *Convergence: The International Journal of Research into New Media Technologies*, Vol.14 Issue 3: 313-22, p.318-319.

＊18　山腰修三「「放送の公共性」再考——メディア環境の変容と公共圏概念の展開」『法学研究』第八六巻第七号、二

〇一三年、一八一頁。

＊19　「ＮＨＫ経営計画二〇一五－二〇一七年度――信頼をより確かに、未来へつなぐ創造の力」五頁。

＊20　佐藤卓己『テレビ的教養――一億総博知化への系譜』、岩波現代文庫、二〇一九年、一四五頁。

＊21　古田尚輝「教育テレビ放送の五〇年」『ＮＨＫ放送文化研究所年報』第五三集、二〇〇九年、一九七頁。

＊22　宮田興「当事者の言葉から考える」花田達朗編『「可視化」のジャーナリスト――石橋湛山記念早稲田ジャーナリズム大賞記念講座二〇〇九』早稲田大学出版部、二〇〇九年、一五八頁－一六〇頁。

＊23　「ＮＨＫ福祉ポータル ハートネット」(www.nhk.or.jp/heart-net/) を参照（二〇一七年九月二四日閲覧）。二〇一八年四月一日のサイトリニューアルで「ＮＨＫ福祉情報総合サイト ハートネット」になり、番組説明文のアーカイブと一部のスレッドが削除されているため、本論文では二〇一七年九月二四日時点で収集・保管した投稿を参照した。

＊24　「当事者の言葉から考える」、一五八頁。

＊25　たとえば、「ＮＨＫが追求する「公共的価値」」の六項目として「教育と福祉への貢献」が記載されている。以下、参照。「ＮＨＫ経営計画（二〇一八－二〇二〇年度）」(www.nhk.or.jp/pr/keiei/plan/pdf/2018-2020_keikaku_02.pdf) 二頁を参照（二〇二三年六月一五日閲覧）。

＊26　この記述については以下を参照。「ＮＨＫ「最後の良心」に異常事態「ＥＴＶ特集」「ハートネットＴＶ」の制作部署が解体の危機」『バズフィード・ニュース』二〇一九年二月一五日、(www.buzzfeed.com/jp/ryosukekamba/nhk) などを参照（二〇二二年六月一五日閲覧）。

＊27　「「Ｅテレ」はＮＨＫらしさの象徴」売却論に会長が反論」(『朝日新聞デジタル』二〇二〇年一二月三日 (digital.asahi.com/articles/ASND3621GND3UCVL01B.html) を参照（二〇二二年六月一五日閲覧）。

＊28　ＮＨＫ公式サイト『NHK1.5ch』に掲載されている番組の趣旨説明 (https://www.nhk.or.jp/ten5/programs/heartnet/) を参照（二〇一九年五月九日閲覧）。「生きづらさ」を重視する番組制作方針については、以下の山田賢治アナウンサーへのインタビュー記事なども参照。「挑戦的番組作り「ハートネットＴＶ」福祉問題 解決策を討論」『読売新聞』二〇一四年一〇月二一日、東京夕刊、一一頁、ラタ二面。

＊29　障害者を主体とするバラエティ番組をコンセプトとして始まった『バリバラ』についても、当初は（健常者に対

する）「障害者」という位置取りに強く依拠していたが、近年では「生きづらさ」という言葉を積極的に用いている。

＊30 「感動ポルノ」（inspiration porn）という言葉は、当事者でコメディアン、ジャーナリストであるステラ・ヤングが、二〇一四年四月にシドニーで開催された「ＴＥＤ」で提唱したものであり、「健常者の利益のために障害者を客体化する」ような表現を指す。

＊31 『ＥＴＶワイド ともに生きる【大阪発】こんな福祉番組が見たいねん！――きらっと改革委員会・発展編』（ＮＨＫ教育、二〇〇八年一二月六日放送）を参照。車椅子生活を送る当事者でもある同番組の空門勇魚ディレクターが、視聴者からの「出演する障害者のレベルが高すぎる。番組はきれいごとだ」などの投書を踏まえ、障害者と番組制作者の対話の場を設けた。その後、『きらっといきる』は障害者の現実を描き出す「ありのまま路線」に転換を図り、当事者の「本音」に徹底的に寄り添う方針を打ち出した。以下も参照。「（番組レシピ）きらっといきる「前向き路線」を見直しつつ」『朝日新聞』二〇〇八年一一月三〇日、朝刊、一四頁、ＴＶ案内二面。

＊32 塙幸枝は、『バリバラ』における「笑い」の分析を行い、「『健常者』のオーディエンスはそこで提起される『健常者批判』に共感を示しつつも、同時に、じつは自らがそこでの批判の対象とされる『健常者』本人であるという事実を突きつけられる」のだと指摘している。塙幸枝『障害者と笑い――障害をめぐるコミュニケーションを拓く』新曜社、二〇一八年、一二六‐一二七頁。

＊33 「ＮＨＫ福祉情報サイト ハートネット」に掲載されたお知らせ（www.nhk.or.jp/heart-net/announce/56/）を参照（二〇二一年七月二九日閲覧、二〇二三年七月一三日現在削除済み）。

＊34 相模原事件に関する「福祉ポータル」掲示板の投稿の引用は「相模原市の障害者施設殺傷事件について（二〇一六年八月）」（www.nhk.or.jp/heart-net/new-voice/bbs/23/1.html）、「生きるためのテレビ」に関する「ツイッター」の引用は、ポータルサイト『トゥゲッター』に掲載された「ＮＨＫ自殺特番「生きるためのテレビ」への不安 #nhk_heart」（togetter.com/li/718560）、「＃８月31日の夜にをまとめました（自殺予防）」（togetter.com/li/1146096）に掲載されている比較的公開性の高い投稿を参照した（二〇一九年五月九日閲覧）。

＊35 相模原事件そのものをめぐる論点整理としては、以下などを参照。保坂展人『相模原事件とヘイトクライム』岩波ブックレット、二〇一六年。立岩真也＋杉田俊介『相模原障害者殺傷事件――優生思想とヘイトクライム』青土

社、二〇一六年。

＊36 田中瑛「公共放送における『声なき声』の包摂の葛藤——NHK『ハートネットTV』のソーシャルメディア活用を事例として」『マス・コミュニケーション研究』九五号、二〇一九年。

＊37 自殺報道が増えれば増えるほど自殺者が増える効果は「ウェルテル効果」、自殺を乗り越えた経験を共有すればするほど自殺者が減る効果は「パパゲーノ効果」と呼ばれており、WHOは「自殺対策を推進するためにメディア関係者に知ってもらいたい基礎知識」を公開し、二〇一七年版が自殺総合対策推進センターによって邦訳されている（www.mhlw.go.jp/content/000526937.pdf）（二〇二三年七月一三日閲覧）。

＊38 谷卓生「ツイッターに安心して本音を吐き出せる場が生まれた——『#8月31日の夜に。』の挑戦」『放送研究と調査』二〇〇七年一二月号。

第4章 ポピュラー・ジャーナリズムとしてのリアリティTV？

＊1 Richard Kilborn, "'How Real Con You Get?': Recent Developments in 'Reality' Television," *European Journal of Communication* Vol.9, 1994.

＊2 「『リアリティ番組出演者遺族からの申立て』に関する委員会決定」（www.bpo.gr.jp/?p=10741）を参照（二〇二三年七月一三日閲覧）。

＊3 以下、参照。"Why suicide is still the shadow that hangs over reality TV"（*The Guardian*, 2020-05-27, www.theguardian.com/tv-and-radio/2020/may/27/why-suicide-is-still-the-shadow-that-hangs-over-reality-tv-hana-kimura-terrace-house）（二〇二三年六月二六日閲覧）。

＊4 レス・バック『耳を傾ける技術』（有元健訳）せりか書房、二〇一四年、三七頁。

＊5 以下、参照。John Corner, "Performing the Real: Documentary Diversions," *Television & New Media* Vol.3 Issue 3, 2002. 丹羽美之「ポスト・ドキュメンタリー文化とテレビ・リアリティ」『思想』二〇〇三年一二月号。

＊6 Annette Hill, *Reality TV: Audiences and Popular Factual Television*, Routledge, 2005, p.2.

＊7 *Reality TV: Audiences and Popular Factual Television*, p.2.

＊8 *Reality TV: Audiences and Popular Factual Television*, p.14.

＊9　"Performing the Real: Documentary Diversions" *Television & New Media* Vol.3 Issue 3, 2002.
＊10　もちろん、ここで取り上げているのは一般的な認識であり、ドキュメンタリーにおける現実の構築性についてはさまざまな指摘がある。それらについては以下を参照。森達也『ドキュメンタリーは嘘をつく』草思社、二〇〇五年。丸山友美「ドキュメンタリーの〈偶然性〉――森達也『A』（１９９８）の映像分析による考察」『マス・コミュニケーション研究』八三号。
＊11　北田暁大『〈意味〉への抗い――メディエーションの文化政治学』せりか書房、二〇〇四年、一〇七頁。
＊12　David Grazian, "Neoliberalism and the Realities of Reality Television," *Contexts* Vol. 9 Issue 2, 2010, p.69.
＊13　*Reality TV: Audiences and Popular Factual Television*, p.18.
＊14　たとえば、以下を参照。Bradley D. Clissold, "Candid Camera and the Origin of Reality TV: Contextualising a Historical Precedent," In: Su Holmes and Deborah Jermyn（eds.）, *Understanding Reality Television*, 1st edition, Routledge, 2003.
＊15　Nick Couldry, "Reality TV, or the Secret Theater of Neoliberalism", *The Review of Education, Pedagogy, and Cultural Studies* Vol.30 Issue 1, 2008.
＊16　Su Holmes, "'But This Time You Choose!': Approaching the 'Interactive' Audience in Reality TV," *International Journal of Cultural Studies* Vol.7 Issue 2, 2004, p.221.
＊17　Peter Lunt, "Television, Public Participation, and Public Service: From Value Consensus to the Politics of Identity," *The Annals of the American Academy of Political and Social Science* Vol. 625, 2009, p.132.
＊18　Su Holmes and Deborah Jermyn（eds.）*Understanding Reality Television*, Routledge, p.8ff., "'But This Time You Choose!': Approaching the 'Interactive' Audience in Reality TV," *International Journal of Cultural Studies* Vol.7 Issue 2, 2004, p.221.
＊19　ＣＡＴＶ版は日本ではＣＳ放送局「ＦＯＸライフ」で放送されていたことがあり、この際の邦題は『クイア・アイ♂♀ゲイ５のダサ男改造計画』とされていた。ネットフリックス版では『クィア・アイ外見も内面もステキに改造』と訳されている。
＊20　Scout Production, *Queer Eye: Love Yourself, Love Your Life*, Headline, 2018, p.9.
＊21　Ragan Fox, *Inside Reality TV: Producing Race, Gender, and Sexuality on "Big Brother"*, Routledge, 2019, p.16.
＊22　以下、参照。Katherine Sender, "Queen for a Day: Queer Eye for the Straight Guy and the Neoliberal Project," *Critical Studies*

in Media Communication Vol.23 Issue 2, 2006. Toby Miller, "A Metrosexual Eye on Queer Guy," *A Journal of Lesbian and Gay Studies*, Vol.11 Issue 1, 2005.

＊23　"Queen for a Day: Queer Eye for the Straight Guy and the Neoliberal Project," p.144ff.

＊24　河口和也『クィア・スタディーズ』岩波書店、二〇〇三年、一〇九頁。

＊25　藤嶋陽子「身体を受け入れること、身体を手放すこと。——ボディポジティブは誰のために、そして誰を突き放すか。」『現代思想』二〇二〇年三月臨時増刊号、三〇六頁。

＊26　Netflix Media Center "New Season of Queer Eye for the Straight Guy to Begin Production for Netflix"（https://media.netflix.com/en/press-releases/new-season-of-queer-eye-for-the-straight-guy-to-begin-production-for-netflix）（二〇二三年六月二六日閲覧）。

＊27　*Queer Eye: Love Yourself, Love Your Life*, p.12.

＊28　アーヴィング・ゴフマン『行為と演技——日常生活における自己呈示』（石黒毅訳）誠信書房、一九七四年、第三章。

＊29　Beverley Skeggs, "The Moral Economy of Person Production: The Class Relations of Self-performance on 'Reality' Television," *The Sociological Review* Vol.57 Issue 4, p.632.

＊30　"From Burning Toupees to Breaking Boundaries: Why Queer Eye is TV's Most Political Show"（The Guardian, 2018-06-25, www.theguardian.com/tv-and-radio/2018/jun/25/from-burning-toupees-to-breaking-boundaries-why-queer-eye-is-tvs-most-political-show）（二〇二三年六月二六日閲覧）。

＊31　ここで引用したタンの発言については、「リアリティ番組『クィア・アイ』がぶち破る壁——タン・フランスとの3時間」『GQ JAPAN』二〇一九年四月一五日、www.gqjapan.jp/culture/celebrity/20190415/3-hours-with-tan-france）を参照（二〇二三年七月一三日閲覧）。

第5章　ジャーナリズムの境界線を引き直す

＊1　たとえば、大井眞二は「ジャーナリズムの再定義」という文言を用いて「非ジャーナリズムとは何か」を示す必要があると指摘している。以下、参照。大井眞二『ジャーナリズム・スタディーズのフィールド』学文社、二〇一

八年、一〇頁。

＊2　ジャーナリストの専門職化が一九世紀からどのように進行してきたのかは、以下の文献を参照。河崎吉紀『ジャーナリストの誕生――日本が理想としたイギリスの実像』岩波書店、二〇一八年。

＊3　Mark Deuze, "What is Journalism?: Professional Identity and Ideology of Journalists Reconsidered," *Journalism* Vol. 6 Issue 4, 2005, p.447. ジャーナリストの「専門職性」をイデオロギーとして批判的に読み解く必要性は、カルチュラル・スタディーズの研究者によりよく指摘されてきた。たとえば、ジョン・フィスクは「ニュース制作者の職業的イデオロギーに切りこむ洞察力」がニュースの分析において重要であると指摘している。以下、参照。ジョン・フィスク『抵抗の快楽――ポピュラーカルチャーの記号論』（山本雄二訳）世界思想社、一九九八年、二三一頁。

＊4　ジャン＝フランソワ・リオタール『ポスト・モダンの条件――知・社会・言語ゲーム』（小林康夫訳）、水声社、一九八六年、八頁－九頁。

＊5　Peter Dahlgren, *Television and the Public Sphere: Citizenship, Democracy and the Media*, Sage, 1995, p.53.

＊6　戸坂潤『戸坂潤全集第三巻』勁草書房、一九六六年、一一二頁－一一三頁。

＊7　一九六〇年六月一七日に、産経新聞社、毎日新聞社、東京新聞社、読売新聞社、東京タイムズ新聞社、朝日新聞社、日本経済新聞社の大手新聞七社が「暴力を排し議会主義を守れ」という見出しで、日米安全保障条約の強行採決に対する反対運動を「暴力」と位置づけ批判する「七社共同宣言」を共同掲載した。これは結果的に闘争参加者の訴えの内容に耳を貸さず、横並びの報道に徹する姿勢というのみならず、安保闘争をめぐる報道そのものが自粛される結果を招いた。以下を参照。根津朝彦『戦後日本のジャーナリズムの思想』東京大学出版会、二〇一九年、二二九頁以下。

＊8　Stuart Hall, "Encoding and Decoding", In: Stuart Hall, Dorothy Hobson, Andrew Lowe, and Paul Willis（eds.）, *Culture, Media, Language*, Routledge, 1980. ホールの「能動的オーディエンス論」については、以下の論考を参考にした。山腰修三『コミュニケーションの政治社会学――メディア言説・ヘゲモニー・民主主義』ミネルヴァ書房、二〇一二年、第一章。

＊9　James Curran, "Rethinking the Media as a Public Sphere," In: Peter Dahlgren and Colin Sparks（eds.）, *Communication and Citizenship: Journalism and the Public Sphere*, Routledge, 1992, p.29-30.

*10 Colin Sparks, "Popular Journalism: Theories and Practice," In: Peter Dahlgren and Colin Sparks (eds.), *Communication and Citizenship: Journalism and Popular Culture*, Sage.

*11 "Popular Journalism: Theories and Practice," p.34.

*12 "Popular Journalism: Theories and Practice," p.35.

*13 小池靖『セラピー文化の社会学――ネットワークビジネス・自己啓発・トラウマ』勁草書房、二〇〇七年、一九五頁。

*14 George Ritzer and Nathan Jurgenson, "Production, Consumption, Prosumption: The Nature of Capitalism in the Age of the Digital 'Prosumer'," *Journal of Consumer Culture* Vol.10 Issue 1, 2010.

*15 Zvi Reich "Journalism as Bipolar Interactional Expertise," *Communication Theory* Vol. 22, 2012.

*16 ジャック・ランシエール『民主主義への憎悪』（松葉祥一訳）、インスクリプト、二〇一一年、一一頁。

*17 玉木明『言語としてのニュー・ジャーナリズム』學藝書林、一九九二年。

*18 キャロル・ギリガン『もうひとつの声で――心理学の理論とケアの倫理』（川本隆史＋山辺恵理子＋米典子訳）、風行社、二〇二二年。

*19 『もうひとつの声で――心理学の理論とケアの倫理』、第二章。

*20 『もうひとつの声で――心理学の理論とケアの倫理』、一〇八頁。

*21 林香里『〈オンナ・コドモ〉のジャーナリズム――ケアの倫理とともに』岩波書店、二〇一一年。

*22 林香里は絶対的に弱い立場に置かれた人びとの「声なき声」をジャーナリズムに接続する必要性を尊厳の問題として論じている。林香里「Giving Voice to the Voiceless――声なき人たちに声を与える」内藤正典・岡野八代編『グローバル・ジャスティス：新たな正義論への招待』ミネルヴァ書房、二〇一三年。

*23 寺島英弥「ヴァルネラビリティと新聞の新たな可能性――当事者の発信を編集支援する『場』へ」河井孝仁・遊端裕奏編『地域メディアが地域を変える』日本経済評論社、二〇〇九年、一九六頁。また、精神障害者の生活拠点である北海道浦河町の「べてるの家」では、当事者同士が自分自身の病気を自己定義する実践を通じて相互扶助の関係を構築する「当事者研究」が行われており、同地で勤務する精神科医の川村敏明も、治療に徹していた医者の役割が変化してきていると述べている。以下、参照。浦河べてるの家『べてるの家の「当事者研究」』医学書院、

二〇〇五年、二五六頁－二七七頁。

＊24　アーリー・ラッセル・ホックシールド『管理される心――感情が商品になるとき』（石川准＋室伏亜希訳）、世界思想社、二〇〇〇年。

＊25　『管理される心――感情が商品になるとき』、二一八頁。

＊26　品川哲彦『正義と境を接するもの――責任という原理とケアの倫理』ナカニシヤ出版、二〇〇七年、一五八頁。

＊27　上野千鶴子『ケアの社会学――当事者主権の福祉社会へ』太田出版、二〇一一年。

＊28　Sarah Banet-Weiser, "Gender, Social Media, and the Labor of Authenticity," *American Quarterly*, Vol.73 Issue 1, 2021, p.142.

＊29　米国のNBCで放送されていたリアリティ番組で、二〇〇四年～一二年にドナルド・トランプがホストを務めた。公募で選ばれた出演者が「見習い社員」として課題を与えられ、毎週一名の脱落者を決め、勝ち残って優勝するとトランプの運営する企業の役員になれるという内容だった。

＊30　Gunn Enli, *Mediated Authenticity: How the Media Constructs Reality*, Peter Lang, 2015, p.111-113.

＊31　Georgia Gaden, and Delia Dumitrica, "The 'Real Deal': Strategic Authenticity, Politics and Social Media," *First Monday: Peer-reviewed Journal on the Internet*, Vol.20 Issue 1-5, 2015, doi.org/10.5210/fm.v20i1.4985.

＊32　ミチコ・カクタニ『真実の終わり』（岡崎玲子訳）、集英社、二〇一九年、五九頁。

＊33　Oren Soffer, "The Competing Ideals of Objectivity and Dialogue in American Journalism," *Journalism* Vol.10 Issue 4, 2009, p.483.

＊34　五十嵐浩司、林香里、田中淳、奥村信幸によるプロジェクト「トップが語る3・11報道」におけるインタビュー調査（311hodokensho.org/wp-content/uploads/2018/03/NHK.pdf）を参照（二〇二三年七月一三日閲覧）。

＊35　畑仲哲雄『地域ジャーナリズム――コミュニティとメディアを結びなおす』勁草書房、二〇一四年。

＊36　Graeme Turner, "'Media Wars': Journalism, Cultural and Media Studies in Australia," *Journalism* Vol.1 Issue 3, 2000, p.363. これは専門職的イデオロギーをめぐる実務家と研究者のあいだの論争として、オーストラリアで一九九八年一一月に開催された「メディア・ウォーズ」会議を踏まえての論考である。論争の発端となった著述家のキース・ウィンドシャトルは、カルチュラル・スタディーズ研究者が「ジャーナリズムが決して真実を語ることができず、決して客観的ではありえないなどという馬鹿げた観念を放棄しなければならない」と述べ、構造主義、ポスト構造主義、フ

ランクフルト学派マルクス主義などのイデオロギー的な学問的伝統との関係性も断つべきだと主張していた。ウィンドシャトルによる批判は以下を参照。Keith Windschuttle, "Journalism versus Cultural Studies," *Australian Studies in Journalism*, Vol. 7, 1998.

＊37 Matt Carlson, *Journalistic Authority: Legitimating News in the Digital Era*, Columbia University Press, 2017.

第6章「真正性」の政治を内側から攪乱する

＊1 花田達朗『公共圏という名の社会空間――公共圏、メディア、市民社会』、一九九六年、木鐸社。

＊2 林香里『マスメディアの周縁、ジャーナリズムの核心』新曜社、二〇〇二年。

＊3 マーシャル・マクルーハン『メディア論――人間の拡張の諸相』（栗原裕＋河本仲聖訳）、みすず書房、一九八七年、七頁。

＊4 小川明子「読者・視聴者を「サポーター」に悩みや困難共有し、信頼につなぐ」『Journalism』二〇二〇年一一月号、五六頁。

＊5 たとえば、現代人は「国民国家」を自然なものとして理解し、時代によっては遠くの見知らぬ「同胞」のために命を賭して戦う。政治学者のベネディクト・アンダーソンが「想像の共同体」という議論で展開したように、国民国家は、活版印刷術の開発とそれに続く出版資本主義により、俗語が「国語」として普及し、共通言語を用いる読者による共同体が生まれたことで成立したとされる。以下、参照。ベネディクト・アンダーソン『定本 想像の共同体――ナショナリズムの起源と流行』（白石隆＋白石さや訳）書籍工房早山、二〇〇七年。

＊6 新聞や放送が共通の現実認識としての「大きな物語」を構成してきたが、それらが解体されつつあるという点については、以下を参照。大石裕編著『戦後日本のメディアと市民意識――「大きな物語」の変容』ミネルヴァ書房、二〇一二年。水野博介『ポストモダンのメディア論2・0――ハイブリッド化するメディア・産業・文化』学文社、二〇一七年。

＊7 ダニエル・ダヤーン、エリフ・カッツ『メディア・イベント――歴史をつくるメディア・セレモニー』（浅見克彦訳）青弓社、一九九六年。

＊8 ピエール・ブルデューは、何を公的／私的と見做すのかを評価する基準が「構造化された社会空間」のなかで共

有されることで、メディア組織が、事実（虚構）を事実（虚構）として、公共的な関心（私的な関心）を公共的な関心（私的な関心）として主張する象徴権力を占有してきたことを指摘する。以下、参照。ピエール・ブルデュー『メディア批判』（櫻本陽一訳）、藤原書店、二〇〇〇年、七一頁。

＊9　たとえば、ジェンダー研究者の田中和子は、公的な問題を政治面などに掲載しつつ、女性や子供に関する問題を家庭面に掲載することで、新聞のなかでの性差別が構造的に固定化、不可視化されることを批判する。以下、参照。田中和子「新聞にみる構造化された性差別表現」天野正子・伊藤公雄・伊藤るり・井上輝子・上野千鶴子・江原由美子・大沢真理・加納実紀代編『新編 日本のフェミニズム7 表現とメディア』岩波書店、二〇〇九年、七五－七七頁。

＊10　David L. Altheide, "Media Logic and Political Communication," *Political Communication* Vol. 21 Issue 3, 2004, p.294.

＊11　Sonia Livingstone, and Peter Lunt, *Talk on Television: Audience Participation and Public Debate*, Routledge, 1994, p.50.

＊12　遠藤知巳「メディアそして／あるいはリアリティ――多重メビウスの循環構造」『思想』二〇〇三年一二月号、七六頁。

＊13　『マスメディアの周縁、ジャーナリズムの核心』、三八二頁。

＊14　主に以下を参照。キャス・サンスティーン『インターネットは民主主義の敵か』（石川幸憲訳）毎日新聞社、二〇〇三年。『閉じこもるインターネット――グーグル・パーソナライズ・民主主義』（井口耕二訳）、早川書房、二〇一二年。

＊15　ウェンディ・ブラウン『新自由主義の廃墟で――真実の終わりと民主主義の未来』（河野真太郎訳）、人文書院、二〇二二年、一三頁。

＊16　『新自由主義の廃墟で』、二〇頁。

＊17　ヤン＝ヴェルナー・ミュラー『ポピュリズムとは何か』（板橋拓己訳）岩波書店、二〇一七年。

＊18　メディア研究者のアンドリュー・チャドウィックは、「より古いメディア論理とより新しいメディア論理の対立と競合」と「これらの論理のあいだにある相互依存性」に着目し、政治的なアクターがどのようにそのハイブリッド性を活用しようとしているのかに関心を寄せるべきだと主張している。Andrew Chadwick, *The Hybrid Media System: Politics and Power*, 2nd edition, Oxford University Press, 2017, p.285. また、「ハイブリッド化」が公的な言説と私的な言説

が区別されえない状況を招くことに関する指摘は以下を参照。Ib Bondebjerg, "Public Discourse/Private Fascination: Hybridization in 'True-life-story' Genres," *Media, Culture & Society* Vol.18 Issue 1. 。

＊19 Nick Couldry, *Media Ritual: A Critical Approach*, Routledge, 2003, p.15.

＊20 ヘンリー・ジェンキンズ『コンヴァージェンス・カルチャー——ファンとメディアがつくる参加型文化』（渡部宏樹＋北村紗衣＋阿部康人訳）、晶文社、二〇二一年、二四頁。

＊21 『コンヴァージェンス・カルチャー』、二六頁。

＊22 たとえば、熊本県八代市が二〇〇八年から運営していた地域ＳＮＳ「ごろっとやっちろ」など、地域住民同士の対話を市役所職員も交えて推進する実践は展開されてきたが、「ツイッター」や「フェイスブック」などのグローバルなＳＮＳの浸透が影響しており、地域ＳＮＳ自体が二〇一〇年代以降にその数を減らしている。以下、参照。中野邦彦「官製地域ＳＮＳが廃止に至る経緯に関する考察——自治体職員へのインタビュー調査より」『社会・経済システム』第三五巻、二〇一四年。

＊23 ニック・スルネック『プラットフォーム資本主義』（大橋完太郎＋居村匠訳）、人文書院、二〇二二年、五七頁。

＊24 マーク・フィッシャー『資本主義リアリズム』（セバスチャン・ブロイ＋河南瑠莉訳）、堀之内出版、二〇一八年、一〇頁。

＊25 以下を参照。Jodi Dean, *Blog Theory: Feedback and Capture in the Circuits of Drive*, Polity, 2010. 伊藤守編『コミュニケーション資本主義と〈コモン〉の探求——ポスト・ヒューマン時代のメディア論』東京大学出版会、二〇一九年。

＊26 『コミュニケーション資本主義と〈コモン〉の探求——ポスト・ヒューマン時代のメディア論』九頁。

＊27 キャス・サンスティーン『#リパブリック——インターネットは民主主義になにをもたらすのか』（伊達尚美訳）勁草書房、二〇一八年、七一頁以下。

＊28 ベンジャミン・R・バーバー『〈私たち〉の場所——消費社会から市民社会をとりもどす』（山口晃訳）慶應義塾大学出版会、二〇〇七年、一一八頁-一一九頁。

＊29 Zizi Papacharissi, *A Private Sphere: Democracy in a Digital Age*, Polity, 2010, p.20, 50.

＊30 *Media Ritual*, p.12-13.

＊31 以下、参照。エミール・デュルケーム『宗教生活の原初形態（上・下）』岩波文庫、一九七五年。

＊32　*Media Ritual*, p.41.

＊33　山腰修三「デジタルメディアと政治参加をめぐる理論的考察」『マス・コミュニケーション研究』第八五号、二〇一四年、一七頁。

＊34　『資本主義リアリズム』、四九頁。

＊35　『資本主義リアリズム』、一九五頁。

＊36　飯田豊「科学技術社会論とメディア論の協働に向けて」『福山大学人間文化学部紀要』一〇号、二〇一〇年。

＊37　「みなさまとＮＨＫの結びつき」（www.nhk.or.jp/css/koe/pdf/fureai/2020/fureai_2020_04.pdf）（二〇二三年七月一三日閲覧）。

＊38　Annette Hill, *Reality TV: Audiences and Popular Factual Television*, 2005, p.77.

＊39　リチャード・セイラー＋キャス・サンスティーン『実践 行動経済学――健康、富、幸福への聡明な選択』（遠藤真美訳）日経ＢＰ社、二〇〇九年、一七頁。

＊40　『実践 行動経済学――健康、富、幸福への聡明な選択』、一五頁。

＊41　田村哲樹『熟議民主主義の困難――その乗り越え方の政治理論的考察』ナカニシヤ出版、二〇一七年、第五章。

＊42　『熟議民主主義の困難』、一二二頁。

＊43　鈴木謙介『ウェブ社会のゆくえ――〈多孔化〉した現実のなかで』ＮＨＫ出版、二〇一三年、一八四頁。

＊44　『ウェブ社会のゆくえ』、一九四頁。

＊45　坂本の発言については以下を参照。「西日本新聞『あなたの匿名取材班』で表明した『読者とつながる』【世界報道自由デー 特別インタビュー】」（『福岡ふかぼりメディアさささっとー』、二〇二一年五月三日、sasatto.jp/article/entry-1133.html）（二〇二三年七月一三日閲覧）。

補論　対話のためのメディア・デザインに向けた試論

＊1　「オープンダイアローグ」の思想的背景の考察については、以下を参照。石原孝二・斎藤環（編）『オープンダイアローグ 思想と科学』、東京大学出版会、二〇二二年。また、より実践的な観点について知りたい場合は、以下を参照。ヤーコ・セイックラ、トム・アーンキル『開かれた対話と未来――今この瞬間に他者を思いやる』（斎藤環

監訳）医学書院、二〇一九年。

＊2　デビッド・カークパトリック『フェイスブック若き天才の野望――5億人をつなぐソーシャルネットワークはこう生まれた』（滑川海彦＋高橋信夫訳）日経BP、二〇一一年、二九〇頁。

＊3　毛利嘉孝『はじめてのDiY――何でもお金で買えると思うなよ！』ブルース・インターアクションズ、二〇〇八年、二一頁－二二頁。

＊4　水越伸＋東京大学情報学環メルプロジェクト編『メディアリテラシー・ワークショップ』、東京大学出版会、二〇〇九年、iv頁。

＊5　小川明子『デジタル・ストーリーテリング――声なき想いに物語を』リベルタ出版、二〇一六年、三五頁－三八頁。

＊6　宇田川敦史「プラットフォーム」のメディア・リテラシー育成」『国民生活研究』第六二巻第二号、二〇二〇年。

＊7　水越伸＋宇田川敦史＋勝野正博＋神谷説子「メディア・インフラのリテラシー――その理論構築と学習プログラムの開発」『東京大学大学院情報学環紀要 情報学研究』九八号、二〇二〇年。

＊8　内田麻理香「欠如モデル・一方向コミュニケーション・双方向コミュニケーション」『科学技術社会論研究』一八号、二〇二〇年。

＊9　シャンタル・ムフ編、ジャック・デリダ、リチャード・ローティ、サイモン・クリッチリー、エルネスト・ラクラウ『脱構築とプラグマティズム――来たるべき民主主義』（青木隆嘉訳）法政大学出版局、二〇〇二年、一五四－一五五頁。

＊10　『デジタル・ストーリーテリング』、一六一頁－一六二頁。

＊11　平田オリザ『わかりあえないことから――コミュニケーション能力とは何か』講談社現代新書、二〇一二年、一〇五頁。

＊12　『わかりあえないことから――コミュニケーション能力とは何か』、二〇〇頁。

＊13　同様の機能が搭載された製品は「ズーム」、「マイクロソフトホワイトボード」、「ホワイトボードフォックス」など他にもいくつか存在する。

＊14　オンラインホワイトボード「ミロ」の場合、普段用いているウェブブラウザでリンクを開くと、「グーグル」な

どのアカウントと自動的に連携し、利用者のアカウント名を表示してしまう場合がある。この状態を避けるための苦肉の策として、「シークレットモード」でリンクを開くようにアナウンスをした。ログイン情報をリセットするため、確実に匿名状態で参加することができる。

＊15 『わかりあえないことから』、二二頁。

＊16 木村忠正『デジタルネイティブの時代――なぜメールをせずに「つぶやく」のか』二〇一二年、平凡社新書、第四章。

＊17 鈴木謙介『ウェブ社会のゆくえ――〈多孔化〉した現実のなかで』NHK出版、二〇一三年、八三頁。

＊18 この点についてはラディカル・フェミニズムに附随する闘争的なイメージを忌避する「ポストフェミニズム」的な潮流が若者世代の間で広まっていることとも関連するところである。この点については以下を参照。田中東子『メディア文化とジェンダーの政治学――第三波フェミニズムの視点から』世界思想社、二〇一二年。菊池夏野『日本のポストフェミニズム――「女子力」とネオリベラリズム』大槻書店、二〇一九年。

結　論　今後のメディア・ジャーナリズム研究に向けて

＊1 ヤニス・スタヴラカキス『ラカニアン・レフト』（山本圭＋松本卓也訳）岩波書店、二〇一七年、一九八頁。

＊2 李美淑「揺らぐジャーナリズムの役割――ジャーナリズム文化研究を手がかりに」『メディア研究』第一〇一号、二〇二二年。

＊3 この点については、筆者の別稿においても示唆した。田中瑛「ＡＩと共存する民主主義的主体に向けて」東京大学B'AIグローバル・フォーラム＋板津木綿子＋久野愛編『ＡＩから読み解く社会――権力化する最新技術』東京大学出版会、二〇二三年。

＊4 以下などを参照。Francesco Marconi, *Newsmakers: Artificial Intelligence and the Future of Journalism*, Colombia University Press, 2020.

＊5 たとえば、以下を参照。ジョナサン・クレーリー『24/7――眠らない社会』（岡田温司監訳、石谷治寛訳）ＮＴＴ出版、二〇一五年。ハルトムート・ローザ『加速する社会――近代における時間構造の変容』（出口剛司監訳）福村出版、二〇二二年。

＊6　デヴィッド・グレーバー『ブルシット・ジョブ――クソどうでもいい仕事の理論』（酒井隆史＋芳賀達彦＋森田和樹訳）岩波書店、二〇二〇年。解説本として、以下も参照。酒井隆史『ブルシット・ジョブの謎――クソどうでもいい仕事はなぜ増えるか』講談社現代新書、二〇二一年。

＊7　総務省の「社会生活基本調査」の総数を見てみると、週一日平均約一七・七時間が一次活動（睡眠・食事など）と二次活動（仕事・家事など）に費やされており、それでも一次活動は長期的に増加、二次活動は長期的に減少している。こうした身体的な再生産に必要な要素以外の活動が三次活動であり、約六・三時間に増えている。ただ、同時に、「趣味・娯楽」が三一分（一九八六年）から四八分（二〇二一年）、「休養・くつろぎ」が一時間二一分（一九八六年）から一時間五七分（二〇二一年）に増加する反面、「交際・付き合い」が二八分（一九八六年）から一〇分（二〇二一年）に減少している。

＊8　レイ・オルデンバーグ『サードプレイス――コミュニティの核になる「とびきり居心地よい場所」』（忠平美幸訳）みすず書房、二〇一三年。

＊9　ネイサン・シュナイダー『ネクスト・シェア――ポスト資本主義を生み出す「協同」プラットフォーム』（月谷真紀訳）東洋経済新報社、二〇二〇年。

マ行

ヤ行

ラ行

ワ行

タ行

ナ行

ハ行

サ行

索　引

欧文

ア行

カ行

田中瑛（たなか あきら）
実践女子大学人間社会学部専任講師
1993年生まれ。慶應義塾大学経済学部卒業（同メディア・コミュニケーション研究所修了）後、東京大学大学院学際情報学府社会情報学コース博士課程修了。博士（社会情報学）。日本学術振興会特別研究員（DC1）、九州大学大学院芸術工学研究院助教を経て、2024年より現職。主要論文に、「真正性の政治とジャーナリズム——ポピュラーな正当化の可能性と矛盾の考察」『メディア研究』102号、183–199頁。「公共放送における「声なき声」の包摂の葛藤—— NHKの福祉番組『ハートネットTV』のソーシャルメディア活用を事例として」『マス・コミュニケーション研究』95号、125–142頁。日本計画行政学会・社会情報学会若手研究交流会優秀賞、など受賞多数。共著書に、小熊英二・樋口直人編『日本は「右傾化」したのか』（慶應義塾大学出版会、2020年）、伊藤守編『東京オリンピックはどう観られたか——マスメディアの報道とソーシャルメディアの声』（ミネルヴァ書房、2024年）など。

〈声なき声〉のジャーナリズム
——マイノリティの意見をいかに掬い上げるか

2024年5月10日　初版第1刷発行

著　者————田中瑛
発行者————大野友寛
発行所————慶應義塾大学出版会株式会社
〒108-8346　東京都港区三田2-19-30
TEL〔編集部〕03-3451-0931
〔営業部〕03-3451-3584〈ご注文〉
〔　〃　〕03-3451-6926
FAX〔営業部〕03-3451-3122
振替 00190-8-155497
https://www.keio-up.co.jp/
装丁･イラスト——中尾悠
組　版————株式会社キャップス
印刷・製本——中央精版印刷株式会社
カバー印刷——株式会社太平印刷社

Printed in Japan　ISBN 978-4-7664-2963-3